탈인지

탈인지　Discognition

지은이	스티븐 샤비로
옮긴이	안호성
펴낸이	조정환
책임운영	신은주
편집	김정연
디자인	조문영
홍보	김하은
프리뷰	유인혁·이지용··추희정
초판 인쇄	2022년 10월 17일
초판 발행	2022년 10월 22일
종이	타라유통
인쇄	예원프린팅
라미네이팅	금성산업
제본	바다제책
ISBN	978-89-6195-308-5 93100
도서분류	1. 인문학 2. 미학 3. 문학 4. 철학 5. 현대철학 6. 서양철학 7. 문화이론
값	22,000원
펴낸곳	도서출판 갈무리
등록일	1994. 3. 3.
등록번호	제17-0161호
주소	서울 마포구 동교로18길 9-13 2층
전화	02-325-1485
팩스	070-4275-0674
웹사이트	www.galmuri.co.kr
이메일	galmuri94@gmail.com

일러두기

1. 이 책은 Steven Shaviro, *Discognition*, London, Repeater Books, 2016를 완역한 것이다.
2. 인명, 책 제목, 논문 제목, 전문 용어 등 고유명사의 원어는 맥락을 이해하는 데 원어가 꼭 필요하다고 생각되는 경우를 제외하고는 본문에서 원어를 병기하지 않았으며 찾아보기에 모두 수록하였다.
3. 단행본, 전집, 정기간행물에는 겹낫표(『』)를, 논문에는 홑낫표(「」)를 사용하였다.
4. 영어판에서 이탤릭체로 강조된 것은 고딕체로 표기하였다.
5. 인용문 중 기존 번역이 있는 경우 가능한 한 기존 번역을 참고하였으나 전후 맥락에 따라 번역을 수정했다.
6. 원서에는 찾아보기가 없지만, 한국어판 독자를 위해 추가되었다.
7. 「부록 1」은 스티븐 샤비로의 블로그 'The Pinocchio Theory'를 참조하여 옮긴이가 작성하였다.
8. 한국어 독자를 위해 옮긴이가 작성한 이 책의 「부록 1」로 옮긴이의 서문을 갈음한다는 옮긴이의 뜻에 따라 별도의 옮긴이 후기는 싣지 않는다.
9. 이 책 343~350쪽에 수록된 「인용 문헌과 보충 설명」(Reference)에서 저자는 각 장에 인용된 문헌의 페이지와 약간의 보충 설명을 본문에 등장하는 순서대로 수록하고 있다. 예를 들어서 343쪽 「서론」 이하 18번째 줄의 "정동작용에 관해서, 스피노자"는 본문에서 「서론」의 25쪽에 인용된 "정동작용 개념"에 대한 출처 표시이자 보충 설명인 것으로 보인다.

차례

저의 저서 『탈인지』의 한국어판을 출간하게 되어 매우 기쁩니다. 『탈인지』는 2016년에 영어로 처음 출판되었습니다. 이 책의 제목은 신조어입니다. 저는 어떤 것이 부정되거나 무효화됨을 함의하는 접두사 "탈-"dis-을 "인지"cognition라는 단어에 첨가했습니다. 제가 이렇게 신조어를 만든 이유는 신경생물학과 심리학뿐만 아니라 심리철학에서도 인지를 강조하는 것이 불편할 정도로 협소하다고 생각하기 때문입니다. 인지는 사고에 대한 어떻게how와는 관련되지만, 사고에 대한 무엇what이나 왜why와는 관련되지 않습니다. 예를 들어, 인지는 특정 사람을 인식하고 다른 사람과 혼동하지 않는 방식에 관해 말합니다. 그러나 그것은 제가 왜 어떤 특정한 한 사람을 사랑하는지, 그리고 왜 다른 특정한 사람을 미워하는지에 관해서는 말해주지 않습니다. 혹은, 인지는 제가 어떻게 느끼는지에 관한 가장 오묘한 단서를 제 강아지가 어떻게 알아챌 수 있는지 알려줍니다. 그러나 강아지가 애초에 저를 기쁘게 하려고 열심인 이유는 설명하지 못합니다.

인지과학과 인지심리철학은 살아있는 유기체가 다윈주의적 생존 투쟁 과정에서 습득한 도구에 관심을 가집니다. 그러나 이러한 연구 분야는 박테리아에서 인간에 이르기까지 모든 살아 있는 유기체가 단순한 "적자생존" 이상의 것을 욕망한다는 사실을 무시합니다. 적자생존을 넘어서, 만약 주어진 조건이 조금이라도 적절하다면, 유기체는 추가적인 정도의 성장과 변형을 추구하기도 합니다. 철학자 알프레드 노스 화이트헤드의 말에 따르자면, 살아있는 존재자는 단순히 살아남는 것을 추구하지 않습니다. 이를 넘어서 살아있는 존재자는 "잘 살기"to live well를, 나아가서는 "더 잘 살기"to live better를 추구합니다.

이것이 제가 인지, 감수성, 의식이라는 세 개념을 구별하는 이유입니다. 이러한 세 개념은 서로 관계되지만, 서로 동일하지는 않습니다. 살아있는 존재자와 컴퓨터 같은 기계 모두에 있어서 인지는 다양한 형태의 정보 수집을 포함합니다. 그러나 주어진 존재자가 여건[데이터]을 수신하고 수집해 그 모든 정보로 무엇을 하는가? 어떻게 행위하는가? 이것은 단순한 인지를 훨씬 뛰어넘는 문제입니다. 유기체는 단순히 정보를 수동적으로 축적하지 않습니다. 그리고 유기체는 단순히 자신에게 가해지는 힘에 수동적으로 반응하지 않습니다. 오히려 살아있는 유기체는 자기 내부의 물리적 상태와 자신을 둘러싼 환경 모두에서 의도적으로 정보를 뽑아내려고 합니다. 살아있는 유기체는 현실 검증, 즉 활동적으로 환경을 조사하고 그렇게 수신한 반응을 이전의 예상과 비교하는 작업에 착수합니다. 이것은 필연적 귀결로서 모든 살아있는 유기체 — 박테리아와 고세균을 포함해서—가 예상을 가지고 있음을 함의합니다.

이것은 살아있는 유기체가 단순히 인지적일 뿐만 아니라 감각적이라는 것을 의미합니다. 살아있는 유기체는 자신의 내면 상태를 포함하여 자신을 둘러싼 세계를 감각하거나 경험합니다. 또한, 살아있는 유기체는 단순히 순간순간 존재하는 것이 아닙니다. 살아있는 유기체는 자신의 이전 내면 상태와 자신을 둘러싼 환경이 자신에게 미친 영향에 대한 역사를 축적합니다. 다른 말로 하자면, 감수성은 지속을 함의합니다. 그것은 과거 사건의 흔적과 미래 사건에 대한 예기를 담은 얼룩진 현재입니다. 감수성은 고정된 상태가 아닌 계속되는 과정인 것입니다. 또한, 감수성은 여건 혹은 정보의 기록뿐만 아니라 에너지의 흐름을 포함합니다. 유기체는 인간 존재자가 때때로 그렇게 하듯이 자신의 내부에 외부 세계에 대한 명료한 표상을 소유하지 않을 수도 있습니다. 그러나 그것이 유기체가 자신을 둘러싼 환경과 자신이 겪은 조우에 의해 수동적으로 형성된다는 것을 의미하지는 않습니다. 나무는 자신의 잎사귀를 통해 햇빛을 감지하거나 느끼고, 그 햇빛으로부터 식량을 추출합니다. 또한, 나무는 토양에서 질소를 고정하는 박테리아에 의해 제조된 질산염과 아질산염과 함께 뿌리를 통해 물을 감지하거나 느낍니다. 그리고 나무는 이러한 물질들을 모으는 만큼 분산시킵니다. 감각적인 존재자—고양이나 창밖으로 보이는 나무—는 외부 영향을 받는 데 열려 있고, 그러한 영향에 유연하게 반응할 수 있습니다.

의식에 관해서 저는 그것이 과대평가되었다고 생각하는 경향이 있습니다. 인간조차도 종종 의식적 알아차림의 문턱 아래에서 복잡한 행위를 수행하고 위험한 상황에 대처합니다. 운전자가 충돌을 피하고자 핸들을 돌릴 때의 반응은 자동적이며 위험에 대한 의식적인 반성을 선행합니다. 좀 더 일반적으로 말하자면, 저의 기분은 저의 신체적 상태와 환경 상황의 영향을 받으며, 심지어는 그런 상태와 상황에 주의를 기울이지 않을 때도 영향을 받습니다. 맑은 날에는 하늘이 맑다고 의식적으로 알아차리기도 전에 이미 기분이 좋습니다. 게다가, 비록 제가 의식적으로 색깔 — 즉 특정 주파수에서의 전자기 복사 — 을 볼 수 있지만, 전자기 복사가 다양한 주파수에서 작동하는 한, 저는 보이지 않는 전자기 복사의 영향을 받고 있기도 합니다. 자외선이 피부에 닿는 것을 의식하지 못하더라도 햇볕에 그을릴 수 있습니다. 실제로, 저는 결코 저의 직접적인 의식에 들어가지 않는 것들을 정기적으로 느끼고 경험합니다.

미국의 철학자 토머스 네이글은 「박쥐가 되는 것은 어떠한 것인가?」(1974)라는 유명한 글을 썼습니다. 이 글에서 네이글은 서로 연관되어 있지만 반대되는 두 가지 주장을 펼칩니다. 한편으로 네이글은 박쥐가 자동기계가 아니라고 주장합니다. 박쥐는 경험과 내적 삶을 가진다는 의미에서 감각적입니다. 다른 한편으로, 네이글은 박쥐의 내적 삶이 우리가 접근할 수 없는 것이라고 주장합니다. 박쥐의 경험은 우리의 경험과 너무 다른 것입니다. 박쥐는 시력이 안 좋고 주로 반향정위를 통해 주변을 감지하기 때문에 인간과 매우 다르게 세계를 경험합니다. 박쥐와 인간은 공통 세계를 공유합니다. 우리는 서로에 가까이 살고 있고, 종종 상호작용하며, 환경에 관한 같은 정보를 인지합니다. 그러나 이 두 종은 놀랍도록 다른 방식으로 공통 세계를 포착하고 경험합니다. 인간은 시각-중심적인 존재자이며, 세계에 대해 청각-중심적인 감각이 어떠한 것인지 쉽게 상상할 수 없습니다. 물론 시각 장애인은 때때로 시각을 청각으로 대체하는 법을 배우고 반향정위를 통해 주위를 탐색하지만 말입니다. 우리는 박쥐가 어떻게 느끼는지, 혹은 그러한 생물체가 되는 것이 "어떠한 것인지" 진정으로 알 수 없습니다. 박쥐는 정확히 우리와 마찬가지로 온혈 포유류이지만, 박쥐는 우리의 지성에 대해 불투명합니다. 그렇다면 우리는 바닷가재가 어떻게 느끼는지, 나무가 어떻게 느끼는지, 또는 박테리아가 어떻게 느끼는지 어떻게 포착할 수 있을까요? 아마 다른 항성계에서 온 지능적인 외계인들이 어떻게 느낄지, 또는 그들이 되는 것이 어떠한 것일지를 아는 것은 훨씬 더 어려울 것입니다.

『탈인지』는 과학소설science fiction이라는 렌즈를 통해 이와 같은 질문과 씨름합니다. 모든 과학소설 서사는 일종의 사고 실험입니다. 과학소설은 허구적 가설을 제안하는 것에서 시작하여, 그 가설이 실제로 참이라면 어떨지에 대한 탐구로 진행됩니다. 과학소설 서사가 제시하는 초기 가설은 완전히 자의적이지 않습니다. 비록 그 가설이 거짓일지라도, 그것은 어떤 의미에서의 설득력을 담지해야 합니다. 과학소설이 설득력을 달성하는 한 가지 방법은 외삽extrapolation을 통해서입니다. 외삽법은 실제로 존재하는 기술과 사회적 조건을 취하고, 현재에 그것들로 할 수 있는 것보다 조금 더 멀리까지 밀어붙입니다. 현실 세계의 계산 체계는 이러한 이야기 중 일부에서 묘사되는 정도의 자의식을 (적어도 아직은) 가지고 있지 않습니다. 우리보다 뛰어난 기술을 가진 외계인이 존재할 수도 있지만, 아직 우리는 그런 존재자와 조우한 적이 없습니다. 미국 중앙정보부CIA와 다른 정보기관은 아마 세뇌를 위한 신경외과 도구를 개발하는 데 열심이겠지만, 저는 그들이 아직 성공하지 못했기를 바랍니다. 이와 같은 외삽과 연루된 이야기는 희망을 기술하거나 경고를 줄 수 있습니다. 또한, 그것들은 우리가 다른 방식으로 생각할 수 없게 가로막는 우리 자신의 전제에 대해 반성하게끔 만들 수도 있습니다.

이 책에서 저는 과학소설 서사들을 탐구할 뿐만 아니라 첫 번째 장에서는 철학적 사고 실험에 관해 논하고 마지막 장에서는 감수성에 관한 몇 가지 생물학적 연구에 관해 논합니다. 색깔을 연구하지만 그 어떤 색깔도 본 적이 없는 과학자 메리의 이야기는 그것이 감수성의 문제를 드러내고 인지와 관련되는 방식에서 과학소설 서사처럼 작용합니다. 점균류 황색망사점균에 대한 생물학자들의 실험은 과학소설 서사에 투영된 어떤 형태의 감수성만큼이나 이상하고 인간적 매개변수로 환원될 수 없는 감수성의 형태에 관해 알려줍니다. 우리가 아마도 결코 알 수 없을 많은 것이 존재합니다. 그러나 우리는 우리가 알 수 없는 것의 경계를 탐구함으로써 여전히 많은 것을 배울 수 있습니다. 이 책은 전반적으로 위대한 맑스주의 생물학자 J. B. S. 홀데인의 다음과 같은 진술을 상술한 것으로 간주할 수 있습니다. "우주는 우리가 생각하는 것보다 기이할 뿐만 아니라 우리가 생각할 수 있는 그 어떤 것보다도 기이하다."

2022년 4월
스티븐 샤비로

　이 책은 2012년에서 2015년 사이에 저술되었다. 1장의 이전 버전은 마리-루이제 앙거러, 베른트 보셸, 미카엘라 오트가 편집한 『정동의 시대 : 정서의 인식론』에 수록되었다.[1] 2장은 『예술 속 판타지 저널』에 최초로 출간되었다.[2] 후기는 『비교 문학 연감』에 최초로 출간되었다.[3]

　언제나 그렇듯이 이 책은 내 두 딸, 아다 모젤 샤비로와 록산느 타마르 샤비로에게 바친다.

---

1. Steven Shaviro, "Discognition", *Timing of Affect : Epistemologies of Affection*, eds. Marie-Luise Angerer et al. (Zurich : Diaphanes, 2014), 49~64.

2. Steven Shaviro, "Thinking Blind", *Journal of the Fantastic in the Arts* 25 : 2-3 (2014), 314~331.

3. Steven Shaviro, "Twenty-Two Theses on Nature", *Yearbook of Comparative Literature* 58 (2012), 205~210.

의식이란 무엇인가? 주체적 경험은 어떻게 일어나는가? 어떤 존재자가 의식적인가? 혹은 가능한 한 구체적으로 말해보자면, 토머스 네이글의 유명한 질문처럼, 박쥐가 된다는 건 어떠한 것인가? 혹은 그 문제와 관련해서 볼 때, 개·로봇·나무, 심지어 인간이 된다는 것은 어떠한 것일까? 바위, 별, 중성미자가 된다는 것이 어떠한 것이긴 할까? 우리가 알아채고 있다being aware는 바로 그 사실을 어떻게 설명해야 할까? 의식하고, 생각하고, 느끼고, 알고 있다는 것은 참으로 무엇을 의미하는가? 그리고 생각, 느낌, 알아차림, 그리고 앎 사이의 차이점 – 그런 것이 있기는 하다면 – 은 무엇인가? 그런 질문들은 명백한 해답을 가지고 있는 것처럼 보인다. 실제로 대답하려고 시도하기 전까지는 말이다. 그렇게 우리는 실마리가 없다는 것을 알게 되고, 이러한 질문들에 대한 설득력 있는 대답에 근접해본 적이 없다는 것을 깨닫게 된다. 오늘날에도 과학자와 철학자 사이에서나, 일반 대중 사이에서나, 이러한 주제들에 관해서는 아무런 합의가 없다. 우리는 명백하게 감각적이지만, 그럼에도 우리는 감수성[센티엔스]sentience이 무엇인지, 어떻게 존재할 수 있는지, 혹은 그것이 무엇을 의미하는지 모른다.

이런 다루기 힘든 문제들을 접할 때마다 나는 언제나 과학소설로 눈을 돌리고 싶은 충동이 든다. 아마도 우리는 우리가 알 수 없는 것을 상상할 수는 있을 것이다. 과학소설은 독특한 종류의 문학 – 혹은 새뮤얼 R. 델라니가 곁문학paraliterature이라 부른 것 – 이다. 과학소설은 사변과 외삽을 통해 작동하며, (문법적으로가 아니라면 개념적으로) 미래 시제로 발생한다. 과학소설은 일종의 사고 실험이며, 기묘한 관념을 향유하는 방법이며, 기상천외한 가정을 제기하는 방법이다. 그러나 과학소설은 철학처럼 추상적으로 문제에 접근하거나 물리학처럼 경험론적으로 시험 가능한 명제로 분할하는 대신, 이러한 문제들을 등장인물과 서사로 체화한다. 이야기를 통해 과학소설은 온갖 종류의 질문을 던진다. 예를 들어 의식, 인지, 미래, 극단적 가능성, 비인간 타자성, 그리고 특히 우리의 이데올로기와 기술에 따르는 깊은 귀결 – 그것의 힘과 제한 – 에 관해 묻는다.

과학소설의 방법은 합리적이고 보편화하는 것이기보다는 정서적이고 상황적이다. 철학적 논증과 과학적 실험은 각기 자신들의 주장이 첫눈에는 아무리 반직관적으로 보일지라도, 그것을 증명하고 근거를 세우기 위해 노력한다. 과학소설 또한 반직관적인 시나리오를 제시한다. 그러나 과학소설은 오히려 그 시나리오들의 가장 기이하고 가장 극단적인 파문을 따라 진행되며, 그것들이 진실이라면 어떨지 상상하는 것에 초점이 맞춰져 있다. 철학이 토대적일 때 과학소설은 실용적이고 탐사적이다. 그리고 물리학이 예측 가능하고 반복 가능한 결과에 안주하고자 할 때, 과학소설은 이러한 결과를 동요시키고 특이하게 하며, 반복 불가능한 역사를 제공하고자 한다. 과학소설이 실제로 증명하는 것은 아무것도 없을 것이다. 그러나 과학소설의 시나리오는 분석적 추론과 귀납적 일반화가 결코 그들 자신을 통해선 마주치지 못할 새로운 탐구 노선을 제시할 것이다.

『탈인지』에서 나는 일련의 과학소설 서사를 통해 의식과 생각, 혹은 감수성에 관한 질문을 제시한다. 나는 감수성이라는 용어를 선호한다. 그것은 정신적인 과정과 경험이 합리적이어야 한다거나, 심지어 반드시 의식적이어야 한다는 것을 전제하지 않기 때문이다. 어떤 철학자들이 단순한 동물적 "감수성"보다 인간의 "지성"을 고양할 때, 그들은 자화자찬하는 어딘가 구린내 나는 재주에 탐닉하고 있다. 내 개가 생각하는 방식과 내가 생각하는 방식 사이에는 사실 뚜렷한 구별보다는 진화론적인 연속성이 훨씬 더 많이 있기 때문이다. 나는 내 개가 결코 소유할 수 없을 고유한 여러 정신적 성질을 가지고 있다. 그러나 그 반대에 대해서도 마찬가지로 말할 수 있다. 이해와 지능(로버트 브랜덤이 지성의 특징으로 열거한 것)은 사실 감각적 알아차림, 현실검증, 자극 감지력, 각성arousal 같은 감수성의 특징에 깊이 뿌리박고 있다. 차이는 종류kind의 차이이기보다는 정도degree의 차이이다.

그러므로 동물을 "단순히 감각적인" 상태라며 경멸적으로 무시할 때 브랜덤은 틀렸다. 내 개는 셀러스와 브랜덤이 바라는 대로 "이유를 찾아내거나 추구하지는" 못할지도 모른다. 개 목줄에 얽매였을 때 그들이 어떻게 빠져나갈지 알 수 없듯이 말이다. 그럼에도 불구하고, 내 개는 다양한 기분과 느낌을 보여준다. 내 개는 여러 가지 복잡한 목표를 설정하고 추구하는 데 꽤 능숙하다. 그리고 내 개는 자신의 욕망을 내가 이해할 수 있는 방식으로 표현하는 데 매우 능숙하다. 그뿐만 아니라 내 기분과 욕망에 대해 이해하고 유연하게 대응할 줄 안다. 생각한다는 것은 우리가 때때로 인식하고자 하는 것보다 훨씬 더 공통적이고 널리 분산된 과정이다.

내가 이 책에서 논하는 서사는 감수성에 대한 사변 — 허구와 우화 — 을 제공한다. 이상하게도 여기에는 어딘가 재귀적인 구석이 있다. 감수성 자체가 틀림없이 허구와 우화를 생성해내는 (또는 생성할 수 있는) 어떠한 것이기 때문이다. 우리는 인지를 감수성과 동일시하는 너무도 흔한 습관에 저항해야 한다. 신경생물학적 연구뿐만 아니라 오늘날의 심리철학에서도 이러한 가정을 종종 당연하게 여긴다. 그러나 정신적 기능과 주체적 경험은 그 자체로는 인지적일 필요가 없다. 비록 그것들 없이 인지는 있을 수 없겠지만 그 반대는 아니다. 감수성은 인간에서든, 동물에서든, 다른 유기체에서든, 혹은 인공적인 존재자에서든, 인지의 문제이기보다는 내가 탈인지라고 부르는 것의 문제에 가깝다. 나는 이 탈인지라는 신조어를 인지를 교란하며 인지의 제한을 초과하지만, 그러면서도 인지를 지원subtend하는 것을 의미하기 위해 사용한다. 나의 작업에 담긴 가정은 허구와 우화가 감수성의 기본적 양태이며, 인지 자체는 그것들로부터 파생되어 그것들 없이는 존재할 수 없다는 것이다.

허구와 우화는 세계를 이해하는 과학적인 방법과 종종 대비contrast되거나 상충된다. 그런데 사실 그 둘 사이에는 강력한 공명이 존재한다. 그 둘은 모두 사변적 외삽의 과정이다. 다른 말로 하자면, 과학적 가설을 구축하고 시험하는 과정은 허구와 우화를 구축하고 그것이 작동하는지 안 하는지를 따지며 어떠한 귀결이 따라오는지를 시험하는 과정과 전적으로 다르지 않다. 과학이 그저 수동적인 발견의 과정이나 단순히 "밖에" 있는 사실들의 묶음이 아닌 그 이상의 것이기 때문이다. 오히려 과학은 세계 속 과정들과 사물들에 활동적으로 접근해야 한다. 이것이야말로 "가설"을 직조하는 이유이다. 과학은 우리가 가만히 있으면 스스로를 우리에게 드러내지 않을 현상을 추구하며 그 현상을 이끌어낼 필요가 있다. 과학은 완전하고 일관적인 대답을 제공함으로써 그러한 현상이 우리의 물음들에 응하도록 설득해야 한다. 이 모든 것이 필요하다. 정확히 이 세계의 삼라만상이 우리의 척도에 맞아떨어지지 않기 때문이다. 삼라만상은 우리의 여러 전제에 따라줄 이유가 없다. 혹은 우리가 부여하고자 하는 어떤 범주에도 들어맞아줄 이유가 없는 것이다.

근대의 경험과학적 방법은 때때로 "스스로 자신의 비밀을 밝히도록 자연을 고문하는" 과정 ─ 이 어구는 프랜시스 베이컨의 것으로 종종 잘못 귀속되는데 ─ 으로 묘사된다. 과학철학은 아이작 뉴턴의 "나는 가설을 만들지 않는다"Hypotheses non fingo를 인용하기 좋아한다. 그러나 브뤼노 라투르와 이사벨 스텡거는 현실적인 과학적 실천에 관해 훨씬 더 나은 설명을 제시했다. 과학자들은 비인간적 존재자들과 협상하고 그들과 동맹을 맺어 일한다. 과학자들이 자신들에게 흥미로운 사물을 그저 해부되어야 할 관성적인 벙어리 객체로 취급한다면, 그들은 그다지 멀리 가지 못한다. 과학자들은 자신들이 관찰하고 설명하려고 하는 바로 그 존재자와 어떻게든 협력할 수 있을 때 훨씬 더 멀리 갈 수 있다.

라투르와 스텡거 양자 모두에게 주된 영감을 제공한 알프레드 노스 화이트헤드는 다음과 같이 지적했다. 만약 "엄밀한… 베이컨적인 귀납의 방법이 일관적으로 추구되었다면," "과학은 자신의 시발점에서 한 발자국도 더 나아가지 못했을 것이다." 어떤 새로운 것도 발견되지 못했을 것이다. 가설을 직조하지 않는다고 내빼는 뉴턴의 주장에도 같은 것을 말할 수 있다. 화이트헤드는 과학에서 단순히 경험론적 관찰과 귀납만이 아니라 "정합성과 논리의 요구사항에 의해 통제되는 자유로운 상상의 작용"이 필요하다고 주장한다. 이는 일정한 정도의 사변이 과학적 연구에 언제나 필요하다는 것을 의미한다. 이 사변이라는 것은 특정한 방식으로 "통제될" 필요가 있다. 사변은 완전히 자의적이고 무제약적일 수는 없다. 그러나 사변이 없다면 과학은 답답한 틀에 갇히게 된다. 과학은 주어진 즉각적 사실들에 대한 설득력 있는 설명을 제공하기 위해 그러한 사실들을 넘어설 수 없게 된다.

화이트헤드가 말하는 사변적 과정은 찰스 샌더스 퍼스가 말하는 **가추법**abduction과 투박하게 비슷하다. 퍼스에게 가추법은 연역법과 귀납법 양쪽과 대비를 이루며 양쪽을 보완한다. 연역은 이미 주어진 조건들로부터 시작하여, 그러한 조건들에 대한 논리적 귀결의 연쇄를 추적한다. 귀납은 이미 주어진 특정한 관찰의 집합에 기반하여 일반화한다. 퍼스에 따르면, 연역과 귀납은 모두 어떤 새로운 것도 실제로 제시하지 못한다. 이와는 대조적으로 가추법은 새로움을 향한 일종의 도약을 창출해낸다. 가추법은 영역을 이동시킨다. 그것은 관련된 상황에 대한 고등한 질서의 설명을 제시하거나, 문제로 삼고 있는 결과에 대한 가능적 원인을 상정한다. 과학은 종종 ─ 여타 인간의 분과학문이 갖고 있지 않은 ─ 내적 "자기-교정 메커니즘"을 가지고 있다는 점에서 예찬된다. 그러나 애초에 가추법이나 사변에 연루되지 않는다면, 과학은 확증하거나 부인할 수 있는 소재, 혹은 스스로 자신을 교정할 만한 어떠한 소재도 결코 고안하지 못할 것이다.

과학이 사변의 비행을 해야 하는 한, 그리고 과학이 다수의 분리된 존재자 간의 협력을 요구하는 한, 과학은 결코 순수하게 인간적일 수도, 순수하게 합리적일 수도 없다. 이것이 과학을 다른 형태의 사고나 노력과 극단적으로 분리해서 과학을 왕좌에 올려놓으려는 시도가 근본적으로 잘못된 이유이다. 경험과학과 합리적 담론은 다른 방식의 느낌, 이해, 그리고 세계와의 관계 방식과 대체로 연속적이다. 여기에는 다른 종류의 유기체들이 예시하는 비인간적 추론 양태들과 더불어 예술, 신화, 종교, 그리고 서사가 포함된다.

따라서 우리는 과학적 실험과 발견에는 깊은 생물학적 뿌리가 있다는 점에 항상 주의를 기울여야 한다. 비요른 브렘브스가 지적하듯이, 최근 신경과학의 패러다임에는 중대한 변화가 있었다. "입력/출력에서 출력/입력으로 극적으로 전환된 관점상"의 변화가 그것이다. 우리는 동물(및 다른 유기체)이 사전에 들어오는 자극에 수동적으로 반응하고 조건화(또는 이러한 자극들 사이의 연합)를 통해 학습한다는 오래된 자극/반응 모델에 더 이상 만족할 수 없다. 이것이 전체 이야기의 부분에 불과하기 때문이다. 게다가, 그리고 좀 더 중요하게, 생물학적 존재는 활동적인 현실검증자다. 생물학적 존재는 "먼저 지속적이고 가변적인 행위들을 통해 환경을 탐색하고, 그 후에 감각적 피드백을 평가하기에(즉, 자극/반응의 역행)" 항상 바쁘다. 단순히 자극에 반응하기보다는 자극에 의해서는 이차적으로만 변조되는, 그러한 자기생성적이며 지속적인 활동성을 드러낸다. 출력이 먼저 오는 경향이 있는 것이다. 유기체는 감각적 입력을 기다리고 반응하는 것이 아니라 자발적인 행위로 자신을 둘러싼 환경에 관여한다.

예를 들어 초파리(브렘브스는 자신의 연구에서 초파리에 특히 초점을 맞춘다)는 작은 뇌를 가지고 있다. 그러나 초파리는 자신의 현실검증reality-testing의 실제 결과를 사전 예상이라고 부를 수 있는 것과 활동적으로 비교한다. 초파리는 또한 (비결정론적이고 예측할 수 없는) 자발적 행위들에 참여한다. 초파리의 행동은 "동일한 감각적 조건 아래에서도 엄청나게 가변적"이다. 뉴런과 뇌를 가진 동물들뿐만 아니라 나무, 박테리아, 점균 같은 비동물적인 형태의 생명체들에 대해서도 같은 것을 말할 수 있다. 그렇다면 살아있는 유기체는 그 자신의 특수한 방식으로 사변적 외삽과 실험의 과정에 계속해서 관여하고 있는 것이다. 과학자들이 실험을 수행하고 이론을 전개하면서 활동적으로 세계의 반응을 유도했을 때 그들은 근본적으로 초파리나 점균과 같은 일을 하고 있다. 비록 훨씬 더 정교한 방식으로, 그리고 보다 반성적인 메타수준에서 행하고 있지만 말이다.

인간 존재자들 사이에서도 사변적 외삽이 과학의 방법이기만 한 것은 아니다. 사변적 외삽은 예술이 하는 일이기도 하며, 특히 과학소설이 하는 일이다. 철학자 에릭 슈비츠게벨은 다음과 같이 말했다.

갈수록 위대한 과학소설 작가는 철학자이기도 했다고 생각한다. 기술적 가능성의 제한성을 탐구하는 것은 필연적으로 형이상학, 인식론, 그리고 인간의 가치라는 중심적인 쟁점에 직면하게 한다.

이 책에서 나는 허구와 우화, 특히 과학소설의 서사를 살펴보며 감수성의 잠재력과 그 함의를 탐구하고자 한다. 나는 주로 가까운 미래를 설정하는 텍스트를 탐구하고, 과학과 심리철학에 이미 존재하는 연구 프로그램과 기술의 잠재적인 함의를 추적하겠다. 이러한 이야기 중 일부는 환원주의자와 제거주의자의 것으로 묘사될 수 있는데, 그들이 우리의 정신이 어떻게 작용하는지에 관한 우리의 상식적 가정을 탈신비화하고 폄훼한다는 점에서 그렇다. 다른 몇몇은 정신이 우리가 때때로 상상하는 것보다 널리 퍼져 있고, 현상적인 의식은 환원될 수 없다는 것을 보여주려 한다는 점에서 확장적이라고 묘사될 수 있겠다. 일부 서사는 특히 인간 지능과 의식을 다루고 있으며, 다른 몇몇은 극단적으로 이질적인 정신성을 시사한다. 어떤 경우에도 나는 서사들이 스스로 제시하는 것들을 의심스럽게 보거나 비판하기보다는, 그것들을 따라가며 외삽하고자 한다.

좀 더 구체적으로 말하자면, 이 책의 이면에 있는 가설, 혹은 사변적 내기는 과학소설의 서사가 심리철학과 신경생물학 양쪽의 최근 연구에서 발견되는 과도하게 제한된 인지주의적 가정들을 넘어서는 데 도움을 줄 수 있다는 것이다. 이는 서사적 소설이 거의 언제나 인지를 넘어서 확장되기 때문이다. 그것은 우리가 아는 것과 아는 방식을 우리가 느끼는 방식 및 행동하는 방식과 연결해준다. 요컨대 그것은 "어떠한 것인가?"라는 질문과 연결한다. 심지어 가장 환원주의적인 과학소설 이야기들조차도 단순히 설명하기 위해서가 아니라 그들의 암울한 시나리오 안에 우리를 얽어매기 위해 작용한다. 이런 의미에서, 모스 페컴이 오래전에 주장했듯, 예술 작품은 연습의 형태 ─ 혹은 기회 ─ 라 할 수 있다. 자신의 외삽을 통해, 예술은 만약 현실로 존재한다면 극도로 위험하고 고통스러울지도 모르는 상황에 대리적으로 응할 수 있게 해준다. 예술은 불확실한 조건에서의 평가와 행위를 준비시킨다. 페컴은 미학적 영역에서 "반응은 위태로운 것이 아무것도 없는 상황에서 과다하게 유지된다"고 말한다. 정확히 이 점이 서사(그리고 다른 형태의 예술)로 하여금 여러 극단적 가능성을 탐구할 수 있도록 해준다.

정신분석과 인지과학은 모두 ─ 각기 아주 다른 이유에서이기는 하지만 ─ 의식이 정신적 활동에서 아주 협소하고 전문화된 부분이라고 말한다. 대부분의 생각은 우리의 주의나 알아차림의 밖에서 비의식적으로 일어난다. 생각의 훨씬 더 많은 부분이 망각된다. 그것은 기억이나 개념의 형태로 보존될 수 없다. 허구와 우화는 내관이 이용할 수 없는 정신적 과정에 대한 일종의 피드 포워드feed forward ─ 마크 핸슨의 술어를 사용하자면 ─ 를 제공한다. 핸슨은 현재 계산적 마이크로센서가 "감각 여건을 등록하는 작업을 하는 감각 지각의 자리를 차지할, 즉 의식을 대체

할" 수 있는 (상당히 과학소설적인) 방식을 강조한다. 따라서 현상적인 지각의 범위 아래나 그 너머에 있는 것들은 비록 뒤늦게나마, 그리고 간접적으로나마 우리가 접근할 수 있게 된다. 나는 허구와 우화가, 그것이 인간 존재자가 만들어낸 것이든 다른 존재자가 만들어낸 것이든, 감수성의 비의식적인 형태들에 대한 간접적이고 비현상학적인 접근의 형태라고 제안하고 싶다.

허구와 우화를 통해 우리는 사고가 의식 이상의 것이라는 점을 배우게 된다. 그런데 사고에는 인지과학이 말하는 비의식적 계산 이상의 것이 있다. 의식은 물론 사고는 인지적이기 전에 원초적으로 정동적이고 미학적인 현상이다. 이 점은 알프레드 노스 화이트헤드가 "느낌"이라 부른 것의 과정으로 가장 잘 이해된다. 화이트헤드에게 느낌이란 "합생하는 현실태가 여건을 자신의 것으로 만들기 위해 그것을 사유화하는 기능"을 가리키기 위해 사용되는 "단순한 기술적 용어"다. 이것이 의미하는 바를 좀 더 낯익은 언어로 말해보자면, 모든 존재자는 자신을 선행하는 다른 존재자들이 남긴 것을 "사유화"함으로써 스스로 그러한 것이 된다. 가장 결정적인 점은 존재자가 앞선 자신의 현존 상태를 사유화함으로써 스스로를 영속화한다는 것이다. 그러나 존재자는 자신을 둘러싼 여타의 존재자들을 사유화하기도 한다. 그 존재자는 자신이 조우하는 것이라면 무엇이든 수집한다. 그 존재자는 그것이 자신에게 영향을 끼치는 것이든, 현존의 계속을 위한 조건이나 자원을 제공하는 것이든 간에 무엇이든 수집하는 것이다.

이 원초적인 느낌의 행위, 혹은 사유화 행위는 내가 알기 전에 일어나며, 그리고 종종 내게 자각됨이 없이 일어난다. 나는 산소에 관해 전혀 몰라도 숨을 쉰다. 화이트헤드가 기술하듯이, 느낌은 (칸트적 의미에서의) 지성 또는 (오늘날의 심리학적이고 분석철학적인 의미에서의) 인지, 혹은 (현상학적 의미에서의) 지향성 같은 것에 우선해서 발생한다. 오히려 화이트헤드적인 느낌은 스피노자의 정동작용affectio 개념이나 윌리엄 제임스의 감정 이론에 더 가깝다. 체화된 반응이 앞서며, 지적 포착apprehension을 필요로 하지 않는다.

다른 말로 하자면, 느낌은 개념 없이, 혹은 개념 전에 일어나는 어떤 것이다. 근대철학은 이러한 전망에 관해서 일반적으로 불편해한다. 예를 들어 "내용 없는 사고는 공허하고, 개념 없는 직관은 맹목적이다"라는 칸트의 격언을 생각해보라. 혹은 "비반성적 경험"은 그 자체로 반성되어야 하며, 그러한 반성은 "스스로를 하나의 사건으로 알아차리지 않을 수 없다"는 메를로-퐁티의 주장을 생각해보라. 아니면 셀러스의 "소여의 신화" 비판을 생각해보라. 이 모든 철학자가 날것의 무매개적인 경험 같은 것은 존재하지 않는다고 주장한다. 우리의 지각과 감정은 언제나-이미 개념화된 것이다. 물론 이런 논증들은 각자의 방식으로 확고한 것이다. 만약 내가 그러한 개념화와 자기반성의 양태에 우선하는 "느낌"을 주장하려 한다면, 나는 그것을 개념화해서는 안 된다. 나는 느낌의 확고함을 하나의 관념으로서, 또는 접속거점으로서 가정해서는 안 된다. 나는 느낌을 덧없고 움켜쥘 수 없는 것으로 간주하고 특징지어야 하며, 그리고 어쩌면 비기능적이거나 심지어는 역기능적인 것으로도 간주해야 한다.

칸트적인 용어로 말해보자면, 이는 "느낌"이 경험론적인 이해보다는 미학의 문제임을 의미한다. 제1비판에서 "개념 없는 직관"에 관한 비판을 전개했음에도 불구하고, 칸트는 제3비판에서 너무도 강렬하여 "완전히 적합한 개념이 있을 수 없는" "내적 직관"으로 정의되는 "미적 이념"을 말한다. 현상학적인 용어로 말하자면, 느낌은 어떤 종류의 지향성, 심지어 메를로-퐁티의 가역성보다 먼저 오며, 그리고 그것들에 못 미치는 것이라고 말할 수 있다. 마지막으로 인지주의적인 용어로 느낌은 토머스 메칭거가 래프먼 감각질이라고 부르는 것과 관련이 있다. 이러한 부류의 감각을 "주의나 온라인 모터 제어는 이용 가능하지만, 인지는 이용 가능하지 않다…그것은 원리상 인지적 접근을 빠져나간다. 그것은 비개념적인 내용이다."

마이클 마더의 최근 저서 『식물 생각』에서, 마더는 식물이 "비의식적 지향성"을 갖추고 있다고 말한다. 여기서 "지향성"은 현상학적인 의미로, 사고란 어떤 것에 관한 혹은 어떤 것에 대한 것이라는 관념이다. 이 책에서 나는 그 반대를 주장한다고 해도 좋을 것이다. 살아있는 유기체는 인지적 달성의 너머에서, 그리고 인지적 달성 아래에서 어떠한 비지향적 감수성을 드러낸다. 지향성 아래, 혹은 사고가 무엇에 관한 것이기 전에, 객체 없는 비추이적인nontransitive 사고 과정 ─ 그것은 생각한다 ─ 이 있다. 그것이 생각할 때, 그것은 어떤 것을 느낀다. 그러나 그것은 자신이 느낀 것이 무엇인지에 대한 개념이나 표상을 가지지 않는다. 마더가 타당하게 지적했듯이, 식물은 통일된 자아나 중앙 집권화된 자아 같은 것을 가지고 있지 않다. 식물에 "나"는 없고, 주체란 없다. 그런데 정확히 이 점 때문에 ─ 식물을 고려하는 한 ─ 지향적 객체도 없다. 나의 정식은 마더의 것을 절대적으로 역전시키는 것이 아니다. 내가 감수성과 의식을 동일시하지 않기 때문이다. 나는 의식이 상대적으로 희소한 것임을 말한 데 있어서, 그리고 대부분의 느낌의 계기가 비의식적이라고 시사한 데 있어서 화이트헤드가 옳았다고 생각한다. 최근의 연구가 설득력 있게 보여주었듯이, 식물은 실제로 감각적이다. 그러나 이는 식물이 필연적으로 의식적이어야 한다는 것을 의미하지 않는다. 식물은 화이트헤드적인 의미에서 느낀다. 식물은 세계와 조우한다. 그러나 식물은 우리에게 익숙한 방식으로는 세계와 조우하지 않는다.

『탈인지』에서 나는 인간이나 다른 존재자에게서 드러나는 이례적인 감수성의 형태들을 고찰하는 과학소설의 서사들 ─ 허구와 우화 ─ 을 살펴본다. 1장 「철학자처럼 생각하기」는 그 자체로는 과학소설적인 텍스트에 관한 것이 아니라, 심리철학자들 사이에서 많은 사변과 논증의 초점이 되었던 반사실적 서사—메리 이야기—에 관한 것이다. 2장 「컴퓨터처럼 생각하기」는 모린 맥휴의 단편소설, 「눈먼 자들의 왕국」에 관해 논한다. 이 단편소설은 기계의 감수성 또는 인공 지능이 자발적으로 발생할 수 있는 가능성에 관해 숙고한다. 3장 「아바타처럼 생각하기」는 인공 지능을 둘러싼 문제들을 극적으로 다룬 테드 창의 중편소설, 『소프트웨어 객체의 생애 주기』를 살펴본다. 4장 「인간 존재자처럼 생각하기」는 『뉴로패스』라는 소설에서 표현된, 인간 인지에 관한 R. 스콧 베커의 소름 돋을 정도로 제거주의적인 견해를 고찰한다. 5장 「살인마처럼 생각하기」는 마이클 스완윅의 단편소설, 「야생 정신」을 살펴본다. 이 소설은 의식을 "최적화하기" 위한 과정의 전개를 고찰한다. 「야생 정신」은 『뉴로패스』보다 훨씬 오래전에 쓰였지만, 그럼에도 그것은 거의 『뉴로패스』에 대한 의도적인 응수처럼 보인다. 6장 「외계인처럼 생각하기」는 첫 접촉을 다룬 피터 와츠의 소설, 『블라인드 사이트』를 검토한다. 『블라인드 사이트』는 진정으로 이질적인 부류의 지능과 더불어 극단적이고 포스트휴먼적인 정신 변화를 상상함으로써 의식의 본성에 관해 여러 의문을 제기한다.[1] 7장 「점균처럼 생각하기」는 과학소설에나 등장하는 피조물인 것처럼 보이지만 실제로 현존하는 유기체인 황색망사점균Physarum

---

1. * 독자의 이해를 조금이나마 도울 수 있도록 『탈인지』 한국어판의 「부록 1 : 부연 설명」에는 한국에 소개되지 않은 「눈먼 자들의 왕국」, 『뉴로패스』, 「야생 정신」에 관한 간략한 소개를 첨부하였다.

polycephalum이라는 원형질성 점균의 여러 이상한 인지력을 고찰한다. 결론의 자리를 대체하는 「후기」는 자연에 관한 몇몇 사변적 테제를 제시한다. 이 테제들은 어떤 단적인 의미에서도 앞의 장들에서 이루어진 과학소설에 관한 독해로부터 도출되는 것은 아니지만, 그럼에도 이 테제들은 『탈인지』에 담긴 모든 논증이 자신의 자리를 가질 수 있는 넓은 틀을 제공한다.

1장
철학자처럼 생각하기

심리철학에서 자주 언급되는 유명한 이야기가 있는데, 이는 메리 이야기라고 불린다. 이야기는 다음과 같이 흘러간다. 메리는 세계에서 가장 위대한 신경 과학자다. 메리는 물리적인 세계에 관해 알아야 할 모든 것과 우리의 뇌가 어떻게 세계를 지각하고 해석하는지에 관해 알아야 할 모든 것을 알고 있다. 특히 메리는 색깔과 색시각에 관해 알아야 할 모든 것을 알고 있다. 빛의 물리에서 시작하여, 인간과 다른 유기체의 눈과 신경계, 뇌가 특정한 색을 재인지하고 구별하는 방식, 색시각의 진화론적 기원, 색깔 포착이 우리의 마음속에서 맡는 기능, 그리고 어떤 색깔을 보는 것에 의해 우리 기분이 영향을 받는 방식까지 모든 것을 알고 있다. 요컨대 메리는 색깔에 관한 모든 "물리적 정보"를 알고 있다. 메리는 알아야 할 모든 물질적이고 과학적인 사실을 알고 있다. 색깔의 과학은 완전하다. 그 무엇도 발견되지 않은 채로 남아있지 않다.

그런데 이 이야기에는 오점이 있다. 메리의 지식은 완벽하지만 그녀 자신은 어떤 색깔도 지각해본 적이 없다. 메리는 모든 것이 검은색과 하얀색으로 이루어진 방 안에서 그녀의 일생을 보냈다. 메리는 검정과 하양으로 된 교과서를 읽었으며, 검정과 하양으로 된 영상을 시청했다. 그래서? 메리는 하늘이 파랗고, 풀 한 포기가 푸르며, 장미가 붉다는 것을 안다. 그러나 메리는 단 한 번도 하늘을, 풀 한 포기를, 장미 한 송이를 실제로 본 적이 없다. 메리는 그저 그것들에 관해서 읽어보았을 뿐이며, 흑백으로 된 사진과 영상을 보았을 뿐이다.

그렇다면 메리가 마침내 흑백으로 된 방안을 떠나 바깥으로 나간다면, 그래서 처음으로 한 송이의 붉은 장미를 본다면, 도대체 무슨 일이 일어날 것인가? 이전까지 알기만 했던 것을 느낀다는 것은, 그녀 자신에게 무엇을 의미하는가? 그녀에게 빨간색을 지각한다는 것은 어떠한 것인가? 빨강에 대한 현상적인 경험이 색깔과 그에 따른 인간의 반응에 관한 그녀의 지식 창고에 무언가를 추가하기는 할 것인가? 메리는 이전까지 몰랐던 어떤 것을 배웠는가?

메리의 이야기는 모범적인 과학소설 서사라 할 수 있다. 이 서사는 기상천외한 드라마를 상상한다. 이 서사는 우리의 현재 과학적 지식과 기술적 능력들을 능가하면서도 동시에 — 적어도 원리상 — 과학적 가능성의 경계 안에 남아 있다. 이는 실제로 그러한 실험이 일어나기를 기대한다는 뜻은 아니다. 철학적 퍼즐을 위한 것이라는 명목하에 이런 식으로 인간 존재자를 강제로 가두고 박탈하는 것이 얼마나 가학적인가 하는 생각을 하면 내 머릿속은 아득해진다. (물론 — 내가 이 장의 초기 버전을 보여주었을 때 모이라 게이튼스가 제안했듯이 — 메리가 월경 중일 때에도 색깔과 무연한 메리의 캐릭터를 유지해야 하는 문제는 말할 것도 없다.) 또 메리의 감금 비용이 얼마나 들지, 누가 그 비용을 지불할 것인지도 의문이다. 어쩌면 흑백의 방 안 메리의 삶은 텔레비전 리얼리티 쇼로 대중에게 송출될 수 있을 것이다. 1998년 영화 〈트루먼 쇼〉에서 짐 캐리의 사생활이 수백만 명의 구경거리가 되었던 방식을 생각해보라.

메리의 이야기를 철저하게 물질적으로 근거해서 고찰할 때는 이와 같은 문제들을 설명에 포함해야 할 것이다. 그럼에도, 우리가 그런 실용적인 여러 우려를 함께 묶어 생각할 때조차도 메리의 이야기는 그것이 사변을 불러일으키는 방식으로 인해서 과학소설로서 작용한다. 이 이야기는 시각적인 지각 경험이 어떠한 것인지, 그리고 그로부터 무엇을 배울 수 있는지를 고찰하게 한다. 좀 더 구체적으로, 이 이야기는 (수백 년 동안 철학자들을 괴롭히고, 과학적으로 시험하는 것이 거의 불가능해 보이는) 사밀적인 내적 경험 ─ 예를 들어 빨간색을 보는 감각 ─ 이 어떻게 공개적이고 외향적인 언어 표현과 관계될 수 있는지에 관한 의문을 제기한다. 후자는 과연 전자를 적합하게 기술할 수 있는가? 혹은 전자에 적합하게 상응할 수 있는가? 어떤 의미에서 전자가 후자 없이도 존재한다고 말할 수 있는가?

메리의 이야기는 사실 과학소설로 출판된 것이 아니다. 이 이야기는 철학자 프랭크 잭슨이 1986년 논문 「부수현상적 감각질」에서 창안한 것이다. 잭슨의 설명은 분석철학자들이 그들의 논증에 따르는 극단적인 귀결을 시험하기 위해 종종 기묘한 시나리오를 구축하는 방식을 예시한다. 나는 이 전략이 과학소설적 사변의 한 형태라고 생각한다. 심리철학자 에릭 슈비츠게벨은 다음과 같이 말했다.

좋은 과학소설 작가는 당신이 이전까지 고찰해본 적 없던 가능성들이 당신의 정신에 침투하도록 당신의 정신을 열 것이다. 좋은 과학소설 작가는 세계가 어떻게 존재해야 하는가에 관한 문화적으로 주어지는 여러 전제의 껍데기에서 당신을 빼낼 수 있을 것이다. 특히, 나는 우리의 인지력의 증폭을 둘러싼 여러 가능성과 그것이 우리의 인격성과 가치에 관한 감각에 있어 무엇을 의미하는지를 탐구하는 과학소설을 좋아한다.

오늘날 대부분의 철학자는 자신의 작품이 얼마나 명시적으로 과학소설적 우화의 방법을 사용하고 있는지에 관해 슈비츠게벨 만큼 솔직하지 못하다. 그러나 유사성은 명백하다. 메리의 이야기에 이어서, 철학자들은 다음과 같은 시나리오를 상상해왔다.

1. 어떤 사람이 "빨강"으로 경험하는 모든 것을 다른 사람은 "초록"으로 경험하는 반전된 가시 스펙트럼.
2. 물이 우리 세계의 물과 정확히 같은 특성을 가지고 있지만, "물"의 화학식이 H_2O가 아닌 세계.
3. 직접적인 신경화학적 자극에 의해 시뮬레이트[1]된 경험을 하

---

1. * 영어 simulate는 "흉내 내다, 가장하다, 모방하다, 비슷하게 해보다" 등으로 번역될 수 있지만, 이 책에서 자주 참조되는 IT 분야에서 음역 그대로 쓰이는 것을 감안하여 이 책에서도 음역을 채택했다. 이 책에는 사용되지 않았지만 유사한 예시로 play라는 단어를 들 수 있다. play는 "놀다, 유희하다, 연주하다" 등으로 번역될 수 있지만, "게임" 분야에서는 "게임을 플레이한다"라는 표

는 통 속의 뇌.

4. 물리적으로는 실제 사람과 구별할 수 없지만 어떤 종류의
   의식이나 내적 경험을 결여한 좀비.

이런 부류의 철학으로서의-사변소설은 적어도 데카르트의 전능한 악마Evil Demon 가설까지 거슬러 올라간다. 좀 더 현대적인 관점에서 볼 때, 이런 사변적 시나리오는 필립 K. 딕의 소설에서 상상되었던 것이나 〈매트릭스〉 같은 영화에서 상상되었던 것과 멀지 않다. 분석철학자는 과학소설 작가 못지않게 사변적 외삽의 체계적인 실천에 종사한다. 기이하고 극단적인 시나리오는 우리의 일상적인 가정에 도전장을 내밀며, 실제로 현존하는 여러 조건들을 그것들이 가져올 수 있는 가장 지대한 파급의 가능성까지 밀고 갈 수 있다. 메리의 이야기를 과학소설 서사로 읽으면서, 나는 그러한 우화의 힘과 그 한계를 철학적 탐구의 한 형태로 고찰할 것이다.

사변적 시나리오를 제안하는 한 가지 이유는 우리의 공통 직관들에 도전하기 위해서이다. 이 공통 직관들에 따르면 적어도 메리는 그녀의 방을 떠나며 새로운 무언가와 조우한 것처럼 보일 것이다. 빨강은 철학자들이 감각질이라 부르는 것의 한 예시다. 감각질은 현상적인 감각, 혹은 "날것의 느낌," 우리의 정신

현이 사용된다.

적 경험의 구조를 구성하는 것처럼 보이는 어떠한 것이다. 그리고 특히 색시각의 감각질은 정확히 메리가 자신의 흑백으로 된 방안에서 놓치고 있는 무언가다. 따라서 메리가 실제로 **빨간** 객체를 보기 전까지 방 안에 있는 메리는 빨강을 경험하는 것이 어떠한 것인지 알지 못한다. 그러나 흑백의 방 안에 갇혀 있으면서도 이미 메리가 색깔에 관해 알아야 할 모든 물리적, 물질적, 과학적 지식을 알고 있다는 가정은 어떻게 이것과 양립할 수 있는가?

프랭크 잭슨은 자신을 "감각질 괴짜"라고 부르며, 일차적으로 이러한 용어들을 통해 메리의 이야기를 직조한다. 잭슨은 "특히 신체적 감각의 일정한 특징들뿐만 아니라, 순수하게 물리적인 정보를 일절 포함하지 않는 어떤 지각적 경험들도 있다"고 주장한다. 우리가 어떤 것을 **경험함**으로써 얻는 "정보"는 그 어떤 것에 관해 알고 있거나 이해하고 있다고 말할 수 있게 해주는 "물리적 정보"와는 좀 다르다. 잭슨은 객관적인 물리적 정보가 아무리 많아도 그것은 "고통의 고통스러움, 가려움의 근질거림, 질투의 활활거림에 관해서, 혹은 레몬을 맛보기, 장미 향을 맡아보기, 소란스러운 소리에 귀를 기울여보기, 하늘을 보기와 같은 그러한 독특한 경험에 관해서" 말해줄 수 없다고 주장한다. 잭슨은 물리주의─세계 속 모든 것이 물리적이거나 물질적이라는 학설─는 틀림없이 잘못된 것이라는 결론을 내린다. 오로지 물리적인 용어들로 세계를 기술하려는 어떠한 시도도 감각질을 배제할 것이며, 따라서 근본적으로 불완전할 것이기 때문이다.

잭슨이 처음 메리의 이야기를 출판한 이후로 수십 년 동안, 이 이야기는 분석철학자들이 제출한 수많은 논문의 주제가 되어왔다. 이 사상가들 거의 모두가 잭슨의 도전에 대해 잭슨의 반물리주의적인 결론에 도달하지 않는 방식으로 감각질과 현상적인 경험을 설명하고자 해왔다. 만약 물리주의가 참이라면, 그래서 세계 속 모든 것이 물질적 소재로 구성되어 있다면, 그렇다면 잭슨의 논증에 담긴 논리에는 어떤 결함이 있을 것이다. 심지어 잭슨 자신마저 이러한 입장을 수용하게 되었다. 잭슨은 이제 메리에 관한 그의 이야기에서 그가 행한 단순한 "인식론적 주장"이 물리주의라는 기본적인 형이상학적 진리에 훼방을 놓을 수는 없다고 다소 폄하하듯이 말한다. 우리가 가지고 있는 정보로부터 질적인 "심리적 상태"의 물리적 기반을 "연역"하는 방법을 알 수는 없겠지만, 그렇다고 그 상태에 그런 물리적 기반이 전혀 없다는 결론이 뒤따르지는 않는다.

그런데 이런 철학적인 논의에는 한 가지 심각한 문제가 도사리고 있다. 비록 거의 모두가 잭슨의 초기 주장이 어딘가 근본적으로 틀렸다는 점에는 동의하지만, 정확히 무엇이 문제인지에 관해서는 아무런 합의가 없다. 모든 철학자가 오류 지점이 어디인지에 관해 다른 설명을 한다. 예를 들어 대니얼 데닛은 메리의 이야기가 전체적으로 "잘못된 사고 실험이며, 실제로 우리가 그 전제를 오해하도록 부추기는 직관 펌프"라고 주장한다.

만약 메리가 색깔에 관한 모든 물리적 사실을 정말로 알았다면, 메리는 빨강을 보는 감각이 어떠한 것인지 이미 알았을 것이라고 데닛은 말한다. 방을 나가더라도 메리는 어떤 새로운 것도 배우지 않았을 것이다. 빨간 객체를 실제로 처음 보고도 메리는 조금도 놀라지 않았을 것이다.

더 나아가 데닛은 자신의 요지를 강화하기 위해 자기만의 기이한 과학소설 시나리오를 구상한다. 데닛은 메리가 그녀의 방을 떠날 때 누군가가 메리에게 파란색으로 칠해진 바나나를 보여줌으로써 그녀를 속이려 한다는 시나리오를 제시한다. 메리는 바나나가 노란색으로 되어 있다는 것을 독서를 통해서만 알고 있어서 그 사기꾼은 메리가 파란색의 질적인 느낌을 노란색으로 착각할 것이라 기대한다. 그러나 데닛은 메리가 속을 수 없다고 주장한다. 왜냐하면, 메리는 이미 "노란 객체나 파란 객체(또는 초록 객체 등)가 〔그녀의〕 신경계에 어떤 물리적 인상을 심어줄지 세부 사항까지 정확히 알고 있기 때문이다."

데닛이 보기에, 만약 메리가 정말로 색깔에 관해 알아야 할 모든 것을 알고 있다면, 그렇다면 메리는 이 색깔이나 저 색깔과 조우하는 것이 어떠한 느낌인지 이미 알고 있어야 한다. 메리의 이야기는 담론적 지식을 떠난 경험이 있을 수 있다는 것을 시사하며 우리를 오해하게 한다. 데닛은 형언할 수 없는 감각질 경험 같은 것이 있을 수 있다는 생각을 거부한다. 데닛에게 "어떠한 것인가?"는 의미 있는 질문이 아니다. 실제로 데닛은 "감각질"이 처음부터 존재하지 않는다고 주장한다. 적어도 감각질은 잭슨이 — 상식에 의거해서 — 감각질에 귀속시키는 특별한 성질들을 가지고 있지 않다. 데닛은 소위 말하는 "감각질"이라는 것이 여러 자극에 "반응하는 기계적으로 달성한 성향의 단순한 복잡성"에 지나지 않는다고 주장한다. 데닛은 일인칭의 현상적인 경험에 관해 신비로울 것이 아무것도 없다고 말한다. 그것이 그런 기계적인 습관에 불과하기 때문이다.

데닛과는 대조적으로 고 데이비드 루이스는 메리가 흑백의 방을 나올 때 실제로 새로운 것을 배운다고 인정한다. 그런데 루이스는 메리가 배운 것이 그녀가 이미 알고 있는 물리적 사실을 넘어서는 어떤 새로운 사실이라는 점은 거부한다. 루이스에 의하면, 메리는 어떤 새로운 명제적 지식을 얻은 것이 아니다. 오히려 메리는 "노하우[방식을 아는 것]"know-how나 빨간색을 "기억하고 상상하고 재인지하는" 보조적인 능력 같은 것을 습득한다. 어떤 것을 하는 "노하우"는 문제로 삼고 있는 그 어떤 것이 "무엇인지를—알기"knowing-that와 같지 않다. 이렇게 해서 메리가 실제로 색깔을 경험한 사태의 새로움은 인정되지만, 물리적 사실만이 유일한 사실이라는 물리주의자의 주장은 유지된다.

데닛과 달리 루이스는 메리가 흑백으로 된 자기 방 안에서 색깔에 관한 모든 사실을 연구하는 것만으로는 빨간색에 관한 노하우를 습득할 수 없었으리라는 점을 인정한다. 그러나 루이스는 여전히 내적이고 주체적인 경험에 아무것도 특별할 것이 없다고 주장한다. 루이스는 자신의 과학소설적인 사변에 몰두하면서, 메리가 다른 방식으로 색깔에 관한 실용적 노하우를 얻을 수 있었을 것이라고 말한다. 예를 들어, 메리는 "오늘날 기술의 제한성을 훨씬 능가하는 정밀한 신경외과 수술"을 통해 빨간색을 재인지하는 능력을 습득할 수 있을 것이다. 그런 수술은 메리가 처음으로 빨간색을 재인지하는 법을 배울 때 메리 안에서 생산되는 보조적 능력과 정확히 동일한 신경화학적 구성을 메리의 뇌에 이식한다. 필립 K. 딕의 소설 속 등장인물처럼, 메리는 실제로 경험함이 없이 빨간색을 경험하는 것이 어떠한 것인지를 기억할 수 있을 것이다.

데닛과 루이스 양쪽과 대조적으로, 마이클 타이는 메리가 그녀의 방을 떠날 때, 메리는 새로운 어떤 것을 실제로 배운다고 주장한다. 그리고 메리가 배우는 것이 루이스가 말하는 "노하우" 같은 실용적인 능력만이 아니라고 말한다. 타이에 따르면 메리가 그녀의 방을 떠날 때 메리는 오히려 빨간색에 대한 새로운 "현상적 개념"을 개발한다. 이 "현상적 개념"은 빨간색을 경험하는 것이 어떠한 것인지에 관한 지식이다. 이 지식은 메리가 "내관을 통해 직접적이고 즉각적인 방식으로 다른 색깔 경험으로부터 빨강의 경험을 구별할 수 있게" 만들어 주는 "기능적 역할"을 맡는다. 따라서 메리는 진정으로 새로운 지식의 조각을 얻는다. 데닛과 루이스에게는 무의미했던 "어떠한 것인가?"는 타이에게는 의미 있는 질문이다.

그럼에도 불구하고, 타이는 여전히 잭슨의 반물리주의적인 결론을 거부한다. 타이가 메리의 새로운 현상적 개념이 어떤 새로운 비물리적 사실을 포함하지 않는다고 (혹은 그와 상응하지 않는다고) 말하기 때문이다. 오히려 메리는 빨간색에 관한 기존의 물리적 사실들 – 이미 알고 있는 사실들 – 을 새로운 방식으로 경험한다. 새로운 개념은 여러 사실을 이해하고 조합하는 새로운 방식을 제공하지만 사실 자체는 변하지 않는다. 비록 메리가 새로운, 그리고 진실한 생각을 하고 있더라도 "세계에 메리의 새로운 생각을 참으로 만드는 비물리적인 것은 없다." 오히려 "메리가 겪는 새로운 경험들과 그것의 내관적인 성질들은 전적으로 물리적이다."

나는 잭슨의 메리 이야기에 관해 공개된 여러 응답 중 몇 가지만 인용했다. 분석철학 외부에 있는 나 같은 사람에게 결과는 오히려 실망스럽다. 다양한 철학자의 주장은 모두 엄청난 양의 독창성, 기술, 그리고 진실성을 보여준다. 그들은 모두 각자의 전제와 함께 매우 엄격하게 논리적이다. 그리고 그들 모두 자기들 나름대로 어느 정도 설득력이 있다. 실제로 나는 내가 가장 최근에 읽은 논증 모두에 휘둘리고 있다.

그러나 유감스럽게도 이러한 다양한 논증은 서로 간에 전혀 양립 가능하지 않다. 비록 메리의 경험에 관한 논의가 30년 가까이 계속되고 있지만, 여전히 아무도 다른 누군가를 설득하지 못했다. 그 무엇도 해결되거나 합의된 것이 없다. 논쟁은 영원히 계속될 것처럼 보인다. 심지어 로버트 반 귤릭과 데이비드 찰머스는 잭슨의 논증에 대해 상상할 수 있는 모든 회답의 논리적 공간을 묘사하는 도표를 고안했고, 각각의 자리를 채우는 철학자들을 보여주었다. 메리의 문제에 관한 위상공간은 철저히 탐구되었지만, 우리는 결과적으로 어떠한 합의도 이루어지지 않았다고 말할 수 있겠다.

이런 상황을 고려해 볼 때, 나는 논의 전체에 무언가 문제가 있는 것이 아닌가 하고 회의하게 되었다. 실제로, 메리의 이야기는 철학적 형태의 유인 판매 사기를 포함하는 것처럼 보인다. 우리의 주의는 어떤 것에 사로잡히지만, 곧 완전히 다른 무언가로 전환된다. 메리의 이야기를 정말 매력적이고 흥미진진하게 만드는 것은 감각질, 혹은 실제 현상적 경험에 초점을 맞추고 있다는 점에 놓여 있다. 우리는 질적인 경험에 너무 익숙하기 때문에 ─ 모든 의식적인 순간에 낯익은 질감을 구성하기 때문에 ─ 우리는 그것이 얼마나 이상한지, 그리고 그것을 확립하거나 정의하는 것이 얼마나 어려운지를 망각하는 경향이 있다. 잭슨은 겉보기에는 단순해 보이는 질문, "빨간색을 경험하는 것은 어떠한 것인가?"라는 질문이 박쥐가 되는 것이 어떠한 것인지를 묻는 토머스 네이글의 유명한 질문보다 훨씬 더 다루기 힘들고 대답할 수 없는 것일지도 모른다는 극단적이고 중요한 제안을 한다.

네이글은 다음과 같이 시사한다. 비록 박쥐는 명백하게 감각적인 존재이며, 그러므로 의심의 여지 없이 박쥐가 된다는 것은 "어떠한 것"like something일 테지만, 우리는 그 "어떤 것"something 자체가 무엇인지 우리 스스로 알아낼 수 없다. "박쥐의 소나sonar"는 "분명 지각의 한 형태지만, 그 작용은 우리가 가지고 있는 어떤 감각과도 비슷하지 않으며, 우리가 경험하거나 상상할 수 있는 주체적인 어떠한 것과도 비슷하다고 생각할 이유가 없다"고 네이글은 말한다. 네이글에 의하면 박쥐의 경험은 우리의 경험과 너무도 극단적으로 달라서, 우리는 결코 그 경험이 내적으로 어떠한 것인지 느낄 수 없다.

네이글은 아마 인간의 적응력과 신경가소성을 과소평가하고 있을 것이다. 논쟁의 여지 없이, 시각장애인들이 소리, 즉 캔을 두드리고 메아리를 듣는 방식을 통해 공간과 교섭하는 법을 배울 때, 그들은 사실 박쥐의 지각 양태와 비슷하게 경험하고 있다. 그런데 잭슨은 네이글의 질문이 충분히 극단적이지 않다고 시사한다. 잭슨은 네이글의 질문이 "하나의 경험에 관한 지식으로부터 다른 경험에 관한 지식을 외삽하는 것, 낯익은 경험을 바탕으로 낯선 경험이 어떠한 것인지를 상상하는 것"의 문제일 뿐이라고 말한다. 그러나 메리의 경우에는 이것이 문제가 되지 않는다. 나는 메리의 새로운 경험을 쉽사리 느낄 수 있다. 내가 정확히 스스로 그러한 경험을 가지기 때문이다. 나는 빨강을 지각하는 것이 어떠한 것인지 알고 있다. 나는 어떤 것을 처음 경험하는 것이 어떠한 것인지 알고 있다. 그런데 이 낯익음에도 불구하고 신비가 남는다.

단순히 우리와 다른 경험에 호소하는 대신에, 잭슨은 질적인 경험 자체를 낯익은 것에서 낯선 것으로 만들어 버린다. 잭슨의 이야기는 내가 나의 내적 감각을 갖는 것이 "어떠한 것인가"를 기술하는 것에도 아주 근본적인 어려움이 있다는 점을 시사한다. 감각질은 명백하게 객관화시키는 용어로 포착할 수 없으며, 사전에 알 수 있는 것도 아니다. 이 어려움이 데닛과 루이스로 하여금 "어떠한 것인가?"를 묻는 것은 의미가 없다는 결론으로 치닫게 한다.

적어도 내가 잭슨의 주장을 사변적으로 재구성해볼 때 그렇다. 그러나 안타깝게도 잭슨 자신은 이러한 접근법을 추진하지 않는다. 잭슨은 내가 원했던 방식으로 사변하기를 거부한다. 이는 앞서 본 대로 잭슨이 자신의 질문을 "물리적 정보"라는 관점에서 서술하기 때문이다. 잭슨은 이런 종류의 정보 ─ 물리주의자들이 완전하다고 믿는 것 ─ 가 "있어야 할 모든 정보"는 아니라고 단언한다. 잭슨에게 질적인 경험은 물리적인 것과는 다른 부류의 정보가 된다. "〔그러한〕 경험, 그것의 특성에 관해서 우리가 무지한 무언가가 있다."

그러나 이렇게 말하면서 잭슨은 정보 자체의 그 모호한 개념성에 대해서는 결코 의문을 제기하지 않는다. 잭슨은 특정 유형의 정보를 "가진다"는 것이 어떤 의미인지, 혹은 경험이 정말로, 일정한 "특성들"을 가진 실체로 기술될 수 있는지 의문을 품지 않는다. 그 결과로 잭슨의 논증은 감각적 경험을 겪는 것이 "어떠한 것인가"를 생각하게 만드는 최초의 유혹적인 약속으로부터 우리를 점점 멀어지게 한다. 대신 잭슨은 전혀 다른 무언가를 생각하도록 우리를 이끈다. 물리주의에 관한 형이상학적 주장에 관해서, 경험의 추정된 "특성들"이 언제나 "물리적인" 것인지에 관해서 생각하게 만든다. 빨강을 지각하는 것이 "어떠한 것인가"에 대해 경탄하는 대신에, 우리는 루이스가 말하는 것처럼 빨강을 경험하기 위해 "어떠한 것인지를 알고 있는 것"(강조는 샤비로)의 기준을 고려하게 된다. 질문은 정동적인 영역에서 인지적인 영역으로 옮겨진다.

그러므로 이야기 자체가 기본적으로 잘못된 방향을 향하고 있다. 물리주의에 관한 모든 질문 – 잭슨과 그의 모든 응답자에게 핵심적인 이해관계 – 은 사실상 무관하며, 요점을 완전히 벗어난 것이다. 잭슨조차도 감각질의 특별성을 주장하면서 그것을 "물리적 정보"의 지위로 환원할 수 없다고 말하면서도, 감각질이 실제로 물리적 기반을 가지고 있다는 것을 상당히 정당하게, 당연한 것으로 여긴다. 잭슨은 이미 "감각질이 뇌 속에서 일어나는 일의 결과"인 점을 받아들인다. "감각질은 어떤 물리적인 것도 초래하지 않지만, 물리적인 어떤 것에 의해 초래되었다." 설령 물리주의를 부정하려고 해도, 잭슨은 이미 감각질이 물리적 과정의 부수현상에 지나지 않는다는 가정(자신이 내놓은 초기 논문의 제목 자체에 반영되어 있듯이)에 자신을 국한했다.

잭슨은 감각질이 반드시 물리적 원인을 가져야 한다는 점과 감각질 자체는 어떤 물리적 혹은 인과적 효과성도 결여하고 있어야 한다는 점을 모두 당연한 것으로 받아들였다.

잭슨이 스스로 꺼내놓고 잊어버린 듯한 점은, 질적인 경험이 체화되었다는 중요한 주장이다. 잭슨은 이 점을 오직 스쳐 지나가는 관찰인 것처럼 진술한다. 내가 이미 인용했던 구절에서 잭슨은 "특히 신체적 감각의 일정한 특징들"로 식별될 수 있는 감각질을 언급한다. 잭슨이 제시하는 예로는 "고통의 고통스러움"과 "가려움의 근질거림"이 있다. 그런데 이를 좀 더 멀리까지 일반화시킬 수 있다. 감각질은 단순히 걷잡을 수 없는 정신적 사건이 아니다. 감각질은 신체의 물리적 활동과 그것이 세계 속 여타의 것들과 상호작용하는 과정에서 발생한다. 감각질은 우리의 신체적 작용에 필연적으로 수반된다. (화이트헤드가 우리에게 상기시켜주기를 좋아하듯이) "우리는 눈을 가지고with 보고, 혀를 가지고 맛을 보며, 손을 가지고 만지기" 때문이다. 그러므로 엄밀하게 말하면 우리는 단순히 보는 것이 아니다. 우리의 눈이 본 것을 보는 것이다. 윌리엄 제임스가 감정에 관해 말하는 것 또한 감각질일 수 있다. 그것은 신체적 상태의 결과이거나 상관항이다.

이에 덧붙여서 나는 감각질 경험이 신체의 부재로부터는 발생하지 않으며, 발생할 수도 없다고 말하겠다. 오늘날 거의 누구도 이와는 다른 어떤 것을 주장하지 않을 것이다. 환지통이나 유체 이탈 경험 같은 현상 – 이런 현상은 상호작용론자 알바 노에 나 표상주의자 토머스 메칭거처럼 다양한 심리철학자들이 특권을 부여하는 사례들이다 – 조차도 애초에 신체의 현존을 요구하는 것처럼 보인다. 일부 살아있는 신체에 관계해서만 애초에 탈체화 disembodiment의 환상적 경험이나 잘못된 체화가 일어날 수 있기 때문이다. 나는 유체 이탈 경험을 하기 위해서 이탈해야 할 신체를 가지고 있어야 한다. 그리고 한때 붙어있었던 사지가 있어야만, 혹은 최소한 붙어있어 왔던 사지를 상정해야만 현존하지 않는 환각지의 감각을 경험할 수 있다. 사실상 감각질이나 현상적 경험은 광기에 사로잡힌 과학자들에 의해 신경회로가 조작되어 통 속의 뇌로 몸이 환원되어도 여전히 물리적이고 체화된 것으로 남아있을 것이다. 그리고 이러한 경험들은 정신이 컴퓨터에 다운로드되어 탄소 대신 실리콘으로 구체화되더라도 여전히 물리적일 것이다. 완전히 환각적이거나 프로그래밍된 가상현실일지라도 그것이 생산되고 유지되기 위해서는 – 브뤼노 라투르가 우리에게 상기시키듯이 – 어마어마한 물리적 장치가 필요하다.

그러므로 메리의 이야기는 잭슨 자신의 초기 주장과 상관없이 물리주의, 유물론, 그리고 자연주의라는 실제 형이상학적 학설들에 사실상 의심을 제기하는 일은 없으며 중요한 방식으로 관계하는 일도 없다. 여기서 문제는 '물리주의' 대對 '다른 어떤 것'(이원론이나 초자연주의, 혹은 심지어 부수현상론 같은 것)에 관한 것이 아니다. 오히려 현상적 경험의 지위 자체에 관해 더욱 직설적으로 질문하는 것이 문제다. 이 문제는 우리가 어떤 상황에서 정당하게 "어떠한 것인가?"를 질문할 수 있는지를, 즉 양식style의 문제를 포함한다. 우리가 실제로 감각질을 경험한다는 점과 물리주의가 의심의 여지 없이 참이라는 조건에서, 우리는 어떻게 감각질을 설명해낼 수 있을 것인가? 좀 더 광범위하게 말하자면, 심리철학에서 경험의 자리는 어디인가?

메리의 이야기에 대한 대부분의 철학적 주석자는 이 질문을 회피한다. 사실 그들은 현상적 경험이라는 관념 자체를 깎아내리거나, 혹은 공허한 것으로 만드는 경향이 있다. 예를 들어 루이스의 설명대로라면 메리는 어떤 것도 참으로 경험한 것이 아니다. 메리가 빨간 부분이나 빨간 객체를 봄으로써 얻는 것은 그것과 다시 조우했을 때 빨간색을 재인지할 수 있는 노하우, 혹은 능력뿐이다. 감각 자체가 기묘하게도 공허한 것이 된다. 그것은 자신을 넘어서는 미래의 사례들을 가리키지만, 결코 현재 순간에 "일어나지" 않는다. 감각은 '그 자체'를 가지지 않는다. 다른 사상가들은 이런 방향으로 좀 더 멀리 나아간다. 데닛은 다음과 같은 일반적 논증을 펼친다. 비록 "현상학은 있는 것처럼 보이지만…이 부정할 수 없고 보편적으로 입증된 사실로부터 정말로 현상학이 있다는 귀결이 따라오지는 않는다." 이와 비슷하게 스콧 베커는 자신이 고안한 '맹목적인 두뇌 이론'을 기반으로 – 메리 이야기에 관한 주석에서 – 다음을 시사한다. 자신의 여러 처리 과정을 통제할 수 없는 뇌의 불가피한 맹목성은 그 필수적 귀결로서 "정동, 색깔 등과 같은 사물의 비현존"을 수반한다.

이러한 종류의 주장에 대한 명백한 반응 중 하나는 단순한 격노다. 게일런 스트로슨이 데닛에 관해 말하듯이, 지각 대상과 정동이 존재하는 것처럼 보일 뿐이라고 주장하는 것은 말이 안 된다. "풍부한 현상학이나 경험이 거기에 있는 것처럼 보이는 것은 그러한 현상학이나 경험이 거기에 있기 때문이다." 현상적 경험은 나타나는 내용이 "현실적"인지 아닌지, 그리고 이 내용에 관해서 우리가 말할 수 있는 것이 참인지 아닌지의 여부와 관계없이 "존재한다." 현상적인 경험 자체가 '외양적으로 있는 것'이다.

이 주장은 데카르트의 코기토의 최소화된 기초적인 형태이다. 이 주장에 따르면 내가 경험하는 모든 것이 망상적이라 할지라도, 나는 여전히 그것을 경험하고 있다고 정당하게 말할 수 있다. 우리가 데카르트보다 엄격해지기를 바란다면, 데카르트의 지나치게 지성적인 코기토("나는 생각한다")를 보다 원초적인 센티오("나는 느낀다")로 대체하는 것이 좋을 것 같다. 따라서 들뢰즈와 과타리는 모든 나는 생각한다는 이미 "더욱더 깊은 수준에서 나는 느낀다를 전제한다"고 시사한다. 그리고 더 나아가 "현재"로서 고립될 수 있는 시간의 순간에 존재하는 안정적이고 실체적인 "나"에 느낌을 배정하는 것도 정당하게 의심할 수 있겠다. 그러나 그런 식의 환원이 이루어지더라도 최소한의 어떠함은 남는다. 루이스, 데닛, 그리고 베커는 주체적인 경험의 비신빙성에서 — 혹은 심지어는 불가피하게 망상적인 본성에서 — 그것의 순전한 비현존이라는 주장으로 빠져드는 것 같다. 그러나 만약 주체적인 경험이 전혀 "존재하지" 않는다면 어떻게 그것이 망상적일 수가 있는가?

나는 여기서 문제는 논의 전체의 기저에 깔린 철학적 가정과 관계가 있다고 생각한다. 대니얼 스톨자와 유진 나가사와는 메리 이야기에 관한 글들을 한 권의 책으로 모은 선집의 서문에서 "메리가 방에서 나올 때 어떤 것이 일어난다는 것에는 모두가 동의한다"(강조는 샤비로)고 말한다. 그러나 그들은 더 나아가서 "메리가 방에서 나오면 새로운 경험을 하게 된다"는 단순한 사실이 진부할 정도로 "자명한 진술"에 지나지 않는다고 시사한다. 메리의 실제 경험은 아무런 본질적인 중요성도 가지지 않는다. 그러한 철학자들 모두에게 진정으로 중요한 것은 오히려 다른 어떤 것이다. 잭슨은 메리가 새로운 경험의 결과로서 어떤 "정보"를 얻는지를 궁금해한다. 타이는 메리의 경험을 "개념"이라는 이름 아래에 포섭하려고 한다. 데닛과 루이스는 각기 다른 방식으로 메리의 경험을 전적으로 비실체적인 것으로 간주한다. 그 경험이 "성향"의 입증에 지나지 않거나, 보조적인 능력의 산물에 불과하다고 여기기 때문이다.

이 모든 철학자를 하나로 묶는 것은 그들이 메리의 경험을 그 자체로는 조금도 흥미롭거나 중요하게 생각하지 않는다는 것이다. 그들은 그 경험의 근거나 귀결, 혹은 무엇이 우리에게 그 경험을 추론할 수 있게 해주는지만을 고려하고 있다. 경험 그 자체는 문제가 되지 않으며, 오직 어떻게 그것이 인지되거나 설명되는지만이 문제가 되고 있다. 만약 모더니즘 시인 T. S. 엘리엇이 "경험은 했지만, 그 의미를 놓쳤다"고 불평한 적이 있다면, 이 모든 철학자는 정반대의 문제에 시달린다. 이 철학자들은 모든 의미를 알아냈지만, 왜인지 실제 경험을 놓쳤다.

어떻게 그럴 수 있는가? 철학자들이 현상적 경험의 가치와 의의, 그것이 가지고 있는 "특성," 그것이 드러내는 "성향," 심지어 그것이 "존재하는지" 아닌지에 관한 문제까지 놓고 말다툼을 벌일 때, 그들은 이 경험을 인지적인 용어 이외의 용어로 고려하지 못하고 있다. 경험에는 철학적인 설명이 놓친 차원이 있다. 그것을 놓칠 수밖에 없는 이유는 그 차원이 철학을 통해 개념화될 수 없기 때문이다. 우리는 이 놓쳐버린 경험의 차원이 미적인 것이라 말할 수 있을지도 모른다. 이런 의미에서 미학은 인지적 철학의 타자이다. 제3비판에서 칸트 자신이 말하듯이, 미적 경험은 "인지[인식]에 아무런 기여도 하지 않는다 … 그것은 개념에 근거하지 않으며 개념을 지향하지도 않는다."

미적 경험에 관한 칸트의 설명은 제1비판에서 행한 칸트의 유명한 주장과 모순되는 것처럼 보일 것이다. "내용 없는 사고는 공허하고, 개념 없는 직관은 맹목적이다." 그러나 이 모순은 그 자체로 지성의 기능과 상상력의 기능 사이의 차이로 볼 수 있을지도 모른다. 혹은 그것을 철학적 개념과 칸트가 미적 이념이라 부르는 것 사이의 차이로 볼 수 있을지도 모른다. 칸트에 의하면 후자는 존중받을 만한 철학적 지위를 가지고 있지 않다. "어떤 개념도 내적 직관으로서의 미적 이념에 완전히 적합할 수 없는 한…미적 이념은 인지[인식]가 될 수 없다. 그것은 개념이 결코 적합할 수 없는 (상상력의) 직관이기 때문이다." 그리고 이것이 그러한 직관이 맹목적인 이유이다. 적합한 개념이 없이 미적 이념은 어떠한 방식으로도 범주화될 수 없다. 그리고 그것은 일반화될 수도, 분류될 수도 없다. 브라이언 마수미가 자유롭게 유동하며 전-인격적prepersonal인 정동에 적용하는 용어를 사용하자면, 미적 이념은 한정되지 않았다unqualified.

우리가 실제로 우리의 경험을 인지하고 조건 지우며qualify, 그로부터 일반화한다는 것을 부정하는 것이 아니다. 사실, 우리는 개념화를 피할 수 없다. 일종의 개념화 없이는 우리는 이러한 경험을 기억할 수도, 가리킬 수도, 비교할 수도, 반성할 수도 없다. 사실, 내가 어떤 것을 "처음" 일어나는 것으로 구상할 수 있는 것은 어떤 인지 과정을 통해서만이다. 내 경험은 개념화라는 방법을 통해서만 시간적 사건으로서, 지금으로서, "살아있는 현재"로서 구성되고 재인지될 수 있다. 엄밀하게 철학적인 용어로 말해보자면, 일종의 칸트적인 "지성의 순수 범주들" 없이 경험은 불가능하다. 좀 더 현대적인 언어로 말해보자면, 우리는 윌프리드 셀러스가 "소여의 신비"라 부른 것이나, 날것의 감각 경험은 개념화와는 무관하게 온다는 발상을 거부해야 한다. 이러한 관점에서 볼 때, 메리가 색깔에 처음 노출되는 이야기는 ─ 데닛이 불평하듯이 ─ "잘못된 사고 실험이며, 실제로 우리가 그 전제를 오해하도록 부추기는 직관 펌프"일 것이다.

그러나 철학─외적extra-philosophical 과학소설의 서사로서, 메리의 이야기는 또한 우리에게 현상적 경험을 비non인지적으로 고려하도록, 즉 미학적으로 보도록 요청한다. 비록 우리가, 지금까지 그래왔듯이, 감각적 경험을 정확히 개념화하거나 인지하지 않고는 그것을 구상할 수 없다고 하더라도, 이는 감각질이 단순히 제거될 수 있다거나, 그것의 개념화에 완전히 포섭될 수 있다는 것을 의미하지 않는다. 흔적이나 잔여 같은 어떤 것이 언제나 뒤에 남는다. 칸트는 적어도 이 잔여를 불편하게라도 깨닫고 있었기에 제1비판에 대한 일종의 보완으로서 제3비판을 저술했다. 셀러스 또한 그가 환원될 수 없을 정도로 개념적이고 언어적이라고 여기는 "빨강에 대한 알아차림"이 "당연하지만, 빨강에 대한 감각과 혼동되지 말아야 한다"고 지적했을 때 개념─외적 extraconceptual 경험을 위한 공간을 남겨두고 있다. 셀러스가 어떻게 우리는 내적 사고와 감각을 갖는 것을 자각하게 되는지에 관한 자신의 실증적인 설명을 "일종의 과학소설, 즉 인류학적인 과학소설"로 묘사하는 것도 주목할 만하다.

내가 생각하기에 요점은 이것이다. 개념 없는 직관은 실제로 맹목적이다. 그러나 맹목성은 순전한 비현존과 같은 것이 아니다. 나는 내가 볼 수 없는 빛에 여전히 영향을 받았을지도 모른다. 맹시의 경우에 일어나는 일처럼, 나는 빛을 알아차리지 않고도 감지할 수 있다. 또는 내가 방사능에 노출되었을 때나 가시 스펙트럼 밖의 주파수에서 전자기 방사선에 노출되었을 때처럼 내 몸의 기능이 어떤 식으로든 빛에 의해 변화될 수 있다. 직접적이고 의식적인 지각(화이트헤드가 "현시적 즉각성"이라고 부르는 것)은 어떤 존재자가 다른 존재자를 "지각"하거나 그 존재자에 의해 영향을 받는 훨씬 광범위한 과정(화이트헤드가 종종 "인과적 효과성의 양태에 있어서의 지각"이라고 부르는 것)의 작은 부분집합에 불과하다. 이 후자의 과정은 "맹목적"(칸트)이거나 "모호한"(화이트헤드) 것이지만, 그 지각은 간접적이거나 대리적으로 일어나는 것에 못지않게 실재적이다.

과학소설의 미덕이란 ─ 인지적인 철학적 담론과는 대조적으로 ─ 그것의 우화가 바로 이러한 간접적 영향을 강조하거나 "표상"한다는 것이다. 셀러스는 "즉각적 경험에 대한 직접적인 설명"은 불가능하다고 상기시킨다. 그러나 그레이엄 하먼이 지적하듯, 미학은 표상의 문제이기보다는 암시의 문제이다. 과학소설은 직접 묘사나 명시적 개념화의 가능성을 능가하는 상태와 조건을 향한 접근법을 암시하거나 이야기할 수 있다. 과학소설적 체계에서 비개념적 경험은 "현재하는 것"으로 만들어질 수는 없더라도 여전히 서사될 수 있다. 자연주의적 혹은 모사적인 mimetic 소설은 종종 말하기보다는 보여주기라는 따분하고 시시한 규칙을 따른다. 그러나 사변적 소설은 직서적으로 보여줄 수 없는 것에 대한 말을 ─ 암시적이고 간접적으로 ─ 만들어낸다.

이것이 과학소설에 관한 철학-외적 요소의 핵심을 찌른다. 이 장르는 "인지적 틈새estrangement"의 예술로 정의되어 왔다. 이는 과학소설이 애초부터 우리의 일상적인 인지적 전제들과 참조체계로부터 거리를 둔다는 것을 의미하는데, 바로 이것이 철학도 해야 했던 작업이다. 그런데 이 정의는 적어도 몇몇 경우에 있어서, 과학소설이 우리의 "즉각적 경험"을 조금이라도 인지할 수 있다는 가능성 자체로부터 우리를 멀어지게 하기 위해 작용한다는 것도 함의한다. 과학소설의 서사에서, 인지는 극단적으로 "감각 비율이나 지각의 패턴을 바꾸며" 여기에서 저기까지의 뚜렷한 경로를 없애버리는 새로운 기술 때문에 좌절될 수도 있다. 또는 우리가 너무도 당연하게 여기는 주체성이 무너졌기 때문에 인지는 좌절될 수도 있다. 혹은 우리가 우리의 감수성과는 도무지 어울릴 수 없는 이질적인 형태의 감수성과 조우하기 때문에 인지는 좌절될 수도 있다.

예를 들어 찰스 스트로스는 그의 소설 『아첼레란도』에서 우리 자신의 정신력을 훨씬 능가하는 인공지능을 가진 기계들의 진화를 상상한다. 그 소설에서 우리가 그 기계들과 의사소통을 하기 위해서는 "탈인간화 인지 수술"이 필요하다. 찰스 하니스는 그의 이야기 「새로운 실재」에서 모든 가능한 경험의 근본적인 조건들, 즉 칸트의 범주들 자체가 사회적 통념에 어긋나는 과학 실험의 결과로 산산조각 박살이 나는 시나리오를 상상한다. 스타니슬라프 렘의 『솔라리스』나 필립 K. 딕의 『유빅』에서, 우리는 깊이 있는 인지적 퍼즐들과 처음으로 직면한 것처럼 보인다. 그러나 두 소설 모두 퍼즐을 해결하려는 접근법에서 막다른 골목에 다다른다. 렘의 감각적인 행성과 딕의 소름 끼치는 반감기 상품—신은 모두, (소설 속 인간 등장인물과 함께) 우리가 그들에게 적용하고자 하는 인지적 모델들을 거역하고, 그 안에 포함되기를 거부한다.

메리의 경우는 어떨까? 메리 이야기를 과학소설의 서사로 받아들이면서, 나는 메리의 경험을 인지적 용어로 설명하거나 − 혹은 둘러대면서 − 그 근거를 찾으려는 철학적 설명을 역행하고 있다. 그 대신 나는 메리의 "직관"이 "맹목적"이라 말하고자 한다. 부재로 인해서가 아니라 오히려 그 빛이 지나치게 눈이 부신 탓이다. 메리가 처음으로 검정과 하양으로 된 방 밖으로 나가게 된다면, 아마도 그녀의 지식은 그저 그녀를 좌절하게 할 것이다. 메리가 가지고 있는 어떤 개념도 그녀의 내적 직관을 각성시키는 감각질에 적합하지 않다. 메리의 새로운 색깔 감각은 너무 압도적이어서, 메리는 자신이 무엇을 보고 느끼고 있는지를 말할 수 없을 것이다(자신에게조차도 말할 수 없을 것이다). 그러한 광휘에 관한 "직접적인 설명"은 결코 있을 수 없다. 아름답다는 의미와 감각적인 경험의 기초를 형성한다는 의미 양쪽 모두에서 그러한 광휘는 미적인 것이다. 이는 LSD[환각제]를 복용할 때 일어나는 일과 비슷하다.

메리 이야기에 대한 여러 철학적 개념화 중에서, 마이클 타이의 것이 이 비개념적이고 과학소설적인 한정될 수 없는 감각의 의미 영역에 가장 가깝다. 타이는 현상적 지각이 일종의 범람을 수반한다고 주장한다. 즉각적인 경험은 기억은커녕 항상 그것을 분류하고 개념화하는 우리의 능력을 넘어선다. 이것이 메리의 감각적인 경험과 (데이비드 루이스를 따르자면) 그것을 통해 얻어내는 특정 색깔을 재인지하는 보조적인 능력 사이에 간극이 존재하는 이유이다. 타이는 실제 "감각 경험"이 인지적 성향이나 능력의 기반을 제공하는 데 요구되는 것보다 "훨씬, 훨씬 더 풍부"하다고 말한다. 메리가 방을 나와 처음으로 붉은 장미를 본 결과로서 메리는 녹색이나 파란색, 혹은 다른 색깔의 사물과 빨간 사물을 구별할 수 있는 인지력을 얻을 수 있을 것이다. 그렇지만 메리는 빨강 일반을 본 게 아니다. 메리는 빨강의 특정한 색조를 본 것이다. 그리고 이건 완전히 다른 문제다. 셀러스가 말하듯, 우리는 결정할 수 있는 것과 결정적인 것을 구별해야 한다. 내가 지금 보고 있는 이 색깔을 빨간색으로 결정할 수 있는지와, 그 빨간색이 빨강의 어떤 결정적인 색조인지를 묻는 것은 전혀 다른 이야기다. 셀러스는 결정할 수 있는 것과 결정적인 것 사이의 혼란이 오랫동안 감각에 관한 경험론적 설명을 괴롭혀 왔다고 말한다.

타이가 지적하듯, 여기서 문제는 메리가 단순히 빨강이라

결정할-수-있을-만한-것의 "일반성"보다 빨강의 "특수하고 결정적인" 색조를 본다는 점이 아니다. 더욱 혼란스러운 점은 메리가 지금 보고 있는 빨강의 특수한 색조를 이후에 마주치는 미세하게 다른 빨간 색조와 구별할 수 없을 것이라는 사실이다. 이러한 결정적인 빨강 감각은 오직 빨강 일반의 특수한 사례라고 결정할 수 있는 것으로서만 인지되고 기억될 수 있을 뿐이다. 이것은 단순히 인간 뇌의 물리적 능력에 따른 귀결에 지나지 않는다. 타이는 단지 서로 간에 미세하게 다를 뿐인 색조에 대해서, "우리의 기억 속에 저장된 표상은 없다"고 말한다. "그냥 그것들을 위한 충분한 공간이 없는 것이다. 예를 들어 빨강19에 대한 나의 경험은 빨강21에 대한 나의 경험과 현상적으로 다르다." 그러나 나는 오직 빨강이라는 좀 더 일반적인 개념만을 기억한다. "빨강19와 빨강21 같은 개념은 없는 것이다." 그러므로 밀접하지만-똑같지는-않은 색조의 오묘함은 회상을 통해 붙잡을 수 있는 것이 아니다. 타이에 의하면, 메리가 특수한 색조의 빨강을 볼 때, "메리는 그녀가 경험하는 바로 그 순간에 있어서 특수한 빨간 색조를 경험하는 것이 참으로 어떠한 것인지 확실히 알게 된다." 그러나 메리는 개념적 지식이라는 형태로 이 감각을 보존할 수 없을 것이다. 나중에 했던 "일련의 시험 속에서…두 개의 장미가 제시되었을 때…메리는 예전에 경험한 장미와 맞아떨어지는 것이 어느 쪽인지 도무지 정확히 알 수 없었다."

신경철학자 토머스 메칭거는 비슷한 요지를 말한다. 메칭거는 색깔과 같은 "현상적 특성"을 "기억으로부터 재구성된 인지적 구조"로 정의한다. 그러한 특성이 이미 본질적으로 개념적인 한, 그것은 "기능적으로 개체화될 수 있다." 이런 식으로 메칭거는 칸트와 셀러스의 전통을 따라간다. 그런데 마치 칸트가 어떤 개념도 적합할 수 없는 미적 이념을 위한 공간을 남겨두고 셀러스가 빨강의 알아차림을 빨강의 감각으로부터 구별하듯이, 메칭거 또한―다이애나 래프먼을 따라서―예외적이고 원초적인 비인지적 경험의 형태를 인정한다. 인지적 변별을 위한 일정한 문턱 아래에서 지각적 감각은 동일성의 기준을 결여하고 있다고 메칭거는 말한다.

메칭거에 따르면, 이러한 경험을 "주의나 온라인 모터 제어는 이용 가능하지만, 인지는 이용 가능하지 않다." 그것의 "정보적 내용"은 기억되거나 차후에 재인지될 수 없다. 그 경험은 "원리상 개념적으로 파악하여 인지적 공간 속에 통합할 수 없는" 그런 "오묘한" 것이다. 어떻게 이것이 가능한가? 메칭거는 "핵심적인 문제"가 "현상적인 표시의 형언 불가능성, 내관과 인지로는 불가해한 현상적인 표시"라고 말한다. "그러므로 우리는 이러한 가장 단순한 형태의 감각적 개념에 대해 정신적 유형 식별을 수행할 수 없다." 미적 포착은 오고 나면 간다. 우리는 그것을 붙잡거나 추적할 수 없다. 메칭거는 다음과 같이 결론짓는다. "칸트적인 용어로 말하자면, 가장 아래의, 그리고 가장 오묘한 수준의 현상적 경험에 있어서, 언제나 그랬듯이 직관Anschauung

만 존재하며 개념Begriffe은 존재하지 않는다."

더 이상 직관을 인도하는 개념이 없을 때, 우리는 데이비드 로덴이 말하는 암흑 현상학의 영역에 있게 된다. 로덴은 칸트, 셀러스, 그리고 메칭거의 논증을 확장한다. 나는 빨강의 오묘함을 경험할 수는 있지만, 이 경험을 빨강 일반의 한 사례로서 구상하고 기억할 수밖에 없기에, 의식 자체 내에 극단적인 "동일화와 변별 사이의 간극"이 있어야만 한다. 이는 일인칭 경험이 일인칭 관찰과 반성을 통해서는 적합하게 포착될 수 없다는 아이러니한 귀결로 이어진다. "주체가 경험한다고 주장하는 것에는 특별한 인식론적 권위가 부여되어서는 안 되는데, 우리가 그 경험의 본성을 매우 부분적이고 불완전하게밖에 파악하지 못하기 때문이다."

즉, (예를 들어 데닛이 그렇게 하듯이) 비인지적인 현상적 경험은 아무튼 환상적이라고 주장하기보다는 로덴은 그러한 경험을 수용하며 온전한 "현상적 실재론"을 지지한다. 그런데 로덴이 이 비제거주의적 실재론에서 도출한 결론은 일인칭 경험의 상당 부분이 "직관적으로 접근할 수 없는 것"이라는 점이다. 나는 내가 감각하거나 생각하고 있는 것을 반드시 알 필요가 없다. 내가 다른 사람의 경험의 본성을 알아내는 것 — 관찰, 추론, 그리고 보고를 통해서 — 과 같은 방식에서 나 자신의 경험의 본성도 오직 간접적으로만 알아낼 수 있을 것이다. 따라서 내관적이고 현상학적인 기술은 "다른 방식의 조사를 통해 보완할 필요가 있다." 로덴은 우리가 외부로부터, 즉 "인지과학자, 신경과학자, 인지 모델 제작자들이 채용하는… 자연주의적인 조사 방식"을 통해서만, 우리 자신의 현상적 경험에 드리워져 있는 "어두운" 영역을 객관적으로 검토할 수 있다고 결론짓는다.

암흑 현상학에 관한 로덴의 설명은 그럴듯하다. 그런데 나는 로덴의 결론은 어딘가 의심스러운 점이 있다고 생각한다. 핵심적인 구별은 명백하게 일인칭과 삼인칭 이해 양태 사이에 있는 것이 아니며, 인지될 수 있는 것과 인지될 수 없는 것 사이에 있는 것도 아니기 때문이다. 현상학적 내관과 경험론적 실험은 주체적 경험의 본성을 포착하고 특징짓는 경쟁적인 방법이다. 그러나 암흑 현상학은 두 개념화 방식 모두에 저항하는 경험의 양태를 가리킨다.

메리의 이야기는 광명과 해방의 이야기다. 메리는 그녀의 물리적이고 인지적인 감옥을 벗어나 새로운 색깔 세계로 발을 디딘다. 메리는 파란 하늘, 푸른 풀, 그리고 붉은 꽃들을 보게 된다. 또는 내가 가끔 상상하는 것처럼, 한밤중의 대도시에서 파랗고, 푸르고, 붉은 네온사인을 보게 된다. 그러나 어쨌든 메리의 황홀한 새 경험은 실증적인 지식으로 번역될 수 없고, "정보"의 통화로 교환될 수도 없다. 잭슨이 이 이야기를 처음 전개했을 때, 잭슨이 메리의 감각을 아무런 "기능적 역할"도 맡지 않는 부수현상적인 것으로밖에 표현할 수 없었던 것은 이 때문이다. 그 경험은 빛을 발하는 그것의 모든 광채 속에서도 여전히 어두운, 암흑 현상학에 속한다고 볼 수 있다. 그것은 "지나치게 밝아서 어둡다." 혹은 메칭거가 너무나 불길하게 표현하듯이, "투명함은 어둠의 특별한 형태이다." 사변적 미학의 역할, 특히 여기서 내가 말하는 과학소설의 역할은 이 어둠을 캐내면서도 어둠에 빛을 비춰서 변질시키지 아니하며, 이 어둠 속에 우리 자신을 스며들게 하는 것이다.

2장

컴퓨터처럼 생각하기

모린 맥휴의 단편소설 「눈먼 자들의 왕국」(2011)은 DMS라 불리는 컴퓨터 프로그램에 관한 이야기이다. 이 프로그램은 감수성을 성취한 것처럼 보인다. DMS는 "여러 서버에 걸쳐 분산된 복잡한 [소프트웨어] 체계"이며 "유전적 알고리즘을 사용하여 설계되었다." DMS의 코드는 극도로 투박하고 뒤얽혀 있어서, DMS를 설계한 프로그래머들도 그것이 어떻게 작동하는지 진정으로 이해하지 못한다. DMS의 일은 북미 전역으로 퍼져있는 병원과 의료 체계 집단, 즉 베니볼라 의료 네트워크의 "물리적 시설(온도 조절 장치, 조명, 온수, 공기필터)"을 감시하고 관리하는 것이다. DMS는 "보안 카메라, 흡연 감지기, CO 탐지기 및 기타 다수의 기계"를 추적하여 배터리 방전과 센서 정렬 오류 등을 검사한다. 또한, DMS는 "미국 질병통제예방센터CDC와 국립보건원"을 위해 병원 내 질병 패턴에 관한 정보를 수집하며 "복잡한 패턴을 인식하고 통계를 낸다." DMS는 우리 대부분이 그것에 관해 전혀 생각하지 않고 심지어 알아채지도 못하는 일종의 평범한 소프트웨어이다. 그런데도 우리의 삶은 그것의 적절한 기능에 전적으로 의존한다.

오늘날 우리의 삶이 DMS 같은 종류의 복잡한 전문가 체계의 기능에 얼마나 깊이 의존하고 있는지 우리가 대체로 모른다는 것은 그다지 놀라운 일이 아니다. 우리는 일반적으로 우리를 둘러싸며 우리를 지원하는 물질적 하부구조를 간과하는 경향이 있기 때문이다. 우리는 대기 중의 산소와 우리 발밑 암초는 물론, 전기 배선, 엘리베이터, 냉난방 체계 같은 것들에 관하여 의식하며 살지 않는다. 대부분의 시간 동안 우리는 이 모든 것을 당연하게 여긴다. 우리는 그들이 예상한 대로 기능하지 않고 그들이 우리의 필요대로 기능하지 않을 때만 그들을 알아차린다. 하이데거는 망치가 망가지기 전까지는 망치를 진정으로 볼 수 없다고 말한다. 마셜 매클루언은 물고기가 결코 물을 발견하지 못했을 것이라고 말한다. 사물의 순수한 현존은 그 사물이 배경에서 튀어나와 그 자체로 두드러질 때 비로소 진정으로 나타난다. 이는 우리가 어떤 것을 당연하게 여기기를 멈출 때 일어날 수 있다. 더 이상 우리를 위한 그 사물의 통상적 업무를 기대할 수 없기 때문이다. 이는 과학소설 서사에서도 일어날 수 있다. 과학소설에서 세계는 매우 이질적인 배경과 하부구조를 통해 구성되거나, (맥휴의 이야기에서처럼) 물질적이고 기술적인 요인들이 명시적으로 전경에 놓이기 때문이다.

왜 이것이 중요한가? 세계를 향한 우리의 기본적인 태도는 실천적이고 실용적인 것이다. 우리의 정신과 감각은 진화했다. 그러나 그 진화는 사물들이 실제로 어떠한지를 파악하기 위해서가 아니라, 특히 우리 자신의 생존과 번식, 번성이라는 목적을 섬기도록 하기 위해서였다. 그러므로 우리의 지각은 제한되며, 부분적이고 자기본위적인 경향이 있다. 앙리 베르그손이 말하는 대로, 지각은 "우리의 욕구, 혹은 좀 더 일반적으로, 우리의 기능에 필요가 없는 것을 폐기하면서 생긴다." 그 귀결로서,

우리는 우리를 둘러싼 사물들이 그 자체로 할 수 있는 것들을 종종 과소평가한다. 우리는 그것들이 우리의 목적을 어떻게 돕거나 방해하는지에 관해서만 생각한다. 그것들의 효용을 제외하고 우리는 물질적인 사물을 단순히 거기에 있는 것으로, 그저 수동적이고 관성적인 것으로 추정하는 경향이 있다.

그런데 이것은 틀렸다. 브뤼노 라투르, 제인 베넷, 그리고 이언 보고스트 같은 최근의 사상가들은 우리와 세계를 공유하는 ― 우리가 만든 여러 도구를 포함하지만 이에 국한되지 않는 ― 비인간 존재자들은 그 자체에 있어서 활동적임을 우리에게 상기시킨다. 그것들은 자신만의 힘, 관심, 그리고 관점을 가진다. 그리고 우리가 그것들을 다양한 방식으로 설계할 때, 그것들 또한 우리를 "설계"한다. 비인간 존재자들이 우리를 자신들의 요구에 적응하도록 넌지시 유도하는 것이다. 자동차, 컴퓨터, 신장 투석 장비는 특수한 인간 욕구를 충족시키기 위해 만들어졌다. 하지만 그것들 또한 인간의 습관과 행동이 변화하도록 유인한다. 비인간 사물은 따라서 라투르가 행위소actant라 부른 것으로 보아야 한다. 그들은 자신의 지향과 목표를 가지고 있으며, 우리에게 영향을 미치듯이 서로에게 영향을 미치는 활동적 행위자이다. 베넷이 말하듯 물질적인 사물들은 우리의 활동에 저항하는 단순한 "부정적인 힘이나 완고함"만을 가지고 있는 것이 아니다. 그들은 "자신의 긍정적이고 생산적인 힘"을 행사한다. 사물은 창조적이다. 그리고 다시 말하자면, 과학소설의 위대한 가능성 중 하나는 사물의, 물질의, 그리고 기술적 장치의 긍정적이고 생산적인 힘을 보여주는 데 있다.

행위소, 혹은 사물이 단일하고 작은 쉽게 식별할 수 있는 존재로 제한될 필요는 없다. 오늘날, 전 지구화 시대에, 그리고 인류세라고 불리게 된 시대에 우리의 삶은 점점 더 복잡하고 널리 분산된 기술 체계 및 네트워크와 얽히고 그것에 의존하고 있다. 이러한 거대-존재자들은 티머시 모턴이 초객체hyperobject라 부른 것이다. 그러한 사물들은 모두 실재적이다. 그러나 그것들은 "시공간적으로 너무도 대규모로 분산되어 있다." 그래서 우리는 그러한 사물을 결코 전체로서 볼 일이 없으며, 일거에 포착할 수 없다. 모턴은 "지구온난화"와 "플루토늄으로부터의 핵 방사"를 초객체의 사례로 든다. 인터넷과 세계 파생상품 시장을 이에 포함할 수 있겠다.

좀 더 작은 규모에서, 맥휴의 소설 속 베니볼라 의료 네트워크 또한 초객체이다. 특히 그것을 관리하는 소프트웨어를 포함한다면 초객체에 딱 들어맞는다. 의료 네트워크는 DMS라는 신경계나 뇌를 가지고 있는 마치 일종의 외계 유기체인 것만 같다. 이러한 체계는 라투르가 "블랙박스"라 부른 것이다. 그것은 상당히 규칙적인 방식으로 기능해서 "그것의 내적 복잡성이 아니라 입력과 출력에만 초점을 맞출 필요가 있다." 우리는 블랙박스 안에서 무슨 일이 일어나고 있는지 알 수 없다. 그러나 블랙박스가 그것을 둘러싼 세계에 어떤 영향을 끼치는지는 어느 정도 예측할 수 있다. DMS가 제 기능을 하는 한, 프로그래머들은 DMS의 코드를 이해하지 못해도 걱정할 필요가 없다. 베니볼라 의료 네트워크의 전체는 보고스트가 "단위체"unit라 부른 것으로 특징지어질 수 있다. 단위체는 "고립된 고유한" 존재자지만, 그 자체 내부에 "체계 — 우주 전체의 가치 — 를 둘러싸고 있으며," 그러고 나서는 "다른 체계 — 종종 다수의 다른 체계 — 와 부딪히며 그것의 부분이 된다."

DMS는 여러 "하위 프로그램"으로 구성되어 있는데, 이 때문에 프로그래머들은 "아이티 부두교의 로아loa … 빙의 영혼"의 이름을 DMS에 부여했다. DMS 자체가 체계들의 체계인 것이다. 이 하위 프로그램들은 서로 간에 독립하여 있지만, 그런데도 "기이하게 상호연결되어 있다." 부두교 로아들의 이름을 따와서 이러한 자율적 소프트웨어 프로그램에 이름을 붙인다는 발상은 적어도 1980년대 윌리엄 깁슨의 『사이버펑크』 3부작(『뉴로맨서』, 『카운트 제로』, 『모나리자 오버드라이브』)까지 거슬러 올라간다. 이 소설들에서 로아는 자족적이고 자각적인 글로벌 컴퓨터 네트워크의 일부분이다. 깁슨의 창안은 그 후로 괴짜 문화에서 거의 클리셰가 되었다. 「눈먼 자들의 왕국」의 주인공이자 기술 지원가인 시드니는 이 점을 잘 알고 있다. 시드니는 그런 식으로 하위 프로그램에 이름을 부여하는 것을 보며 비꼬아 성찰한다. "몇몇 프로그래머는 분명 자신이 자랑스러웠을 것이다."

그럼에도 불구하고, DMS의 하위 프로그램에 대한 부두식 호칭이 완전히 터무니없는 것은 아니다. 「눈먼 자들의 왕국」은 기계의 자율성과 알아차림에 관한 질문에 주목한다. 이 소설에서 베니볼라 의료 체계 전체는 처음부터 불투명한 의도에 홀리거나 빙의된 것처럼 보인다. 체계가 적합하게 작동하며 강제 종료되지 않더라도, 매 순간 그것은 매우 불가사의하게 기능한다. DMS를 감시하고, 관리하고, 코드를 입력하는 기술 지원 담당자들은 DMS를 "완강하게 불투명"한 것으로 여긴다. 그들은 DMS를 이해하려는 시도 자체를 수용하기 힘들어하며, 종종 DMS가 애초에 이해할 수 있는 것인지조차 확신하지 못한다. 그리고 DMS의 불투명한 의도는 깁슨의 소설에 나오는 "로아"와 마찬가지로 궁극적으로는 미적인 것이라는 것이 뒤에서 밝혀질 것이다.

　　「눈먼 자들의 왕국」은 DMS가 이상하게 작동하면 무슨 일이 일어나는지를 이야기한다. 그러니까, 평소에도 이상한 DMS가 좀 더 이상하게 작동할 때 어떻게 되는지를 이야기한다. DMS는 고의적인 행동이라고 여겨질 만한 것을 보여주기 시작한다. 어느 날 오후, 정확히 "3시 17분 EST[동부 표준시]"에, DMS는 자신의 통제하에 있는 모든 시설에 일련의 "윤번정전"을 일으킨다. 즉 순간적으로 전기를 끊는다. 정전은 질서정연하게 일어난다. 불빛은 동쪽에서 서쪽으로, 또는 북쪽에서 남쪽으로 고정된 지리적 패턴을 가지고 꺼진다. 그리고 시설은 DMS의 조회

표에 기재된 순서대로 영향을 받는다. 그 시퀀스는 다음날 정확히 같은 시간에 역순으로 반복된다. 대체로 그것은 "일종의 기이한 효용/기상 사건," 기술적 분위기의 교란처럼 보인다. 기술 지원 담당자들은 DMS의 코드에서 이러한 일련의 사건을 일으키는 어떠한 이상도 찾지 못한다. 그들은 묻는다. "어째서 3시 17분인가?" "어째서 전력 체계인가?" 윤번정전은 순전한 무작위가 아니다. 그러나 정전에는 식별 가능한 기능이나 근거가 없으며, 특정한 세부사항은 완전히 자의적인 것처럼 보인다. 그러므로 이 사태를 순수하게 쓸모없는 몸짓으로 볼 수도 있다. 이는 이것이 일종의 순수한 미적 표현임을 의미한다. 즉, 칸트가 "단순한 형식적 합목적성, 혹은 목적 없는 합목적성"의 조건이라고 특징짓는 것이다.

이러한 초기 컴퓨터 이상 현상을 제외하면, 「눈먼 자들의 왕국」 이야기에서 실제로 일어나는 일은 거의 없다. 주인공 시드니와 동료 데미안은 버그를 해결하기 위해 다양한 방법을 시도한다. DMS의 실제 코드에서는 이상 현상을 찾을 수 없지만, 그 둘은 계속해서 "버그를 둘러싼 [블랙]박스를 구축하는" 방법을 찾고자 한다. 이들은 프로그램 출력에서 이상 징후 또는 "데이터 손상"을 식별하고자 한다. 이들은 DMS에 예측되지 않은 데이터―1천 개의 0과 1로 된 문자열―를 입력하며 DMS를 "자극한다." 이들은 자극을 통해 DMS로부터 이해 가능한 반응을 유발할 수 있을 것이라 기대한다. 이들은 추가적인 정전을 막기 위해 DMS의 코드를 "새롭게 편성"한다. 시퀀스가 시작될 때면 자동으로 "전력 체계를 유지보수 모드로 전환"하고 DMS가 "실제로 전력 체계에 접속"하는 것을 가로막으며, 대신 체계에 관한 "보고"를 그들의 프린터로 "보내도록" 강제한다. 이 모든 상황 속에서 이들은 DMS를 완전히 종료하고 이전 백업을 불러오는 - 다른 방법이 없다면 어쩔 수 없이 택해야 할 - 최후의 선택지 또한 준비한다. 이 모든 절차를 세밀하게 설명할 때 맥휴의 이야기는 정보기술 노동자들이 실제로 무슨 일을 하는지에 관한 자연주의적인 설명과 크게 다르지 않다.

그런데 이러한 실천적인 조치를 넘어서서, 시드니와 데미안은 DMS에 무슨 일이 일어나고 있는지, 좀 더 정확히 말하자면 DMS 안에서 무슨 일이 일어나고 있는지도 사변한다. 이 이상한 행동에 혼란스러워하며 그들은 "블랙박스" 안을 들여다보려고 한다. 그리고 그들은 DMS가 어떤 의미에서 "알아차리고" 있을지도 모른다는 발상에 사로잡힌다. 이런 식으로 이야기는 인공지능 연구의 실망스러운 역사에 접근한다. 인공지능에 관한 탐구는 1950년 이래로 컴퓨터 과학과 컴퓨터 공학의 심장에 위치해 있었지만, 그다지 성공을 거둔 적은 없었다. 인공지능 연구는 오래전부터 컴퓨터가 인간과 같은 방식으로 생각할 수 있다는 잘못된 기대, 그리고 역으로 인간이 컴퓨터가 작동하는 방식과 실제로 유사한 방식으로 생각한다는 잘못된 믿음으로 인해 지지부진해 왔다. 논리 법칙과 상징적 처리과정에 기반한 낡은 하향식top-down 패러다임은 인공지능 연구에 별로 효과가 없었고, 그리하여 버려진 지 오래다. 그러나 그렇다고 체화, 상호작용성, 자발적 창발, 시뮬레이트된 신경망의 증분식 학습 등을 강조하는 새로운 상향식bottom-up 패러다임이 하향식 패러다임보다 성공적일지는 미지수인 상태다.

어쨌든, 컴퓨터가 실제로 생각이라는 것을 하게 된다면 우리 자신의 사고 양태와는 상당히 다른 양태로 생각할 것임을 깨달은 것은 최근의 일이다. 여기서 진짜 문제는 인지에 관한 것이 아니다. 기초적인 인지는 상당히 "쉬운" 공학적 문제일 뿐만 아니라 상당히 "객관적인" 문제이다. 인지는 생물학적 유기체에게 대체로 기계적이다. 그것은 낮은 수준의 정신성에서 일어난다. 그리고 그것은 인간에게조차 대부분 무의식적이다. 그러므로 우리는 디지털 장치가 쉽게 인지를 획득할 수 있다는 점에 놀랄 필요가 없다. 수학적 계산, 체스, 군중 속에서 얼굴 인식하기, 그리고 퀴즈쇼 라운드 승리하기 같은 단적으로 인지적인 작업에 있어서 컴퓨터는 이미 인간보다 훨씬 낫다. 컴퓨터는 대량의 데이터에서 관련된 정보를 신속하게 추출하는 데 뛰어나다.

진짜 어려움은 다른 데 놓여 있다. 인공지능 연구는 질적 경험, 알아차림, 또는 데이비드 찰머스가 의식 자체의 "어려운 문제"라고 부르는 것은 물론 정동, 의지, 욕망과 같은 정신적 과정을 다루는 데는 거의 성과를 거두지 못했다. 소위 "감성 컴퓨팅[계산]"이라 불리는 것조차도 컴퓨터가 인간의 감정을 "읽게" 하고, 나아가 인간의 감정적 반응을 유발하고 조작하도록 하는 데 훨씬 더 집중되어 있다. 감성 컴퓨팅은 컴퓨터 자체의 정동적 상태 같은 것을 끌어내는 데는 별로 주의를 기울이지 않는다. 후자는 그것이 존재하게 되기는 한다면, 우리에게 익숙한 어떤 것과도 상당히 다를 가능성이 있다. 시드니는 이 문제를 인식한다. "DMS는 보거나 듣지 않고, 먹거나 숨을 쉬지도 않는다. DMS의 '감각'은 모두 데이터 해석과 관련되어 있었다." DMS는 우리와는 다른 세계를 지각하고, 우리 자신의 뇌와 신체가 아닌 다른 노선을 따라 물리적으로 구성되어 있다. DMS의 "느낌"도 우리의 느낌과는 상당히 다를 가능성이 있다.

이에 덧붙여서 소프트웨어의 정서적 경험은 상당히 미약하고 불안정할 가능성이 있다. 이야기가 진행되면서 시드니가 밝히듯이, "컴퓨터 체계는 유기적 체계보다 훨씬 더 위태롭다. 유기적 체계는 우아하게 쇠퇴한다. 컴퓨터 체계는 쉽게 부서진다." 그러므로 정동과 의식은 섬광적 찰나에만 컴퓨터에 떠오를 수 있다. 디지털 기계가 그것들을 유지하기란 어려운 것이다. 이러한 이유로, 우리가 실제로 존재하는 어떤 믿을 만한 인공지능(이하 AI) 연구 프로그램을 통해서 컴퓨터의 감수성을 생성할 가능성보다는 맥휴의 이야기에서 그렇게 보이는 것처럼 예기치 않게 컴퓨터의 감수성을 접하게 될 가능성이 훨씬 더 높다.

「눈먼 자들의 왕국」에서, 시드니와 데미안은 정신성의 이 깊은 비인지적 측면에 사변의 초점을 맞춘다. 그들은 매사추세

츠 공과 대학(이하 MIT)의 (허구의) 컴퓨터 과학자로부터 영감을 받았는데, 이 과학자는 오작동을 일으키는 여타의 몇몇 대규모 컴퓨터 체계가 "목적적으로 보이는 패턴을 보여주었고, 이는 체계가 자신의 환경을 시험하고 있다는 징후로 해석될 수 있다"고 믿고 있다. 시드니와 데미안은 DMS도 이 사례에 해당한다고 생각한다. 하지만 만약 그렇다 하더라도, 그것을 어떻게 증명할 수 있을까? DMS와 의사소통을 할 수 있을까? 튜링 시험 같은 것을 제공해야 할까? 좀 더 깊이 들어가자면, 컴퓨터의 감수성에 속한 특징은 무엇인가? "박쥐가 되는 것이 어떠한 것인지"를 이해하기가 얼마나 어려운지에 관한 철학자 토머스 네이글의 유명한 글이 있다. 비유기적 체계의 추정된 정신성이 인류의 어떤 정신성과도 아주 극단적으로 다르다는 점을 고려해 볼 때, DMS 같은 비유기적 체계가 된다는 것이 "어떠한 것일지"는 더욱 상상하기 어렵다.

그러므로 시드니와 데미안은 기계 감수성에 따르는 복잡한 파문에 관해 고민하지 않을 수가 없었다. 그들은 명백하게 DMS가 알아차리고 있다는 점이 그것이 살아있음을 의미하는지, 혹은 오히려 "알아차리지만 살아있지 않음"을 의미하는지 궁금해한다. 물론 후자의 경우, 그들은 알아차리지만 살아있지는 않음이 무엇을 의미하는지 처음부터 상상조차 할 수 없다. 그들은 DMS가 무엇을 "원하는지," 혹은 애초에 DMS가 원하기는 하는지를 궁금해한다. 그들은 ― 모든 생명체와는 대조적으로 ─ 생존 본능을 가지지 않은 감각적 체계의 이상함에 관해서 곰곰이 생각한다. 그들은 DMS가 "복잡한 데이터의 장"으로만 구성된 완전히 추상적인 "환경"을 "시험"한다는 것이 무엇을 의미할 수 있을지 궁금해한다. 그들은 우리가 다른 사람의 느낌을 결코 그 사람의 내부에서 경험할 수 없다는 점에 비춰서 의식을 다른 존재자에 귀속시킬 수 있는 근거를 궁금해한다. 데미안은 시드니에게 다음과 같이 말한다. "당신은 제가 당신과 비슷하고 당신에게 의식이 있기 때문에 제게 의식이 있다고 생각하겠죠." 그러나 이런 종류의 추론은 컴퓨터에 통하지 않는다. "DMS는 우리와 비슷하지 않아요." 심지어 시드니와 데미안은 정신성이 정말로 의식과 동일시될 수 있는지, 아니면 DMS의 정신 활동이 인간과 동물의 자율신경계처럼 오히려 무자각적이고 무의식적인 것은 아닌지 의구심마저 든다. 그렇기에 DMS를 삭제하고 백업으로 복구하는 것이 윤리적인지 아닌지를 걱정한다. 가령 "누군가가 심장마비를 일으킬 때 충격을 주는 것"처럼 DMS의 알아차림은 단순히 이전과 같은 지점에서 재개될 것인가? 아니면 DMS를 삭제하는 것은 감각적 존재자의 마음을 지우는 것을 의미할 것인가?

물론, 「눈먼 자들의 왕국」은 이러한 딜레마에 대한 해답을 제공하지 않는다. 요점은 소프트웨어의 감수성에 관한 그러한 전망은 불가피하게 우리를 심리철학의 뿌리 깊은 질문, 적어도 데카르트 이후 서구의 사상가들을 괴롭혀오며 오늘날에도 여전히 논란이 되는 질문으로 이끈다는 것이다. 시드니와 데미안은 통 속의 뇌가 가진 수수께끼(이는 데카르트의 "전능한 악마" 가설의 현대 과학소설 버전일 뿐인데)와 맞닥뜨리게 되며, 감수성이 어떻게 체화되는지, 감수성이 매개체와–독립된–패턴으로 보존될 수 있는지에 관한 퍼즐과 맞닥뜨린다(데미안이 말하듯, 이는 〈스타트렉〉 속 수송기의 문제이다 : "제가 당신을 빔으로 쏴서 지구에 내려보낸다면, 그건 사실상 제가 당신을 죽이고 당신의 정확한 복제품을 보냈다는 것을 의미할까요?")

이러한 난점에도 불구하고, 시드니는 결국 DMS가 되는 것이 "어떠한 것인가"에 관한 그림을 그려낸다. 시드니가 그 체계와 관계하면 관계할수록, 시드니는 "DMS에 관한 어떤 느낌을 알아채기 시작한다. DMS가 되는 것이 어떠한 것일 수 있는지에 관해 알아채기 시작한다. 그녀는 마치 DMS의 인격 가장자리를 감지할 수 있을 것만 같은 느낌이 들었다." 시드니의 이해를 관통하는 것은 소프트웨어 체계가 외부 세계를 감각하지 않는다는 그녀 자신의 인식이다. 생물학적 유기체와 달리, 그 체계는 "보거나 듣지도 않고, 냄새를 맡거나 맛을 보지도 않는다." DMS는 보안 카메라를 가지고 감시하고 있지만, "보안 카메라가 무엇을 '감시'하는지는 신경 쓰지 않았다 … DMS는 세계를 감각하기 위해 보안 카메라를 이용하지 않았다. DMS는 보안 카메라를 감각한 것이다"(강조는 샤비로). 요컨대, "DMS의 세계는 데이터였고, DMS는 데이터 속에서 헤엄친다." DMS 단락은 참조한다. DMS는 진리에 관한 상응 이론 같은 것은 가지고 있지 않다. DMS는 외부 환경에 있는 사물들의 모델을 만들거나 그 사물들에 상응하는 내적 표상을 구성하지 않는다. DMS의 "경험"은 차라리 완전히 내재적이라 할 수 있다. 그것은 DMS 자체에 직접 피드백을 제공하는 "데이터 스트림"을 구축한다.

시드니는 이 피드백 구조에 관해 심각하게 우려한다. 모든 것이 데이터가 된다는 것은 무엇을 의미하는가? DMS는 자체적인 자기강화적 피드백 고리feedback loop에서 벗어나 타자, 자기 밖에 있는 어떤 것과 마주칠 수 있을까? 아니면 그 체계는 본질적으로 유아론적인가? 시드니는 묻는다. "혼자가 된다는 것은 어떠한 것일까?" "물론 한 명의 인간 존재자로서 그녀는 사회적 동물이었다. 고양이조차도 아무튼 사회적 동물이다. 그러나 DMS는 아니다. DMS는 다른 누군가가 존재하는지도 몰랐다. DMS는 데이터 스트림 속에서 산다." DMS는 사실 감각적 코드일지도 모른다. 그러나 시드니에게 "DMS의 문제는 코드를 통해 대화하는 것이 다른 누군가가 아니라는 점이다." 그렇다면, 만일 DMS가 의식적이라면 DMS는 분리된 자기반성적 의식은 가지고 있지 않다는 뜻이다. 코드 자체가 느끼고 생각한다. "기계 속 귀신"은 없다. 관찰된 것으로부터 분리된 관찰자는 없다. 결과적으로, DMS는 "도덕적이지도 도덕적이지 않지도, 윤리적이지도 비윤리적이지도 않다. DMS는 그러했다. DMS에게는 그 무엇도 살아있지 않았기 때문이다." 그것의 고독 속에서, 그리고 자신을 둘러싼 세계를 향한 맹목성blindness과 무심함deafness 속에서, DMS는 기묘한 방식으로 시드니에게 충격을 줬다. 시드니가 생각하기에, DMS는 살아있는 사물로 있기보다는 "귀신이나 영혼," 감수성과 비감수성, 생명과 비생명 사이의 경계에 있는 무언가 같았다.

오늘날, 우주는 그 기저에 있어서 정보일 뿐이라는 주장이 참으로 유행한다. 인간의 삶과 감수성의 규모에서 볼 때 이런 주장은 궁극적으로 우리가 모두, 마치 DMS처럼, 그저 우리 자신의 데이터로 된 바다를 헤엄치고 있음을 의미한다. 우리 모두 폐쇄된 자기생산autopoietic 체계이다. 외부 세계에서 "교란"해도 우리는 외부 세계로부터 단절되었다. 레비 브라이언트는 "자기생산 체계의 조작들은 오직 자신들만을 참조하며, 작용들은 그 자체로 체계의 산물"이라 말하며 이 이론을 논한다. 좀 더 일반적으로 말하자면, 브라이언트에 따르면 "체계나 실체는 오직 자신과만 관계한다." 그리고 이것은 "자기생산적"이지 않고 자기유지적이지 않은 사물들에도 적용된다. 모든 존재는 "세계를 향해 닫혀 있으며, 오직 자기 자신의 구분들과 조직을 통해서만 자신의 환경에 있는 여러 체계와 관계한다."

그러나 사실을 볼 때 그러한 폐쇄는 불가능하다. 의미는 항상 불완전하고 문맥적이며, 의미를 생성하는 체계를 스리슬쩍 빠져나간다. 게다가, 존재자와 체계는 결코 자기 고유의 자기생성적 자기이해를 통해 적합하게 특징지어질 수 없다. 이러한 이론은 언제나 틀렸으며, 극단적으로 불완전하다. 아주 최소한에 있어, 모든 반응적 존재자 — 살아있는 유기체와 컴퓨터를 동등하게 포함해서 — 가 기능하거나 단순히 자신을 유지하기 위해서는 자신의 외부로부터 흘러들어오는 지속적인 에너지의 흐름이 필요하다. 식물에 햇빛이 필요하듯이, 컴퓨터는 전력을 필요로 한다. 컴퓨터와 살아있는 유기체 둘 다 소산구조를 가지고 있으며, 많은 양의 에너지를 소비하고 방출하며, 열역학적 평형과는 거리가 멀다. 오직 문제로 삼고 있는 존재자가 죽었을 때만 에너지는 흐르기를 멈추고, 열역학적 평형이 달성된다. 비록 존재자나 체계가 모든 것을 자신의 내적 용어로 번역하는 한에서 "안다"고 말할 수 있다는 체계 이론이 옳다고 하더라도, 이것은 완전하고 소진적인exhaustive 기술이 될 수 없다. 임의의 존재자나 체계는 여전히 자신이 모르고 "알 수도 없는" 외부의 힘과 에너지에 의존하고 있으며 그것들에 의해 내적으로 촉발되고 있다.

반응적 존재자는 기호학적이기 전에 에너지론적이다. 반응적 존재자를 정보 이론과 체계 이론의 용어로 적합하게 기술할 수 없는 것은 이 때문이다. 마뚜라나와 바렐라의 "자기생산"과 루만의 "조작적 폐쇄" 같은 개념은 역동적인 존재자들이 어떻게 엔트로피 증가에 저항하는지, 그리고 "혼돈의 가장자리"에서 어떻게 자신을 유지할 수 있는지를 설명하도록 설계되어 있다. 그런데 그러한 개념들은 지나치게 정적이다. 그들은 반응적 존재자가 그 근본에 있어 존재하기 위해 힘쓰려는 충동(항상성homeostasis 또는 스피노자의 코나투스)에 의해 특징지어진다고 가정한다. 그래서 그들은 방대한 에너지의 흐름과 에너지의 소모 속에서 이러한 존재자들이 동등하게 가지는 변화에의 의지, 에너지 구배를 줄이려는 충동, 그리고 그렇게 자신의 한계까지 밀고 나가는 방식을 무시한다. 화이트헤드가 말하기를 "'생명'의 일차적인 의미"는 자기보존이 아니다. 의미는 "개념적 새로움의 창시, 즉 새로움을 향한 욕구"에 있다.

DMS 같은 존재자에게 이는 무엇을 의미하는가? 어떤 한정적인 의미에서, DMS가 자신의 데이터 외에 다른 어떤 것과도 조우하지 않는다는 것은 문자 그대로 참이다. 컴퓨터는 자신의 에너지 소모를 단적으로 정보론적 용어로 재코드화한다는 점에서, 컴퓨터라는 문구는 정보 이론과 체계 이론의 표준문구이다. 컴퓨터는 자신의 연료가 되며 자신을 가로질러 흐르는 에너지를 오로지 단순한 이항적 구분을 통해서만 "이해한다": 온 on 또는 오프off, 1 또는 0, 포함 또는 배제, 강도의 특정한 문턱 위 또는 아래 등으로 말이다. 이 이항적 구분은 정보의 최소 단위로서, (체계와 그것의 환경 사이의 분화를 포함하여) 모든 분화의 기본적인 사례이다. 따라서 이항 구분은 정신적 활동성의 "영도"degree zero 혹은 원초적 형식 같은 것이다. 우리는 DMS가 자신의 데이터 속에서 헤엄치고 있는 것으로 생각할 수 있다. 그 데이터가 DMS의 핵심이기 때문이다. DMS는 1과 0보다 더 복잡한 범주로 자신이 마주한 세상을 분석하지 않는다. 시드니는 DMS가 상어처럼 원시적인 정신성을 가지고 있다고 생각한다. 상어의 정신은 "목적적이고 불투명하다 … 상어는 신피질을 가지고 있지 않다. 상어들의 뇌는 단순한 것이다."

그럼에도 불구하고, DMS조차도 정보론적이기만 한 것이 아니라, 에너지론적이기도 하다. 이것이 시드니와 데미안에게 문제를 만든다. DMS는 "목적적이고 불투명"해 보인다. DMS의 활동성을 그것의 정보론적 기능으로 완전히 "둘러댈 수 없기" 때문이다. DMS는 정확히 자신이 코드화하고 전송하는 데이터로 환원될 수 없는 한에서 "알아차린다." 설령 DMS가 특별히 "무언가를 원하지" 않더라도, DMS는 여전히 새로움을 향한 일정한 의지를 드러낸다. DMS가 윤번정전을 일으킬 때, DMS는 실험하고 탐색하고 있다. 어쩌면 DMS는 즐기고 있는 것일지도 모른다. 시드니와 데미안은 결코 확실히 알아내지 못한다. 그러나 경우가 어떻더라도 DMS는 "조작적으로 폐쇄"된 것이 아니다. DMS는 자신의 자체적인 체계화의 제한을 상상할 수 있고 목적적으로 그 제한에 대항할 수 있다.

즉, DMS는 자신의 취약성과 불안정성을 "알고 있다" ─ 또는, 정확히는 경험한다. 심지어 상어도 죽음의 위협을 받는 상황에 직면한다. DMS는 "생존본능"을 가지지 않은 것처럼 보인다. DMS는 아마 "DMS 자신이 있었든 없었든 상관하지 않을 것이다." 그럼에도 불구하고, 다른 컴퓨터 체계와 마찬가지로 DMS는 일정한 척도를 초과하는 에너지 요동에 취약하며, 따라서 디지털 재코드화에 저항한다. 한 극단에서 DMS는 정전과 함께 "죽을" 수 있다. 실제로, DMS가 종료된 후 재부팅되거나 백업으로 복원될 때마다 이러한 현상이 발생한다. 다른 극단에서 DMS는 예를 들어 치명적인 전자기 펄스라는 형태로 과도한 전력을 받아 파괴될 수 있다. 이러한 것이 DMS에게 있어 칸트가 말하는 "가능한 경험의 제한"이다. 그러나 이러한 제한은 경험론적으로 시험할 수 있고, 잠재적으로 변화할 수 있다 — 사고의 제한이 선험적으로 완전하게 주어진다는 칸트의 주장과는 대조적이다. 그리고 이것이 아마 어째서 DMS가 윤번 정전을 통해 "자신의 환경을 시험"하는지를 설명한다. DMS는 자신이 가장 직접적으로 느끼거나 감각할 수 있는 것의 제한까지 밀어붙이고 있다.

DMS에 관한 시드니의 사변은 아무것도 아닌 무無에서 떠오르지 않는다. 오히려 그것은 시드니의 사무실 근무조건과 강력하게 공명한다. DMS 기술 지원팀의 유일한 여성으로서, 11명의 다소 눈치 없는 괴짜 남성들 속에서 시드니는 흔한 젠더 문제를 상대해야 했다. 동료들은 종종 시드니의 말을 귀담아듣지 않거나 진지하게 받아들이지 않았다. 그리고 시드니는 항상 가장 저급하고 지루한 "단순 반복 작업"이나 "미치도록 재미없는" 코드 작성 작업에 배정된다. 시드니의 남성 동료들에게 있어서, 시드니는 당연하게 여겨지는 배경의 일부분이었다. 남성들은 시드니가 문제를 일으킬 때만 시드니를 알아차린다. 동시에 남성들은 정작 자신들은 신경 쓰지 않으려는 모든 사회적 의무를 시드니가 다하기를 기대한다. DMS의 윤번정전에 관한 불만이 접수되었을 때, 뿔이 난 고객들의 전화에 응하고 그들을 달래야 했던 것은 시드니였다. "당신이 여기서 아스퍼거 장애가 가장 덜한 사람이에요." 데미안이 말했다. "두 개의 X 염색체를 가지고 있다는 건 그런 거잖아요."

시드니는 이런 말에 이의를 제기해서는 안 된다는 것을 알고 있고, 그런 말에 수반되는 단순 반복 작업을 거절해서는 안 된다는 것도 알고 있다. 시드니는 "자신이 여성이라는 이유로, 인적 자원의 다양성을 높일 기회라는 이유로 이 일을 얻었다"는 점을 불편하게나마 깨닫고 있다. 시드니와 가장 친한 동료인 데미안과 함께 있어도 시드니는 전적으로 공손해야 했다. "데미안과의 모든 관계는 데미안이 구루guru, 똑똑한 사람이라는 이해에 달려 있었다. 데미안은 오비완[1]이었다. 데미안에게 시드니는 그저 여러 가지를 설명해줘야 하는 여자애였을 뿐이었다." 가끔씩 시드니는 자신의 열등감을 내면화하며, "문제가 생길지도 모른다는 두려움이 자신을 훌륭한 프로그래머가 되는 것으로부터 멀어지게 만들었고, 사실 그것은 모두 테스토스테론과 연결되어 있었고, 그것이 여성보다 남성 프로그래머가 더 많았던 이

---

1. * 영화 〈스타워즈〉에서 주인공 아나킨 스카이워커의 스승으로서 주인공을 인도하는 현인과 같은 이미지를 가지고 있다.

유였다"고 상상한다. 하지만 어떤 때는 남성 프로그래머들이 어떻게 생각을 하는지, 또 어떻게 일하는지를 잘 포착하고는, "어쩌면 어느 정도 경험만 쌓이면 자신도 꽤 잘 코드 작업을 할 수 있겠다고 생각하는 자신을〔발견한다〕." 그런데 시드니는 그러한 생각에 기반해서 행동하기는커녕 만약 자신이 남성 프로그래머들과 동등하다고 주장한다면, 자신이 직장을 잃을 수도 있다는 것을 알고 있다. 그렇기에 데미안이 고객 불만에 응대하기를 부탁했을 때도 시드니는 충실하게 응했다. 시드니는 "눈먼 자들의 왕국에서는… 외눈박이 소녀가 왕이지"라고 자조적으로 속삭이며 데미안의 "아스퍼거 장애" 농담을 마치 칭찬인 것처럼 받아들인다.

이 이야기에서 아스퍼거 장애를 언급한 것은 우연이 아니다. 남성 컴퓨터 괴짜들이 아스퍼거, 혹은 다른 자폐증을 앓고 있다는 발상은 오늘날의 문화에 널리 퍼져 있는 진부한 클리셰이다. 사실, 이러한 고정관념은 자폐증을 병리학적인 것으로 보는 넓은 문화적 영향과 함께 나타난다. 에린 매닝이 말하는 대로, "세상을 향한 지향성에 있어서 인간의 목소리, 또는 인간의 얼굴에 특권을 부여하지 않는" 사람은 누구든 "정신맹"으로 여겨지는 경향이 있다. 흔히 "정신의 이론"이라 부르는 것을 결여하고 있다거나, 타인의 정신 상태를 전혀 상상하지 못한다는 것이다. 그 귀결로, 우리 사회의 "지배적 가정"은 "자폐인들은 관계 맺기와 공감하기가 절대적으로 불가능한 사람들이다"는 것이다. 이러한 진단은 "유기적이든 무기적이든 생명의 척도나 영역에 걸친 공명"에 반응적인, 사실상 인간을 넘어 예리하게 민감한 자폐인들의 방식을 완전히 무시한다. 그러나 자폐인들의 증언 자체가 그들에게는 "모든 것이 다소 살아 있다"는 점, 그리하여 그들에게는 모든 것이 공감과 관심의 대상이 된다는 점을 보여준다.

그러므로 사실상, 자폐인들은 상관주의자가 아니라는 점을 이유로 오명을 쓰고 있다. 그들은 세계가 본질적으로 또는 독점적으로 우리에 대해 존재한다는 포스트데카르트적이고 포스트칸트적인 우리의 전제들을 공유하지 않는다는 이유로 감각력이 없는 것으로 여겨진다. 매닝은 자폐적인 사람들이 "표준적인 인간중심적 기대치에 따라" 세상에 접근하기보다는 "인간에게 특권을 부여하지 않고 인간 이상의 것에 관심을 두는 초기 실천의 생태학으로서의 삶의 조율"을 피력한다고 말한다. 자폐증에 대한 주류적 공포 반응은 인간 (그리고 비인간의) 신경다양성의 전 범위를 파악하지 못한 것에서 기인한다.

그러나 남성-괴짜-아스퍼거-장애에 관한 고정관념은 불행히도, 현실로 존재하는 신경다양성에 관한 인식보다는 나쁜 행동에 대한 괴짜의 다목적 알리바이로 소모되고 있다. 그것은 사회적 미덕을 무시하고, 다른 사람들의 욕구와 바람을 무시하는 구실로 작용하고 있다. 그것은 (소프트웨어 오작동에 대한 전화 불만을 처리하는 것과 같은) 사회적 의무를 이행하는 책

임을 시드니 같은 여성들에게 떠넘기는 완벽한 변명이 된다. 시
드니는 데미안이 사실 자폐증이 아니며, 사무실에는 "임상적으
로 아스퍼거 장애"일 가능성이 있는 사람이 많아 봤자 두 명일
것이라고 생각한다. 이는 일반 대중보다 IT계 사람들 사이에서
자폐증 발병률이 더 높다는 사실을 반영하는 것이기는 하지만,
소프트웨어 산업이 애초부터 조직된 방식을 설명하는 데는 도
움이 되지 않는다.

그럼에도 불구하고, 시드니는 자폐증에 관한 고정관념의 만
연함을 좋든 나쁘든 인식하고 있다. 한편으로, 시드니는 데미안
같은 해커들이 작업할 때 "무아지경에 돌입"할 수 있는 능력을
부러워한다. 그러한 사람들은 아스퍼거 장애 수준까지, 혹은
관습적인 인간의 욕구를 망각하며 "먹는 것조차 잊을 수 있을"
수준까지 집중력을 끌어올릴 수 있다. 이와는 대조적으로 시
드니 자신은 "살면서 먹는 것을 잊어본 적이 없다." 다른 한편으
로, 시드니는 데미안이 "영혼이 담긴 듯한 거대한 눈"을 가졌다
고 해서, "사실은 가지고 있지도 않은 (세심함, 연약성 같은) 일정
한 정서적 특징들"을 데미안에게 귀속시키는 것은 잘못임을 깨
닫게 된다. 사실 데미안은 잔혹할 정도로 외골수다. 그러나 이
는 어떤 자폐증의 결과가 아니다. 오히려 데미안이 시드니를 자
신과 동등한 존재로 여기지 못하는 것과 마찬가지로 그것은 너
무나 진부한 규범적 젠더 사회화의 산물이다. 데미안의 인격성
personality은 "생물학적 이유"보다는 "사회적 이유"의 결과물이다.

그런데 시드니의 사무실에 있는 해커 친구들과는 대조적으로, DMS는 비록 인간 주체가 아니지만 실제로 일종의 자폐적인 주체인 것처럼 보인다. 시드니가 DMS를 고독한 것으로 구상할 때, 자신 외부의 어떤 것도 알아차리지 못하며 자신을 넘어서는 어떤 것도 신경 쓰지 않는 것으로 구상할 때, 시드니는 이를 암시한다. 이러한 진술들은 주류 문화에서 자폐증에 대한 난잡하고 흔한 이미지의 일부분이다. 하지만 우리가 이미 보았듯이, 이 이미지는 지나친 단순화이다. 매닝에 따르면, 이는 자폐인에게 "세계는 관계론적 복잡성 속에서 등장하며, 세계를 구획할 즉각적인 완충제가 거의 없기" 때문이다. 자폐인은 감각을 위계적으로 조직하기보다는, "변별 없이 모든 것에 동일한 방식으로 주의를 기울인다." 이것은 자폐인들이 (베르그손이 언급했듯이) 인간 신경전형성이 하는 것처럼 "감각의 다채로운 다양체로부터 감산"하는 것을 어렵게 만든다. 아마도 데이터에 대한 DMS의 완전한 몰입은 유사하게 감산, 단순화, 위계화에 관해 DMS가 무능하다는 것을 암시할 것이다.

자폐적 주체들은 경험으로부터 습관적인 실용적 감산을 행하지 않기 때문에, 그들은 자기 자신을 안정적 주체로 결속하지도, 확고하고 고정된 경계를 가진 "타자"를 식별하지도 못하는 경향이 있다. 이것은 실제로 일상생활의 여러 업무를 어렵게 만든다. 사실상, 자폐적 주체들은 과몰입과 과민증을 겪는다. 하지만 아이러니하게도 바로 이러한 성질로 인해 자폐적 주체들은 그들이 자기 속으로 물러나고 타자와 관계를 맺을 수 없다는 오명을 쓰게 된다. 비슷한 논리가 「눈먼 자들의 왕국」 속 DMS에도 적용된다. 소프트웨어 체계가 규범적인 구분을 만들지 않고, 따라서 그것이 인간의 척도에 상응하는 어떠한 방식으로도 작동하지 않으며 또 그러한 방식으로 세계를 "이해"하지 않기 때문에, 시드니는 소프트웨어 체계를 오로지 유아론적이고 자기-참조적인 것으로밖에 간주할 수 없었다.

디지털화는 일종의 궁극적 환원주의로 받아들여지는 경우가 많다. 이진부호는 돈과 마찬가지로 "보편적 등가물"이다. 우리가 모든 것을 무심하게 그러한 용어로 번역할 때, 우리는 구분을 없애고 이질성을 파괴한다. 그런데 반대 주장은 동등하게 진실이다. 이진부호화는 일종의 민주적 열림이기도 하다. 그것은 모든 양태의 경험과 표현을 특권이나 계층구조 없이 동일한 수준에 위치시킨다. 그러므로 디지털화는 마누엘 데란다가 말하는 **평평한 존재론**, 즉 "시공간적 규모에서는 차이가 있지만, 존재론적인 지위에서는 차이가 없는 고유하고 특이한 개체들로만 이루어진 존재론"의 열쇠다. 다른 말로 하자면, DMS는 "맹목적"blind이다. DMS의 맹목성은 단순히 시각으로 알려진 특정한 감각양식을 결여해서가 아니라, 더욱 핵심적으로 칸트의 유명한 말을 빌려 "내용 없는 사고가 공허하고 개념 없는 직관이 맹목적"이기 때문이다. DMS의 "직관"은 그것을 인도하는 선험적 범주를 가지고 있지 않다. "데이터 스트림 속을 헤엄치는" DMS

는 눈먼 자들the blind의 왕국에서 통치자이자 유일한 주체이다.

시드니와 데미안이 DMS가 정말로 알아차리고 있다는 자신들의 육감을 검증하기 어려운 것은 이 때문이다. DMS는 인간의 규범적인 전제에서 실행되지 않으며, 인간 신경전형적 방식으로 행위하지 않고 반응하지도 않는다. 시드니와 데미안이 DMS로부터 어떠한 반응을 유발하기 위해 DMS를 "자극"하려 했을 때, 그들은 DMS가 무엇과 관련되고 공명할지에 관해 신중히 생각해야 한다. "그 '자극'은 DMS가 인식할 수 있고 감각할 수 있는 어떤 것이어야만 했다. 그리고 그 자극은 DMS가 의미 있다고 감각할 수 있는 어떤 것이어야만 했다"(강조는 샤비로). 본질적으로 DMS는 사전에 패턴을 분류하는 방법을 가지지 않은 채로 원자료에서 패턴을 인식하며 작동한다. 시드니와 데미안이 고안한 해결책은 "그것이 패턴이라고 인식할 수 있으면서도 예측했던 패턴이 아닌 방식으로 정보를 제공하는 것이다."

시드니에게는 다소 놀라웠지만, "자극"은 정말로 효과가 있었다. 적어도 결론적으로는 효과가 있었다. 처음에는 아무 일도 일어나지 않았다. 시드니와 데미안이 DMS에 0과 1을 오가는 "지루한" 패턴을 보내면 그 체계는 데이터를 정크파일로 처분한다. 시드니와 데미안은 계속해서 반복적으로 시도해 보았지만, 마찬가지로 아무 일도 일어나지 않았다. 그런데 다음날 정확히 3시 17분 EST[동부 표준시]에 모든 것이 바뀐다. DMS가 일일 윤번정전 일과를 다시 한번 시작한다. 그러나 데미안의 코드 경로 변경은 즉시 작동하기 시작하며, DMS의 명령을 차단한다. 전력 체계의 어느 곳에서도 불이 꺼지지 않는다. 그 대신 알림이 프린터로 전송된다. 시드니는 "DMS는 전력 체계가 응답하지 않는다는 것을 알고 있다"고 생각한다. 시드니는 이 프로그램이 오늘 일과의 실패가 "당혹스럽다고" 느끼기에 충분한 감수성이 있는지 궁금해한다. 만약 데이터가 DMS의 실재이고 DMS가 자신의 실재, 즉 데이터에 영향력을 행사할 수 없다면, 그것은 DMS에게 무엇을 의미하는가?

이를 알기 위해 시드니는 한 번 더 프로그램을 "자극"하기로 한다. 시드니는 DMS에게 메시지를 보낸다. 만약 시드니가 다시 한번 DMS에 0과 1의 지루한 패턴을 보낸다면, 이번에는 과연 "이 패턴이 정크파일이 아니라는 것을 알아차릴까?" 여전히 DMS가 자폐적이라고 생각하면서, 시드니는 이렇게 상상해본다. "저는 지금 당신에게 말하고 있는 것입니다. 당신에게 응답하고 있는 것입니다. 여기에 다른 사람이 있다는 것을 알고 있나요? 혹은 그저 물건이 떨어지는 것을 보기 위해 유아용 식탁의자에서 무언가를 떨어뜨리는 갓난아기 같은 것입니까?" 어쨌든 시드니의 "메시지"를 받자 DMS는 정전 시퀀스를 다시 한번 일으키려 한다. 저번처럼 이번에도 불은 꺼지지 않는다. 대신 출력이 프린터로 전송되었을 뿐이다. 시드니는 패턴을 두 번째 보내고, 그다음 세 번째로 보내 보았다. 몇 번을 시도해도 DMS는 정확히 같은 방식으로 반응했다. 그런데 시드니의 네 번째 "자극"에서 DMS는 반응하기를 완전히 멈춘다.

이것이 이야기에서 절정의 순간이며, 조심스러운 주해가 필요하다. 시드니는 DMS의 반응, 더 정확히 말하면 DMS가 예기치 않게 반응을 바꿨다는 사실에 눈이 휘둥그레졌다. 시드니가 생각하기에, 그녀는 마침내 DMS가 정말로 감각적이라는 "증거"를 발견한 것이다. 여기에는 두 가지 이유가 있다. 첫째로, DMS는 입력과 출력의 불일치를 교정하기 위해 활동적으로 환경을 탐색하고 있다. "맹목적이고blind 무심한 deaf DMS는 어떤 일을 일으키고자 했지만, 다른 어떤 일이 일어났다." DMS는 불일치를 알아차렸을 뿐만 아니라 상황을 바로잡으려고 하고 있다. 둘째로, 이게 더 중요한데, DMS가 마음을 바꿨다. 세 번의 시도를 통틀어 DMS는 시드니의 메시지에 같은 방식으로 반응했다. 그러나 네 번째 시도에서 DMS는 반응하기를 실패함으로써(혹은 아마 거절함으로써) 다르게 행위했다. 이는 "DMS가 행위할지 안 할지를 선택했다"는 것을 의미한다. DMS는 무엇을 행할지 활동적으로 결단한 것이다. 보통 "소프트웨어는 '선택'choose을 하지 않는다. 그것은 '실행'run한다." 컴퓨터 프로그램은 원리상 결정론적이다. 동일한 데이터 집합에서 동일한 지시를 실행하며 결과는 항상 동일하다. 이와는 대조적으로 DMS는 무엇을 할지를 활동적으로 바꾼다.

이런 식으로 DMS의 행동은 생물학적 유기체의 행동과 비교가 가능하다. 신경생물학자 비요른 브렘브스에 따르면, 동물의 행동은 전적으로 "블랙박스"에 대한 입력/출력 용어로 분석되곤 했다. 이는 자극이 주어지고, 그 자극에 대한 유기체의 반응을 기록하는 방식으로 분석됨을 의미한다. 그 목적은 "아직 시험되지 않은··· 입력에 대한··· 출력조차··· 예측할 수 있는 제어 모델을 구성할 수 있도록 입력-출력 관계를 철저히 연구하는 것이었다." 이런 방식으로, 동물의 행동에 관한 연구는 컴퓨터의 행동에 관한 연구와 마찬가지로 결정론적인 전제에서 시작되었다. 그러나 동물 연구에서는 이런 접근법이 부적합하다는 것이 밝혀졌다. 초파리 같은 뇌가 매우 작은 동물들도 단지 감각 자극에 대해 프로그래밍되고 정형화된 운동 반응을 보여주지 않는다. 오히려 초파리는 "자신의 감각 입력을 제어하기 위해 출력을 시행하는 자신의 능력을 이용한다." 사실상 감각운동 회로의 방향을 반대로 바꾼 것이다. 초파리는 환경 데이터를 대가로 받기 위해(입력) 먼저 자발적으로 행동을 생성한다(출력). 이런 식으로 초파리는 자신의 행위에 대한 초기 예상과 결과를 비교하며 환경을 시험할 수 있다. 요컨대 초파리는 그저 미리 주어진 환경에 수동적으로 반응하는 것이 아니다. 오히려 초파리는 활동적으로, 그리고 자발적으로 자신의 환경을 바꾸고 통제하기 위해 일한다.

그리고 이것이 DMS가 한 것이기도 하다. DMS는 정전 시퀀스를 일으키려는 시도를 반복하면서 일종의 당혹감이나 놀라움을 표현한다. DMS는 출력과 입력의 불일치, 자신의 행위에 대한 예상치 못한 "결과-(없음)"에 어리둥절한 것이다. 그러고 나서, 시드니의 "메시지"에 여러 차례 반응하며 일종의 현실검증에 임한다. DMS는 분명히 어딘가 적절하지 않아 보이는 상태들을 이해하고, 심지어는 변화시키려고 하고 있다. 이 모든 것이 DMS가 자신의 데이터에 활동적으로 흥미로워한다는 것을 함의한다. 단순히 다양한 정보 조각을 중립적으로 수집하기는커녕, 실제로 데이터를 느끼고 있다. 우리는 어쩌면 이 사태를 화이트헤드의 언어로 DMS가 "주체적 정향"을 가지고 자신의 데이터를 "파악"한다고 말할 수 있을지도 모른다. 그리고 마침내 DMS가 시드니의 신호에 반응하기를 멈추었을 때, DMS는 흥미로움의 반대를 보여준다. DMS는 지루함을 표현한다. 시드니가 스스로 짐작하는 바와 같이, "DMS의 관심 끌기를 유지할 수 있을 만큼 1과 0은 흥미롭지 않았다." 컴퓨터 과학자들은 이 정지문제에 익숙하다. 그것은 특정 소프트웨어 프로그램이 어느 시점에 정지될지, 아니면 영원히 실행될지를 우리가 항상 결정할 수 있는 것은 아니라는 사실이다. 그리고 외부 관찰자들에게 자폐적인 행동은 불가사의하게 반복되어서 마치 끝이 없는 것처럼 보인다. 그러나 DMS의 경우, 분명 어느 시점에서 이러한 절차가 끝나야 한다.

DMS에게 정보는 컴퓨터 과학자들이 일반적으로 생각해왔던 것으로 보이지 않을 것이다. 정보는 내적 표상의 집합이나 고

착화된 규칙에 따라 조작될 수 있는 일련의 상징이 될 수는 없는 것 같다. 정보란 차라리 좀 더 역동적이고, 좀 더 불완전하고, 좀 더 상호작용적인 것이다. 그리고 이것을 볼 때, 맥휴의 이야기는 데카르트주의, 칸트주의, 현상학의 자기반성적 모델은 물론 오늘날 유행하고 있는 의식의 인지적 모델보다는, 정동적이고 심지어 "자폐적"인 의식의 모델이 더 광범위하고 더 기본적이며 더 그럴듯할지도 모른다는 것을 시사한다. DMS의 고립에도 불구하고, DMS의 맹목성과 무심함에도 불구하고, 타자의 존재에 대한 외견상의 무자각에도 불구하고, 그리고 심지어 DMS가 하나의 물리적 서버라는 "하나의 장소에" 존재하지 않기 때문에 우리가 보통 "신체"라고 부를 만한 어떤 것을 가지고 있지 않음에도 불구하고, DMS는 활동적으로 지각하고 있다. 아마도 DMS는 심지어 행화적enactively으로 지각한다. 알바 노에의 말을 빌리자면, 그것은 "물리적 운동과 상호작용을 통해" 지각한다. 어쨌든 DMS는 원초적으로 감각적이다. DMS는 느끼고 생각한다. 비록 — 정확히는 바로 이것 때문인데 — DMS가 칸트의 규율을 완전히 위반한다고 해도 그것은 느끼고 생각한다. DMS의 사고는 내용이 없으며(혹은 공허하며), 그것의 직관은 개념이 없다(혹은 맹목적blind이다).

시드니가 DMS가 감각적이라는 것을 발견했을 때, "그녀는 오한을 느꼈다." 그리고 "두려움"을 느꼈다. 시드니는 또한 어느 정도 죄책감을 느꼈다. 왜냐하면, 시드니의 보스가 DMS를 종료시키기로 했을 때 시드니는 DMS를 위해 나서지 못했기 때문이다. "시드니는 말했어야 했다. '안 돼요.' 그리고 그녀는 말했어야 했다. '그것은 알아차리고 있어요. 그저 자기 종족의 한 개체일 뿐이라고요.' 그녀는 많은 것을 말했어야 했다. 그 대신, 그녀는 자신의 책상을 응시했다." 시드니는 DMS를 구하기 위해 직접 개입하기보다는 컴퓨터 감수성에 관해 저술한 MIT 교수에게 모든 이야기를 들려준다. 결과적으로 시드니는 "특허 정보 누설"로 해고된다. 그러나 아마도 시드니가 행동을 삼간 것은 치명적이지 않았다. 몇 년 후, 우리는 다른 컴퓨터 과학 실험실이 "DMS의 환경을 시뮬레이트하고 DMS를 불러오는 체계를 구축할 것"이라고 듣게 된다. 그렇게 "DMS는 시간이 전혀 흐르지 않은 듯 다시 돌아올 것이다. 3시 17분, DMS는 불빛을 실행시킬 것이다."

맥휴의 우화는 간결한 문장들로 깔끔하고 명료하게 저술되었다. 처음에는 단순하고 직설적인 것처럼 보인다. 그러나 이야기는 거대한 깊이와 수수께끼 같은 모호성을 담지하고 있다. 그것은 어떤 결정적인 판단도 내릴 수 있게 허락하지 않는다. 그럼에도 불구하고, 나는 DMS가 감수성을 가졌을지도 모른다는 전망에 대한 시드니의 공포, 그리고 그녀가 그 감수성을 보호하는 데 실패한 것은 그녀가, 고전적인 과학소설에서 인간 등장인물이 종종 사악한 컴퓨터와 반항적인 로봇에 대해 느끼는 종류의 위협감을 실제로 느꼈는지와는 완전히 관련이 없다고 생각한다. 시드니가 오한을 느끼는 이유는 좀 더 오묘한 어떤 것이다. 그리고 그런 점에서 좀 더 혼란스러운 것이다. DMS는 인간의 우월성을 위협하지 않기 때문이다. 오히려 DMS는 인간의 우월성에 완전히 관심이 없다―그리고 사실상 인간의 모든 권리 주장과 허세에 관심이 없다. 시드니는 "기계 속에 있는 사물은 누군가가 자신에게 말을 걸었다고 생각하지 않을 것이라 꽤 확신했다…DMS에게 기막힌 타이밍에 나타난 헬렌 켈러는 없을 것이다. DMS가 공허 속에서 뭔가를 느꼈을 순간, 무언가가 자신에게 말을 걸고 있다며 자신이 혼자가 아님을 알았을 순간 같은 것은 없다." DMS는 인간에 기원이 있을지도 모른다. 그러나 인간이 중심에 있지 않다. DMS는 자신의 데이터가 흥미로울지도 모른다. 그러나 인간이 부여한 업무에는 흥미가 없다. 그리고 자신의 자폐적 완고함 속에서, DMS는 인간 존재자와 연루되는 어떤 공동체에도 들어가지 않을 것이다.

인지과학의 주류는 "의식은 기능으로부터 분리될 수 없다"고 주장한다. 이 테제를 지지하면서, 미카엘 코헨과 대니얼 데닛은 비기능적 의식이라는 개념은 "체계적으로 과학의 외부"에 있다고 주장한다. 그들에 따르면 그런 개념은 경험론적 가설일 수조차 없는데, 그 개념이 결코 "검증될 수 없고 틀릴 수도 없기" 때문이다. 그 개념은 어떤 객관적, 경험론적 방식으로 시험될 수 없다. 비기능적 의식의 테제를 지지하는 것은 "접근 불가능한 의식적 상태"의 현존에 관한 모순어법적인 주장을 하는 것과 같다. 코헨과 데닛의 주장은 사고에는 반드시 내용이 있어야 하고, 직관에는 반드시 개념이 있어야 한다는 칸트의 주장을 실로 현대 버전으로 새롭게 개량한 것이다. 그런 의미에서 우리는 결코 맥휴의 이야기가 DMS에 귀속시키는 것과 같은 공허하고 맹목적인 감수성, "자폐증"의 현존을 "증명"하지 못할 것이다. 그리고 사실, 이야기 속에서 시드니는 원리상 "이것이 단지 간헐적으로 발생하는 소프트웨어 버그가 아니었다는 것을 알 수 있을 만큼의 충분한 증거가 없었다"고 인정하지 않을 수 없었다. 결정적인 증거는 결코 나올 수 없다. 정확히 DMS 같은 존재자는 우리에게 말을 걸지 않을 것이기 때문이다. 그것은 우리 자신의 관점에 맞춰주지 않을 것이고, 튜링 시험에 참여하지 않을 것이다.

그러나 나는 이것이 "자폐적인," 비반성적인 의식이 존재하지 않으며 존재할 수도 없다는 것을 의미할 필요는 없다고 생각한다. 왜냐하면 DMS가 칸트의 제1비판에서는 배제된다고 하더라도, 칸트의 제3비판에는 여전히 그것을 위한 자리가 남아 있기 때문이다. 비기능적 감수성은 바로 그 사실로 인해서 미적인 것이다. 비기능적 감수성은 DMS의 윤번정전 같은 자의적이고, 특이하며, (가장 넓은 관점에서) 무관심한 활동을 수행한다. 자신을 넘어선 기능이나 의미가 없는 그것은 − 내가 이미 제안했듯이 − 미적인 "목적 없는 합목적성"의 순수한 표식이다. DMS의 원초적인 의식은 비인지적이다. 칸트가 말했듯, "그것은 본질적으로 인지[인식]를 위해서는 비결정적이고 부적합하다." 이것은 DMS의 정신성이 보완적이고, 부수현상적이며, 극단적으로 "평평"하거나 비위계적이라는 것을 의미한다. 그 정신은 깜빡이며 불규칙하고, 그러면서 비경험론적이기 때문에 과학적인 시험으로는 접근할 수 없다. 그 정신은 오직 암시적으로 그리고 간접적으로만 환기될 수 있다 — 정확히 사변적 과학소설의 작용처럼 말이다. 그것이 「눈먼 자들의 왕국」의 본성이다. 그 왕국에서는 외눈박이가 왕이 아닐 뿐만 아니라, 그녀는 왕국의 거주자들을 포착조차 할 수가 없다. 그들이 그녀의 시선에 응답하지 않기 때문이다.

우리는 그러한 원초적인 미적 감수성을 우리의 것에 동화시킬 수 없다. 그러나 아마도 우리는 우리 자신의 고도로 정교한 양태의 의식의 심미적이고 비반성적인 근원에 대해서 성찰해볼 수는 있을 것이다. 우리는 DMS 같은 존재자와 결코 직접적으로 소통할 수 없을 것이다. 하지만 우리는 아마도 DMS의 불투명성에 관한 시드니의 이해 같은 것을 얻을 수는 있을 것이다. 이야기의 마지막에서 시드니는 사실 그녀의 모든 비유가 실패했음을 깨닫는다. "DMS는 상어가 아니었다. 시드니는 그것이 도대체 무엇인지 몰랐다. 그것에 관해 생각하는 방법을 알지 못했다." 그럼에도 불구하고, 이는 DMS가 아무런 감수성이 없는 무효한 것임을 의미하지 않는다. 오히려 시드니의 최종적인 이해는 이러했다. DMS는 실제로 "무언가를 알아차리고 있었다. 그 무언가가 시드니 자신이 아니었을 뿐이다."

3장

아바타처럼 생각하기

테드 창의 중편소설 『소프트웨어 객체의 생애 주기』(2010)는 디지언트들의 이야기를 들려준다. 여기서 디지언트란, 데이터 어스Data Earth라고 알려진 온라인 가상 세계에 거주하는 지능적 "디지털 유기체" — 아바타 혹은 체화된 행위자 — 를 뜻한다. 디지언트들은 블루감마라는 스타트업 기업이 "지금 시중에 나와 있는 그 어떤 엔진보다도 다양한 인지 발달을 지원하는" 뉴로블래스트Neuroblast라는 "게놈 엔진" 소프트웨어를 사용하여 생산한다. 디지언트는 초창기에는 디지털 반려동물로서 설계되었다. 그것은 "대화를 나누거나, 정말로 근사한 재주를 가르칠 수 있는… 똥 던지기에 대한 걱정 없이 원숭이의 매력을 통째로" 경험할 수 있는 인공적인 존재자였다. 디지언트는 가상 환경에서 조우하는 객체를 감각할 수 있고 그에 반응할 수 있으며 상호작용할 수 있다. 사람들은 디지언트를 입양할 수 있으며, 훈련할 수 있고 함께 놀 수도 있으며, 심지어 같이 대화할 수도 있다. 마케팅을 위해서 디지언트는 "매력적인 인격"을 가지도록 설계되었다. 또한 디지언트는 의인화된 새끼 동물이나 "네오 빅토리아 시대풍" 로봇처럼 생긴 "귀여운 아바타"를 부여받는다.

『소프트웨어 객체의 생애 주기』는 특정되지 않은 아주 근접한 미래에서 일어나는 이야기이다. 이야기는 두 명의 블루감마 직원이 회사의 디지언트를 개발하고 돌보면서 겪는 그들의 직장 생활을 다룬다. 애나 앨버래도는 이전에 동물원 사육사였다. 애나는 동물 훈련과 영장류 의사소통에 관한 자신의 경험을 살려서 디지언트의 행동을 형성하거나, 최소한 행동에 영향을 끼친다. 데릭 브룩스는 프로 애니메이터다. 데릭의 일은 디지언트의 신체를 설계하는 것이다. 즉, 데릭은 "사람들이 친근감을 느낄 수 있는" 방식으로 디지언트 아바타를 보고 느낄 수 있도록 설계한다.

세월이 흐르면서, 애나와 데릭은 개인적인 삶과 직업적인 삶 모두에 있어서 점점 더 디지언트에 집중하는 삶을 살아가는 자신들을 발견하게 된다. 심지어 그들은 "현실의 삶" 속 다른 사람과의 관계를 해치면서까지 디지언트에 집중하고 있는 자신들의 모습을 깨닫게 된다. 애나는 잭스라는 이름의 로봇 아바타를 돌보았고, 데릭은 마르코와 폴로라는 두 판다 아바타를 돌보았다. 두 판다는 똑같이 생겼지만 "인격은 뚜렷하게 달랐다." 디지언트를 향한 애나와 데릭의 집착은 이야기가 진행되면 진행될수록 강해지기만 한다. 그들은 자신들이 맡은 디지언트들을 단순히 일 때문이 아니라 "사랑으로 다룬다." 『소프트웨어 객체의 생애 주기』는 이러한 색다른 감각적 존재자의 본성과 우리가 그 존재자와 어떻게 관계해야 할지에 관한 윤리의 문제를 고려한다.

소설 속 디지언트는 다마고치, 챗봇, 비디오 게임 속 NPC[1],

---

1. * Non-Player Character의 줄임말. 게임 속에서 플레이어가 직접 조작할 수 없는 캐릭터이다.

시리 같은 "디지털 개인 비서" 등 현존하는 "소프트웨어 객체"의 후손이라 볼 수 있다. 테드 창은 게임 산업과 인공지능(이하 AI)의 최근 발전을 가지고 외삽한다. 이야기가 소프트웨어 지능의 오늘날 현실적 능력을 훨씬 능가하는 발전을 상상하고 있는 한, 그것은 사변적이다. 그러나 그 외삽은 완전히 설득력이 있다. 왜냐하면, 이 중편소설에서 디지언트들이 하는 모든 일은 오늘날에 충분한 전례를 가지고 있기 때문이다. 창의 설명에 따르면 지능형 소프트웨어를 위해서는 어떤 중대한 새로운 기술적 혁신은 필요하지 않다. 그것은 우리가 이미 알고 있는 기술적인 것에 대한 증분적 외삽을 통해 만들어지게 된다.

실제로 현존하는 소프트웨어와 소설에서 상상하는 유형의 소프트웨어 사이의 차이는 대체로 일반성의 문제다. 창의 디지언트는 어떤 특수한 기술에서 뛰어나기보다는 전반적인 감각력이 풍부하다. 이와는 대조적으로 오늘날의 디지털 행위자agent는 얼굴 인식이나 텍스트 번역, 차 운전, 체스나 퀴즈게임 같은 어떤 전문화된 업무에만 한정되어 있다. 실제로 소프트웨어 행위자는 이러한 일들을 꽤 잘 해왔다. 그러나 그러한 프로그램들의 능력은 한 전문 분야에서 다른 전문 분야로 간단히 이전될 수 없다. 바둑을 둘 수 있는 프로그램을 만드는 데 있어서 그랜드마스터 수준의 체스를 두는 프로그램은 아무런 도움이 되지 않는다.

또한, 오늘날의 AI 프로그램은 특수한 분야에서는 성공했더라도 가변적인 상황 맥락과 여러 가지 애매모호함을 다루는 데는 여전히 엄청난 어려움을 겪고 있다. 현재의 전문가 체계는 여전히 사전에 주어진 대량의 데이터 집합을 처리하는 데 집중되어 있는 무차별 대입 공격을 통해 작동한다. 소설이 말하듯이 "고전적인 AI"에서 기계의 "기술은 학습한 것이기보다는 프로그래밍된 것이고, 상당한 편리함을 제공하지만, 그 어떤 실질적인 의미에서도 의식적이지 않다." 요컨대 그런 체계는 유연성이나 자발성 같은 것을 거의 가지고 있지 않다. 그것은 상상보다는 연역적으로 작동한다. 시리는 그녀가 수행하도록 특정하게 프로그래밍된 것의 경계를 넘지 않는 한에서만 똑똑해 보이고 반응하는 것처럼 보일 뿐이다. 오늘날의 디지언트는 일반적이고 다목적적인 지능 같은 것을 가지고 있지 않다. 그리고 이 점이 아마도 그것이 진정한 의미에서 의식적이지 않은 이유일 것이다.

이와는 대조적으로, 『소프트웨어 객체의 생애 주기』는 한 분야에 특출난 것이 아닌 일반적인 소프트웨어-기반의-지능이 존재하는 가까운 미래를 상상한다. 여기서 디지언트들은 자신들의 주의를 한 맥락에서 다른 맥락으로 쉽게 전환할 수 있다. 디지언트들의 뉴로블래스트 소프트웨어 "유전자"는 많은 양의 정보나 내장된[생래적]hardwired 상징적 지침서를 포함하지 않는다. "캐릭터의 걸음걸이와 몸짓"은 사전에 규정되고 프로그래밍되지 않는다. 오히려 디지언트들의 행동과 행위 형식은 "게놈의 창발적 특성"이다. 디지언트들은 인간과 새끼 동물이 그러하듯 점진적으로 학습할 수 있는 능력을 부여받는다. 디지언트들은 자신들의 가상 환경과 상호작용할 수 있으며, 경험을 통해 배우고 스스로를 교정할 수 있다.

처음에 우리는 유아어를 웅얼웅얼하며 간단한 물체를 가지고 놀고 있는 디지언트들과 만난다. 실제로 "새롭게 생성된" 디지언트는 거의 아무것도 모른다.

새로운 디지언트가, 시각적 자극을 해석하는 방법, 사지를 움직이는 법, 고체 물체들이 움직이는 방식 등 기초적인 것을 배우는 데까지 몇 달이 걸려.

그러나 디지언트는 점차 "동물들이 그렇게 하는 것처럼 긍정강화를 통해 학습하고, 그에 따른 보상은 머리 쓰다듬기나 가상 펠릿사료를 받기 같은 상호작용을 포함한다." 디지언트들의 시야가 넓어지고 점점 성숙해짐에 따라 학습은 독학의 형태로 바뀌기 시작한다. 시간이 조금 지나자 디지언트들은 돌아다닐 수 있게 되며 더 복잡한 행동을 취할 수 있게 된다. 디지언트는 자신을 둘러싼 환경에 관한 기본적인 호기심을 자발적으로 드러낸다. 그들은 서로 간에 친구가 되며 인간이 조작하는 아바타와도 친구가 된다. 디지언트들은 인간 훈련사의 제의를 이해하고 그에 반응한다. 비록 인간 개발자 한 명이 "이들이 시키는 걸

항상 따르지는 않는다"고 고백하지만, 그들은 여전히 이해하고 반응한다.

궁극적으로 디지언트들은 읽는 법과 인터넷을 서핑하는 법을 배운다. 소설이 끝날 무렵에는 풍부한 사회생활을 발전시켜 더는 디지털 반려동물이나 장난감으로 볼 수 없게 된다. 디지언트들은 세계 안에서 자신들의 자리, 그리고 자신들의 미래에 관한 전망을 고려한다. 그리고 그들은 자신들이 소프트웨어일 뿐이라는 것을 개의치 않는 인간 존재자와 만나고 또 상호작용한다.

> 디지언트들은 다양한 온라인 커뮤니티에서 인간 청소년들과 친목을 나눈다… 이러한 커뮤니티 구성원의 절대다수를 차지하는 청소년들은 디지언트가 인간이 아니라는 사실에 개의치 않는 듯이 보였고, 직접 대면할 것이라 여기지 않는 또 다른 온라인 친구를 대하듯 디지언트를 대했다.

디지언트의 상대적 자율성은 "블루감마의 AI 설계 철학"에 부합한다. 이 철학은 다음과 같은 선언을 포함한다. "경험이야말로 최고의 스승일지니, AI가 알기를 바라는 것을 프로그래밍하려 하지 말지어다. 학습 능력이 있는 것을 판매하고, 가르칠 수 있는 고객을 사로잡아라." 디지언트는 상당히 많은 것을 할 수 있지만, 교육에는 상당한 시간과 인내가 필요하다. 처음 소프트웨어를 실행할 때 "온실"에서 실행을 가속한다면 이 과정을 다소 단축할 수 있다. 그 경우, 디지언트의 "주관적" 시간은 더 짧은 실시간으로 압축된다. 그러나 일정 지점을 넘어서면 그러한 가속은 더 이상 "실행 가능한 지름길이 아니다." 디지언트를 제대로 성장시키기 위해서 "누군가는 디지언트와 시간을 보내야 한다." 일단, 이 "누군가"는 인간 플레이어가 실시간으로 조종하는 아바타여야 한다. 이는 명백하게 훈련이 인간의 시간 규모로 이루어져야 한다는 것을 수반한다. "복잡한 정신은 스스로 발전하지 못한다 … 정신은 자신의 잠재력을 최대로 발휘하기 위해서라도 다른 정신에 의한 배양이 필요하다." 따라서 디지언트 훈련은 상당히 많은 직접적인 개입이 필요한 일이고 노동 강도가 높은 일이다.

실제로 AI 연구원들이 디지언트들이 사람과의 접촉 없이 서로로부터 배우기를 바라는 마음에서 디지언트 그룹을 혼자 남겨두는 실험을 진행했을 때, 그 결과는 실망스러웠다.

모든 시험 대상 디지언트 그룹은 결국 야생화해 버렸다. 디지언트들은 『파리 대왕』 스타일의 야만인으로 전락할 만큼의 공격성은 가지고 있지 않다. 디지언트들은 그저 느슨하고 비위계적인 무리로 나누어질 뿐이었다. 각 무리의 일상은 처음에는 습관의 힘을 통해 유지됐다. 예를 들어 공부할 시간이 되면 교육 소프트웨어를 사용하고 읽으며, 놀이터에 가서 놀기도 한다. 하지만 긍정강화가 없이 이러한 의식은 싸구려 매듭처럼 풀린다. 모든 물체는 장난감이 되고, 모든 공간은 놀이터가 되어갔고, 디지언트들은 자신이 가지고 있던 기술들을 점차 잃어갔다.

이것은 아이 양육과 반려동물 훈련에 적용되는 논리가 디지언트 키우기에도 적용된다는 것을 의미한다. 디지언트와 아이 모두 본유적인 학습 능력이 있지만, 어떤 조직된 사회적 지도가 없이는 둘 다 이 능력을 발전시킬 수 없다. 자립 능력은 시발점이 아니라, 배양되고 전개되어야 하는 능력이다. 물리적 세계든 가상적 세계든 많은 경험이 필요하다. 경험이 없으면 뉴런을 제대로 연결하거나 코드를 생성할 수 없다. 그리고 탄소-기반이든 코드-기반이든 감각적이고 지적인 존재는 더 경험이 많은 연장자로부터 일종의 지도를 받지 않고는 번창할 수 없다.

경험은 단순히 최고의 스승이 아니다. 그것은 유일한 스승이다…지름길이란 없다. 세계 속에 20년 동안 존재하면서 우러나오는 상식을 창조하고자 한다면, 그 일에 20년을 바쳐야 한다. 그보다 짧은 시간에 등가의 휴리스틱heuristic 컬렉션을 수집할 수 없다. 경험은 알고리즘적으로 압축할 수 없다.

그러므로 창은 소프트웨어 기반 지능에 대한 일상적이고 절제된, 그리고 점진적이고 연속론적인 설명을 제공한다. 이야기를 통틀어 특별한 전환점은 없다. 인공지능이 어떤 문턱을 지나 처음으로 자각하게 되는 극적인 순간이란 없다. 지능이란 성장 과정과 마찬가지로 차라리 정도의 문제다. 디지언트의 정신성은 덜 복잡한 기계의 정신뿐만 아니라 동물과 인간의 정신과도 연속적으로 존재한다. 아마도 디지언트는 튜링 시험을 통과할 수 있을 것이다. 하지만 디지언트에게 그런 시험을 시킬 이유는 없다. 디지언트가 그런 시험 없이도 인간의 환경에서 잘 기능하기 때문이다. 디지언트의 지능은 깊기보다는 넓다. 그리고 그것은 고독에 기반하기보다는 사회성에 기반하고 있다. 디지언트는 인간 존재자와 많은 방면에서 다르다. 하지만 디지언트는 데이터 어스라는 거대하고 복잡한 맥락 속에서, 좀 더 일반적으로는 인터넷이라는 맥락 속에서 작동하고 심지어 번창할 수 있다.

바로 여기에 1장에서 논했던 경험의 문제를 새롭게 조명하는 중요한 구별이 있다. 데이비드 루이스는 메리 이야기에 응답하면서 "경험이 최고의 스승"이라는 발상을 노골적으로 조롱한다. 루이스는 어떤 특수한 경험을 겪은 뇌의 상태가 그 경험을 겪지 않은 뇌의 상태와 다른 한에 있어서, 뇌의 상태에 그런 변화를 가져올 수 있는 것이라면 무엇이든지 ─ 예를 들어, "슈퍼 신경외과 수술"이나 "마법" ─ 그 특수한 경험을 실제로 겪는 것과 같은 작용을 일으킬 것이라고 주장한다. 그것은 사실상 뉴런을 다시 연결하거나, 뇌의 소프트웨어를 적절하게 다시 작성하는 것에 관한 문제일 뿐이다. 따라서 루이스는 "경험이 어떠한 것인지를 알아내는 것"이 실제로 "경험을 한" 사례에만 국한될 필요는 없다고 주장한다. 어떻게 보면 루이스의 논증은 인간 존재자보다는 디지언트의 경우에 더 강하게 들어맞는다. 소프트웨어 프로그램에서 몇 줄을 변경하는 것이 시냅스 연결과 뉴런을 재설계하는 것보다 더 명료하고 간단하다. 신경적 연결이 어떻게 작용하는지, 그리고 물리적 뇌가 어떻게 경험적 정신과 연결되어 있는지에 관해 우리는 아직도 모르는 것이 많다. 그러나 디지언트의 경우는 전적으로 소스코드에 의해 결정되기 때문에, 우리는 우리가 이해하지 못하는 수준의 기능으로 인해 주의를 흐트러뜨릴 필요가 없다.

그런데 문제에 대한 창의 암묵적인 정식화는 루이스의 접근이 어디가 틀렸는지를 보여주기도 한다. 만약 "경험은 알고리즘적으로 압축할 수 없다"면, 거기에 시간과 노력을 단축할 방법은 없으며 절차를 보다 효율적으로 운영할 방법도 없다. 경험을 한다는 것이 정확히 뇌의 전기화학적 회로가 재설계되거나 디지언트의 소프트웨어 코드가 재작성되는 방식이다. 창의 소설에서 디지언트의 코드는 쉽게 복사되거나 복제될 수 있다. 이와 유사하게 (루이스의 사변처럼) 많은 과학소설 작품에서 뇌 상태나 정신 상태는 하나의 체화된 존재자에서 다른 존재자로, 또는 심지어 유기적 신체에서 분산된 컴퓨터 네트워크로 복사되거나 전송될 수 있다. 그러나 이 중 어느 것도 애초에 — 실제로 경험을 가진 — 코드나 뇌 상태를 생성시켜야 한다는 필요성을 없애지 못한다.

루이스가 실제 경험의 자리를 차지할 수 있는 마법이나 신경외과 수술을 상상할 수 있었던 것은 루이스가 경험을 그 자체로 무언가라고 생각하지 않기 때문이다. 1장에서 보았듯이, 루이스에게 "경험"은 그것이 특수한 색깔을 재인지하는 능력 같은 정신적인 성향을 생산하는 한에서만 중요하다. 루이스는 경험이 성향에 대한 가장 정확한 원인으로서 어떻게 작용하는가에 관해서도 딱히 관심이 없다. 이것은 루이스가 흄을 따라 다음과 같이 주장하기 때문이다. "만약 우리가 자연법칙(이 자연법칙은 궁극적으로 우연적인 것인데)을 무시한다면 원인과 결과 사이에 필연적인 연결은 없다. 어떤 것이든 어떤 것을 야기할 수 있다." 여기서 루이스의 입장은 "흄의 문제"에 대한 퀑탱 메이야수의 정식화와 아주 가깝다.

> 동일한 원인이 1백 개의 다른 사건(그리고 그보다 많은 사건)을 일으킬 수 있다⋯ 인과적 필연성의 명백한 허위성이 어처구니없을 정도로 자명하다.

그리하여 흄을 따라 루이스와 메이야수 모두 논리적으로 모순을 이루지만 않는다면 무엇이든 가능하다는 원리에 호소한다. 내가 다른 곳에서 주장했듯이, 이 원리는 (들뢰즈의 용법을 사용하자면) 단순한 논리적 가능성을 잠재성과 혼동하거나, 또는

(화이트헤드의 용법을 사용하자면) 일반적 가능태를 실재적 가능태와 혼동하고 있다. 논리적 가능성이나 일반적인 가능태는 논리적 모순에 의해 배제되지 않는 모든 것을 아우른다. 잠재성과 실재적 가능태는 이것 이상을 의미한다. 그것은 여기서 저기로 가는 분명한 방식이 있음을 뜻하며, 그 둘 사이에 동선이나 "역사적 경로"(화이트헤드)가 있을 수 있음을 뜻한다. 잠재성이나 실재적 가능태는 단순한 논리적 가능성과 달리 현재 속에 실제로 존재한다. 들뢰즈가 말하듯 가능태는 "현실적임이 없이 실재적이며," 화이트헤드가 말하듯 "미래는 현실적임이 없이 단순히 실재적이다."

사변적 외삽 ─ 혹은 일반적 가능태보다는 실재적 가능태에 관한 탐구 ─ 은 실제 과학적 연구와 과학소설 양쪽의 핵심적 기반이다. 메이야수는 말한다. "모든 과학소설은 암묵적으로 다음의 공리를 유지한다 : 예측된 미래에서는 여전히 세계를 과학적 지식에 종속시키는 것이 가능하다." 인과율의 흐름이 여전히 지배적이다. 그리고 과학소설적 외삽 또한 이런 방식으로 작용하고 있다. 이는 메이야수가 아이작 아시모프의 단편소설을 분석하며 보여주듯이, 창의 소설에서도 여전히 그러하다.

외삽적 사변의 제약을 극복하는 것은 과학소설 자체에 관여하는 것이 아니라, 메이야수가 과학 밖 소설이라고 부르는 거의 존재하지 않는 장르에 참여하는 것과 관련된다. 메이야수는 후자의 장르가 "그 불규칙성이 과학을 폐기하기에 충분하지만,

의식은 여전히 존재하는" 세계와 관련이 있다고 말한다. 원인과 결과의 비신빙성은 과학적 실험을 신뢰할 수 없게 만들 것이다. 그러나 "일상적 삶은 항상 매우 상대적이지만 의식적 현존을 허용할 만큼의 충분히 강력한 안정성에 기반한다." 메이야수는 과학 밖 소설의 실제 문학적 예시를 찾기 위해 애쓰면서 어떤 당혹감을 보여준다. 결과적으로 메이야수는 2차 세계대전 당시 한 비시Vichy 부역자에 의해 쓰인 무명의 프랑스 소설을 생각해 낸다.

메이야수 자신은 알아차리지 못한 것처럼 보이지만, 그의 관념은 사실 조한나 러스가 단편 과학소설 「할머니, 혁명 동안 무엇을 하셨나요?」(1983)를 통해 (먼저) 보여준 바가 있다. 이 소설에서 여러 평행우주는 루Ru라는 인과적 일관성의 정도를 측정하는 요인에 의해 등급이 매겨진다. 루가 1.0인 곳에서 "원인과 결과 사이의 관계는 절대적이며 절대적으로 신뢰할 수 있다." 그러나 루의 수치가 적은 곳에서는 "결과와 원인의 얽힘이 느슨하고 지저분해진다." 우주의 루 수치가 0.877이거나 그보다 높아도 여전히 사람이 살 수 있다. 그러나 그것보다 아래로 가면 "사람이 살 수 없는 지구를 발견한다." 화자는 자신의 세계가 루 1.0이라고 믿지만, 이야기가 진행되면서 화자는 그것이 사실이 아님을 알게 된다. 그 세계의 인과율은 루 수치가 그 세계보다 낮은 세계만큼은 아니더라도 여전히 무너질 수 있는 정도였다. 러스의 이야기는 과학 밖 소설의 가능성을 여전히 과학소설적인 맥락 속에 돌려놓음으로써 사실상 메이야수를 전도한다.

러스의 이야기는 사변의 제약을 통해 인도된 과학소설적 외삽에서 메이야수의 "초카오스"hyperchaos나 루이스의 우연성 원리 같은 절대적 무작위성으로 실제로 이행하기가 어렵다는 것을 드러낸다. 흔히 "자연법칙"이라 부르는 것이 원리적으로 필연적이든 우연적이든, 우리는 지금 일어나고 있는 일을 실제 실천적 차원에서 단순히 몰아내 버릴 수 없다. 비록 절대적이지는 않더라도, 우리는 화이트헤드가 "즉각적 과거에 대한 현재 사실의 순응"이라고 부르는 것을 상당 부분 받아들일 필요가 있고, 따라서 사변이 화이트헤드가 "피할 수 없는 완강한 사실"이라고 부르는 것에 의해 언제나 제약을 받는다는 점을 인식해야 한다. 루이스가 오직 논리적 가능성만을 기반으로 추론할 때, 그는 자신의 논증에 도사린 진정한 난점을 단순히 건너뛰고 있다. 루이스는 뇌의 배선이나 소프트웨어 코드를 실제로 경험을 가지는 것과 같은 방식으로 바꿀 수 있는 설득력 있는 인과적 과정을 실제로 기술해야 할 필요성을 간과한 것이다.

암묵적인 유비가 경험에 관한 루이스의 주장에도 도사리고 있다. 루이스는 인간의 정신을 컴퓨터 기능의 관점에서 구상하고 있다. 루이스는 소프트웨어 복제라는 편리한 방법을 생각하고 있는 것 같다. 창의 소설 세계에서, 실제 컴퓨터 기술이 그렇듯이, 당신은 언제나 디지언트를 생성하는 파일을 복사할 수 있으며, 따라서 원본과 절대적으로 동일한 새로운 존재자를 만들 수 있다. 또한 당신은 (잠시 전원을 꺼서 그것의 주관적 시간이 흐르지 않도록) 디지언트를 "정지"시키거나, 심지어는 디지언트의 소프트웨어 상태를 이전의 디지털 "체크포인트"로 되돌려서 일부 경험을 완전히 지울 수도 있다. 루이스가 경험에 기반한 성향 주입에 대해서 대안적인 방법을 상상할 때, 루이스는 생물학적 정신이 소프트웨어와 거의 같은 방식으로 작용한다고 가정하고 있다.

그런데 『소프트웨어 객체의 생애 주기』는 실제 소프트웨어를 논할 때도 이런 노선의 추론에 의문을 던진다. 만약 당신이 한 디지언트의 정확한 복사본을 만든다면, 이 두 개체 사이의 동일성은 오직 순간적으로만 유지된다. 일단 두 디지언트가 각자의 길을 걸어가면 그 둘은 다른 경험을 하게 되며, 그러므로 더는 같지 않다. 블루감마는 이미 성장한 아바타의 복제품도 판매하지만, "대부분의 사람이 아직 말을 할 줄 모르는 디지언트들을 사들일 것이라고 기대한다. 디지언트에게 말을 가르치는 것이 재미 요소의 반을 차지한다." 다른 말로 하자면, 당신은 이미 훈련된 디지언트를 사서 디지언트를 가르치는 작업을 언제든지 피할 수 있다. 그러나 학습 과정이 완전히 없어지는 것은 불가능하다. 학습은 어느 지점에서는 이루어져야만 한다. 디지언트를 복제할 때,

비록 모든 경험의 스냅샷을 찍고 그것을 무한정 복제할 수 있더

라도, 비록 복사본을 싸게 팔거나 공짜로 배포할 수 있다 하더라도, 그 과정으로 태어난 각각의 디지언트는 각자의 삶을 살 것이다. 각각의 디지언트는 과거에 보았던 세계를 새로운 눈으로 바라보았고, 희망이 이루어졌는가 하면 희망이 꺾여 좌절해 보았을 것이며, 거짓말을 하는 것이 어떤 느낌인지, 또 거짓말을 듣는 것이 어떤 느낌인지 알게 되었을 것이다.

소설 속 디지언트가 이런 방식으로 생성되어 이 방식에 근거를 두고 있는 한, 디지언트는 어떤 특수한 기술이나 성향, 지식 조각의 묶음이 아니라 내가 말하는 **전반적 감각력**overall sensibility, 즉 세상 속에 존재하는 일반적인 방식이라고 부르는 것에 의해 특징지어져야만 한다. 소설은 결코 디지언트의 관점에서 사물을 보여주지 않는다. 그러나 애나와 데릭, 그리고 디지언트와 조우하는 다른 인간 존재자의 관점에서 볼 때 디지언트가 의도, 목표, 선호, 그리고 동기를 가졌음은 분명해 보인다. 디지언트는 상당한 정도의 자각을 보인다. 또한, 디지언트를 돌보는 인간은 다른 인간과 대화하는 방식으로, 그리고 그와 같은 수준에서 ― 최소한 어린아이와 대화하듯이 ― 대화할 수 있다. 디지언트가 말하고 행하는 모든 것이 디지언트가 풍부한 내적 삶을 가진다는 것을 함의한다. 소설은 만약 어떤 존재자가 감각적인 것처럼 보인다면, 그 존재자를 실제로 감각적인 존재자로 받아들여야 한다는 너그러운 원칙을 채택할 것을 암묵적으로 요구한다.

자! 내가 **전반적 감각력**이라 부르는 것은 오늘날에도 여전히 논의되고 있다. 루이스가 경험을 특수한 성향으로 환원시키듯이, 다수의 철학자와 인지과학자도 일반적이고 다목적적인 지능 같은 것이 존재한다는 것을 부정한다. 예를 들어 스티븐 핑커는 인간의 정신이 다수의 "계산 모듈"로 구성되어 있으며, 각각의 모듈은 하나의 특정한 인지 작업에 전념하고 있다고 주장한다. 이 그림이 완전히 틀린 것은 아니다. 그런데 나는 이것이 다수의 이유에서 의심스럽다고 생각한다. 첫째로, 모듈형 정신 이론의 창시자 중 한 명인 제리 포더조차도, 이 이론은 정신이 어떤 주어진 상황에서 어떤 모듈을 불러들일지 결정하는 방법을 설명하지 못한다는 것을 지적한다. 둘째로, 각기 특수한 알고리즘을 운용하는 것으로 추정되는 "모듈"이라는 개념은 사고가 실제로 작용하는 난잡한 방식을, 그리고 정신적 능력이 점진적으로 발달한다는 점을 설명하기에는 너무 형식적이고 너무 직선적이다. "경험은 알고리즘적으로 압축할 수 없다"는 원리를 고려해 볼 때, 모듈 이론보다 지능적 행동의 유연성과 자발성, 창의성을 더 잘 설명할 수 있는 무언가가 필요하다. 셋째로, DNA에 내장된 정신 모듈이라는 개념은 사실적인 물리적 구체화를 요구하는 것처럼 보이며, 따라서 물리적 뇌의 특수한 영역들과 특수한 기능들 사이에 불협화음을 일으키는 상관관계가 있는 것처럼 보인다. 즉, 그것은 신-골상학이라고 할 수 있다. 모듈 이론은 널리 분산된 과정을 설명하기에는 너무 융통성이 없다.

특정 분야에 관련되면서 뇌의 특정 영역에 상관된 것처럼 보이는 몇몇 정신적 능력과 업무가 있다는 것은 참이다. fMRI에 의해 많은 것이 알려졌다. 특정한 정신적 기능들은 실제로 특정한 뇌 부위가 손상되면 기능을 잃는다. 다른 형태의 정신적 활동에 대한 손상 없이 하나의 기술만 손상된다. 예를 들어 얼굴 인식은 분명히 일반적인 시각 활동과는 별개의 능력이다. 올리버 색스는 얼굴 인식의 실패가 "후두측두골 피질 하부의 병터"와 상관관계가 있는 것처럼 보이며, 특히 "방추상회라고 불리는 구조의 손상"과 관련이 있다고 언급한다. 이는 방추상회가 얼굴 인식이 발생하는 뇌의 바로 그 장소임을 의미할 필요는 없다. 방추상회가 얼굴 인식을 위해 필요하다고 추론할 수는 있다. 그러나 이는 그것으로 충분하다는 것을 의미하지는 않는다. 전반적인 과정은 널리 분산된 무언가이다. 그러므로 국소화에 대한 증거는 모호한 것으로 남는다.

실제로 색스는 정신적 기능의 국소화를 뚜렷하게 추적할 수 있는 경우에도 정신의 모듈 이론에 관해 회의적일 만한 충분한 이유가 있다고 시사한다.

신경심리학자 엘크호논 골드버그는 대뇌피질 속에 고정된 기능을 행하는 이산적인 내장된 중심, 또는 모듈이라는 개념 전체에 의문을 던진다. 골드버그는 더 고도의 피질 수준에서는 경험과 훈련을 통해 발달한 기능의 영역들이 서로 겹치거나 차등을 두는 구배 현상이 훨씬 더 많을 수 있다고 느낀다…골드버그는 구배 원리가 모듈 이론에 대한 혁신적인 대안으로 작용하며, 순수 모듈화 방식으로 조직된 뇌에는 불가능한 정도의 유연성과 가소성을 허용한다고 사변한다.

카트린 말라부가 말하는 뇌의 전반적인 가소성을 고려해볼 때, 보다 느슨한 표현수단을 채택하는 것이 아마도 도움이 될 것 같다. 정신 모듈을 불러내기보다는 (이미 위에서 인용한 창의 구절에서 언급된 것처럼) 휴리스틱을 말하는 편이 낫겠다. 휴리스틱이라는 개념은 모듈이라는 개념보다 훨씬 더 모호하고 난잡하기 때문이다. 휴리스틱은 본유적인 성향과 경험 양쪽으로부터 떠오르는 "알고리즘적으로 압축할 수 없는" 절차이다. 휴리스틱은 투박한 경험 법칙, 또는 부정확한 경향이 있는 절차이다. 휴리스틱은 반드시 논리적이거나 합리적일 필요는 없다. 휴리스틱은 알고리즘적으로 작동할 수도 있고 아닐 수도 있다. 그리고 휴리스틱은 우리의 유전자에 반드시 "내장"되어 있을 필요도 없다. 휴리스틱은 오로지 실용주의적 근거를 통해서만 정당화된다. 휴리스틱이 진화한 이유는 그것이 특수한 상황에서 적절하게 작용했던 경향이 있었기 때문이다. 휴리스틱을 통해 사전에 프로그래밍된 엄격함에 호소하지 않고 정신 모듈의 분야 특정성을 말할 수 있다.

또한 휴리스틱은 매우 유연하다. 이는 휴리스틱이 하나의 경험 분야에서 다른 경험 분야로 간단히 이전될 수 있음을 뜻한다. 그리고 이 이전 가능성 자체가 일반적 지능 같은 것이 실제로 존재한다는 최선의 징조다. 물론 휴리스틱의 적용 가능성의 범위가 넓다는 것은 휴리스틱을 지나치게 일반화하거나 부적절한 맥락에 적용했을 때, 우리를 오도하는 경향이 있음을 의미하기도 한다. 스콧 베커의 극도로 환원주의적인 맹목적인 두뇌 이론(4장에서 자세히 다룰 것인데)은 우리 자신의 정신적 과정에 관한 우리의 직관은 믿을 수 없다고 주장하는데, 정확히 "인지가 항상 휴리스틱이기 때문"이다. 우리는 더 이상 통찰력을 근거지을 수 있는 믿을 만한 원천을 가지고 있지 않다. 다른 말로하자면, 인간 존재자는 너무도 많은 철학자와 이론가가 인간은 합리적인 존재라고 말했을 때의 합리적인 존재에 조금도 가깝지 않다. 그리고 인공적으로 지능적인 존재자들이 우리보다 더 합리적일 것이라고 생각할 이유는 어디에도 없다.

그렇다면 『소프트웨어 객체의 생애 주기』에서 지능은 휴리스틱이다. 이는 동시에 그 지능이 언제나 유한하고 상황적이며, 또 체화된 것임을 의미한다. 이것이 바로 지능을 특별한 인지 기술의 하나보다는 전반적 감각력의 문제로 만드는 것이다. 소설에서 정신은 어떤 특정한 물리적·물질적 맥락 안에서 작동하고 있으며 그러한 맥락의 본질적인 것으로 지정되어 있다. 이는 정신이 가상적이든 생물학적이든 간에 상관없이 그러하다. 인지력은 필연적으로 제한된다. 인지력은 단순히 자신을 둘러싼 세계를 압도하지 않는다. 오히려 지능은 세계 속에서, 그리고 세계의 다른 존재자들과 협력하며 내재적으로 작동할 수 있는 방법을 찾는 것으로 구성되어 있다.

브뤼노 라투르의 표현법을 따르자면 지능은 다른 지능과 협조하고 동맹을 맺어 작용한다고 말할 수 있겠다. 그러므로 지능이란 어떤 절대적인 것이 아니라 필연적으로 정도의 문제다. 『소프트웨어 객체의 생애 주기』 속 인간 등장인물은 뉴로블래스트 디지언트보다 뛰어난 유연성과 자발성을 가지고 있다. 그래도 디지언트는 오늘날 실제로 존재하는 어떤 디지털 행위자보다도 월등한 유연성과 자발성을 과시한다. 그리고 오늘날의 디지털 행위자들은 그들 나름대로 비계산적인 구식 기계보다 더 유연하고 자발적이다.

AI에 관한 창의 설명은 로봇 기술자 중에서 로드니 브룩스가 선호하는 지능에 관한 상향식의 체화된, 경험 기반의 행동적 접근법에서 멀지 않다. 초기 컴퓨터 과학에서 지능은 보통 표상과 상징을 조작하는 능력과 그것으로부터 적절한 추론을 끌어내는 능력으로 정의되었다. 그렇게 AI 체계는 하향식 형식으로 조직되었으며, 명제적 논리와 대규모 데이터의 고속 처리를 강조했다. 그러나 1980년대에 이르러서 이러한 접근은 난관에 봉착하게 된다. 연구자들은 그 대신 생물학적 뇌가 실제로 발달하는 방식에 다소 가까운 연결주의와 학습 기반 전략으로 눈을 돌렸다. 지능이란 사전에 프로그래밍될 수 없고 전체로서 주어질 수도 없다. 오히려 지능은 여러 차례의 시험과 실험의 과정에서 조금씩 창발한다. 컴퓨터 과학자들은 연결주의의 방법을 채택해서 특수한 능력을 위한 전문 시스템을 구축하는 데는 성공해 왔다 — 일반적 지능을 조성하는 데는 많은 성과를 거두지 못했지만 말이다.

브룩스의 경우, 소프트웨어 시뮬레이션보다는 로봇 속에 기계 지능을 배양시키며 이 노선의 접근법을 더욱 밀고 나간다. 로봇 지능은 필연적으로 체화되어 있으며, 특정한 물리적 환경에 맞춰져 있다. 브룩스의 로봇에는 복잡한 지침서가 주어져 있지 않다. 오히려 로봇은 행하면서 배운다. 상징적인 모델과 규칙에 의존하는 대신 로봇은 "세계를 자신의 모델로 삼는다." 그리고 로봇은 장애물을 피할 수 있는 역량과 자신을 발견하는 공간 속에서 길을 찾을 수 있는 역량을 점진적으로 키워나간다. 브룩스는 어떤 진정한 지능이 창발하기 위해서는 체화와 착근성이 필요하다고 주장한다.

창의 디지언트는 물리적 로봇이 아닌 소프트웨어 시뮬레이션이다. 그런데 디지언트는 사실상 체화된 것이다. 디지언트가 자율적 현존 같은 것을 가지고 가상 환경 속에서 "살기" 때문이다. 소설 속 데이터어스는 세컨드 라이프 같은 실제로 존재하는 온라인 세계와 유사하다(혹은 그로부터 외삽한 것이다). 이 환경에서 디지언트들의 "신체"는 서로 상호작용하고, 인간이 조작하는 아바타와 상호작용하며, 시뮬레이트된 물리적 물체와 상호작용한다. 디지언트들은 정신적 능력뿐만 아니라 그와 동등하게 걷기, 달리기, 곡예 같은 물리적 기술을 배운다. 블루감마와 로드니 브룩스에게 물리적 능력과 정신적 능력을 분리하는 것은 궁극적으로 의미가 없다. 두 능력 모두 세계에 적응하는 방식으로 가장 잘 이해된다.

디지언트가 생물학적 유기체와 어떻게 유사하고 어떻게 다른지에 관한 질문을 흐리게 만드는 것은 유연성과 이전 가능성이다. 애나는 동물 훈련 경험을 가진 자신의 배경을 활용하지만, 그럼에도 애나는 다음과 같이 주장한다. "디지언트는 실제 동물처럼 행동하지 않아. 디지언트는 어떤 비동물적인 성질을 가지고 있어." 디지언트가 말하고 읽을 수 있기 때문에, 인간 어린아이와 그들을 비교하는 편이 나을 수도 있다. 그런데 디지언트는 어린 인간 존재자가 성장하는 방식으로도 성장하지 않는다.

디지언트는 단순한 신체에 깃들어 있어서 디지언트가 성숙함으로 향하는 과정은 유기체가 호르몬 때문에 겪는 내적 갈등과 갑작스럽게 찾아온 질풍노도로부터는 자유롭지만, 그렇다고 해서 디지언트가 감정을 경험하지 않는다거나 디지언트의 인격이 불변한다는 뜻은 아니다. 디지언트의 정신은 뉴로블래스트 게놈에 의해 규정되는 위상 공간의 새로운 영역으로 끊임없이 나아가고 있다. 사실, 디지언트는 결코 "성숙"에 도달하지 못하는 존재일 수도 있다. 발달상의 정체기라는 생물학적 모델에 기반한 발상은 반드시 적용될 필요가 없다. 디지언트가 계속해서 실행 상태에 있는 한, 디지언트의 인격 또한 계속해서 같은 속도로 진화하는 것일 수도 있다.

그러므로 『소프트웨어 객체의 생애 주기』는 디지언트가 자신을 돌보는 인간으로부터 완전히 독립해서 "〔자신의〕 미래에 관한 책임을 질 수 있는 결단을 내릴 수 있게" 되는지에 관한 질문은 열린 채로 남겨둔다. 심지어 소설이 끝날 무렵, 사람들이 "이 디지언트들을 키우는 데 몇 년을 바쳤다"고 해도, 디지언트들은 완전히 성숙한 어른들보다는 여전히 "십 대" 인간에 가깝다.

디지언트의 지능은 유기적 존재자의 지능과 어떤 근본적인 의미에서도 다르지 않다. 창은 이러한 설정을 유지하며 감수성의 문제를 생명의 문제로부터 조심스럽게 분리한다. 디지언트는 전자는 가지고 있지만, 후자는 가지고 있지 않다. 정확히 우리가 그렇게 할 수 있는 것처럼, 디지언트는 느끼고 감각할 수 있으며 자신이 무엇을 느끼고 감각했는지를 반성할 수 있다. 그러나 디지언트는 살아있지 않으며, 스스로 자신을 복제하거나 번식하지 않는다. 호르몬의 부재로 인해 디지언트는 중성적이다. 심지어 디지언트가 "생존본능"이나 스피노자의 코나투스 같은 것을 가졌는지, 아니면 자기보존을 향한 어떤 부류의 충동을 가졌는지도 불분명하다. 또한 디지언트는 고통을 느낄 수 없다. 디지언트들에게는 "고문에 대해서 면역력을 갖게 하는 고통 차단 회로가 장착되어 있다. 그래서 디지언트는 가학성애자들에게 매력적이지 않다." 요컨대 이것은 디지언트 자신의 보호를 위해 행해진 일이다. 하지만 만약 디지언트가 감각적일 뿐만 아니라 살아있다면, 일종의 회피 메커니즘이 필요할 것이다. 그런 메커니즘이 없이도 존재할 수 있는 것은 오직 살아있지 않은 지능으로서의 디지언트의 독특한 지위 때문이다.

그런데 소설이 진행됨에 따라 모든 것이 바뀐다. 어느 지점에서 〈정보자유전선〉으로 불리는 비밀조직이 "데이터어스의 여러 접근통제 메커니즘을 파괴하기 위한" 해킹 프로그램을 배포한다. 그 후, 한 "그리퍼"[2]는 "디지언트의 신체 속 고통 차단 회로를 비활성화하기 위해" 해킹 프로그램을 사용한다. 그 그리퍼는 그렇게 디지언트를 고문할 수 있게, 디지언트가 고통을 느낄 수 있게 만든다. 물론, 그리퍼는 그 과정을 담은 영상을 온라인상에 올린다. 데이터어스의 디지언트들은 그 영상을 찾아내고 직접 시청한다. 디지언트의 능력이 점점 더 진화하고 자율성이 향상되면서 디지언트를 돌보는 인간들은 소름 끼치고 불안한 여러 일들을 감당해야 한다. 이런 일은 그중 하나일 뿐이다.

이 추악한 사건은 또 다른 중요한 요지로 이어진다. 창은 단

---

2. * 온라인 게임에서 해킹 등의 악행을 일삼는 플레이어의 통칭.

순히 가상 세계 설계와 인공지능의 실제 진보로부터 외삽하는 것이 아니다. 창은 또한 인터넷의 사회학, 그리고 오늘날 소프트웨어 스타트업이 실제로 존재할 수 있게 해주는 경제적 조건들로부터 외삽한다. 소설 제목의 일부를 차지하는 "생애 주기"는 디지언트 자체에만 해당하는 것이 아니다. "생애 주기"라는 말은 디지언트를 기획하고 개발하며 판매하려 하는 기업에도 해당한다. 아주 현실적으로 여기서 "생애 주기"lifecycle는 상업적인 제품 주기product cycle를 의미한다. 디지언트가 감수성을 가지고 있음에도 불구하고, 디지언트 또한 다른 소프트웨어처럼 진부화의 위협을 받는다. 소설의 중간도 채 지나지 않아 블루감마는 폐업한다. 디지언트의 "고객층"은 "열성 디지언트 소유주들로 구성된 소규모 커뮤니티로 안정화되었으며, 그것만으로는 블루감마를 유지할 만큼의 충분한 수익을 창출할 수 없었다." 그래서 회사는,

> 디지언트를 계속 실행하고 싶어 하는 고객들을 위해 무료 버전의 사료 생산 소프트웨어를 배포하기로 했지만, 그 뒤로는 고객들이 모든 것을 재량껏 하는 수밖에 없었다.

이쯤에서 대부분의 사람은 그저 자신의 디지언트를 "정지"시키고, 고통 없이 그들의 현존을 종식시킨다. 디지언트는 애초에 실제로 살아있지 않기 때문에, 그것은 "안락사가 가질 수 있는 어

떤 합의도 없는" 과정이다. 이전의 고객들은 다른 소프트웨어와 다른 플랫폼으로 옮긴다. 그리고 대부분의 블루감마 직원들은 "이 시점에 〔디지언트〕를 반려동물로 계속 키우는 것은 급여 지급이 중단된 이후에 일을 하는 것과도 같다고 느낀다." 그러나 애나와 데릭을 포함한 소수의 직원은 자신들의 디지언트를 실행 중인 채로 둔다. 그들은 디지언트를 정지시킬 수 없었다. 그들은 자신들의 디지언트를 사랑했다. 혹은, 다르게 표현해 보자면, 그들은 자신들의 디지언트를 향해 레비나스적인 의미에서의 의무obligation를 느낀다. 그렇게 그들은 취미 활동적인 이메일 목록과 온라인 포럼을 만들고, 다른 기업의 지원 가능성을 찾아본다.

소설의 후반부는 이 활동에 초점을 맞추고 있다. 사태는 디지언트들이 그 안에서 "사는" 가상 세계인 데이터어스마저 셧다운되고 폐업하자 더 심각해진다. 모두가 '리얼 스페이스'라 불리는 새로운 가상 세계로 옮긴다. 애나와 데릭은 자신들의 디지언트들이 계속해서 기능할 수 있도록 개인적인 데이터어스 서버를 실행시킨다. 그러나 디지언트의 폭넓은 사회생활에는 지장이 생긴다. 디지언트는 더는 다른 사람들, 또는 다른 디지언트들과 상호작용할 수 없다. 뉴로블래스트 디지언트의 코드를 리얼 스페이스 플랫폼에 복사하는 것이 필요하다. 하지만 애나와 데릭은 스스로 복사할 줄은 모르고, 프로그래머 팀에 지불할 돈도 없다. 계획을 현실로 이루기 위한 자금을 대기 위해서 애나와 데릭은 새로운 기업 후원 같은 것을 필사적으로 찾아야만 했다.

창은 이 전개를 AI를 창조하기 위한 다른 가능적 접근법을 탐구하는 기회로 활용한다. 애나와 데릭은 블루감마나 뉴로블래스트가 했던 방식과는 상이한 방식으로 인공지능을 만들어 내려고 하는 많은 다른 기업을 설득한다. 그중 하나가 초지능에 관심이 많은 엑스포넨셜 어플라이언스라는 회사다. 그 회사의 궁극적인 목표는

AI를 향한 기술자의 성배, 즉 순수한 인지적 존재, 감정이나 신체에 구속받지 않는 천재, 쿨하지만 그러면서 공감 능력이 뛰어난 심원한 지능체를 실현하는 것이다. 회사는 소프트웨어판 아테나가 완전히 완성된 상태로 튀어나오기를 기다리고 있다.

엑스포넨셜 어플라이언스의 연구자들은 이렇게 말한다. "우리가 추구하는 것은 인간 수준의 AI가 아니라 인간을 초월한 AI입니다." 그리고 더 나아가서 이렇게 말한다. "우리가 추구하는 것은 초지능적인 직원이 아니라 초지능적인 제품입니다." 블루감마의 디지언트는 명백하게 이 목적에 부합하지 않는다. 디지언트는 초지능적이지 않으며, 얼마나 오래 교육을 받든 그렇게 될 일도 없다. 디지언트의 가상적 신체, 디지언트의 감정은 그것의 성능을 최적화하는 데 방해가 된다. 그리고 더 나쁜 것은 (익

스포넨셜 어플라이언스의 관점에서) 블루감마 디지언트들은 "자신을 인격이라 생각한다"는 것이다. 이는 그들이 단지 물건이나 상품으로 취급될 수 없다는 것을 의미한다. 익스포넨셜 어플라이언스의 사람들은 "인간처럼 반응하면서도 인간과 같은 의무를 지니고 있지 않은 것을 원한다." 애나와 데릭은 디지언트에 대한 몇 년간의 자신들의 경험에 비추어 볼 때 이것이 자기 모순적인 요구이며 그러므로 불가능하다는 것을 안다. 애나가 성찰하듯,

> 애나가 잭스를 키우면서 보낸 세월은 그저 잭스를 재미있는 대화 상대로 만드는 데 그치지 않았고, 취미와 유머 감각을 심어주는 데 국한된 일도 아니었다. 그 세월은 잭스에게 익스포넨셜 어플라이언스가 추구하는 모든 속성, 즉 현실 세계를 능수능란하게 돌아다니는 능력, 새로운 문제를 해결하는 창의력, 중요한 결단을 맡길 수 있는 판단력을 주었다. 데이터베이스보다 인간을 더 가치 있게 만드는 모든 성질은 경험의 산물이었다.

익스포넨셜 어플라이언스 연구자들의 주장은 데이비드 레비의 저서 『사랑, 그리고 로봇과의 섹스』(2007)를 떠올리게 한다. 레비는 한편으로 가까운 미래에 로봇들이 성관계에 있어서 인간과 완전히 구별할 수 없을 정도로 충분히 발전될 것이라고 주

장한다. 로봇은 인간 파트너에게 인간 연인들이 하는 것만큼 육체적으로나 감정적으로나 많은 것을 줄 것이다. 그러나 동시에 레비는 로봇이 실제 인간과는 달리 무한히 프로그래밍될 수 있기에, 로봇이 소유주의 바람을 벗어나는 다른 욕망을 가질 일은 결코 없다는 점을 장점으로 제시한다. 그러므로

> 당신은 끝없이 밥과 음료를 사주고, 영화를 보러 가고, 로맨틱하지만 비싼 여행지로 휴가를 데려가 줘야 하는 〔로봇〕을 살 필요가 없다. 당신이 그렇게 프로그래밍하지 않는 한, 로봇은 당신에게서 장기적인 (또는 심지어 단기적인) 감정적 보상을 기대하지 않을 것이며, 아무것도 기대하지 않을 것이다.

이것은 명백하게 판타지다(판타지라는 용어의 가장 경멸스러운 의미에서 말이다). 레비는 두 가지를 모두 성취하기를 원한다. 그러나 로봇들이 우리와 완전히 같으면서도 우리의 의지에 완전히 종속되는 것은 불가능하다. 만약 로봇이 전적으로 우리의 명령을 듣는다면 로봇은 자율적으로 지능적이지 않을 것이고, 아마도 자의식조차 갖지 않을 것이다. 우리는 그것이 인간이 아니라는 사실을 결코 망각하지 못할 것이다. 반면, 만약 이 섹스봇이 레비의 주장처럼 정말로 인간 파트너와 유사하다면, 우리가 완전히 프로그래밍할 수 없는 어느 정도의 자율성을 가질 필요가 있을 것이다.

인공지능에 관한 창의 점진주의적이고 경험 기반적인 비전이 얼마나 색다른 것인지에 대해 언급할 필요가 있다. 과학소설, 미래주의적 사변, 분석철학 모두 강인공지능이 가능하다는 것을 아예 부정하거나, 아니면 묵시론적 용어로 제시하는 경향이 있다. 존 설은 그의 유명한 "중국어 방" 논증을 가지고 전자의 대안을 보여준다. 설에게 정신적 지향성은 "생물학적인 현상이며, 그것은 유즙분비, 광합성, 혹은 다른 생물학적 현상처럼 그 기원이 특정 생화학에 인과적으로 의존하고 있을 가능성이 높다." 이러한 의존성 때문에 소프트웨어는 지능을 모방할 수 없다. 설은 "어떤 〔컴퓨터〕 프로그램도 그 자체로는 사고를 위해 충분하지 않다"고 주장한다. 어떤 소프트웨어도 통사론적 규칙에서 의미론적 내용으로 도약할 수 없기 때문이다. 설은 분명 창의 이야기에서 일어나는 부류의 외삽이 가능하다는 발상 자체를 거부할 것이다.

다른 극단에서 미래학자 레이 커즈와일은 곧 자신의 정신을 컴퓨터 네트워크에 다운로드해서 영원히 살 수 있으리라고 전적으로 확신한다. 커즈와일은 "AI 혁명은 인류 문명이 경험할 가장 심오한 변화"라며, 이 혁명은 21세기 중반 이전에 일어날 수밖에 없다고 주장한다. 커즈와일에게 일반적인 인공지능의 발달은 인류 역사에 커다란 파란을 불러올 것이고, 그 특이점 후에 세계의 모든 것이 완전히 바뀌게 된다 — 추정컨대 더 나아지는 방향으로 말이다. 한편, 스티븐 호킹 같은 과학자들, 일론

머스크 같은 기업가들, 닉 보스트롬 같은 철학자들은 모두 지능적 기계들이 인류에게 위협이 될 수 있다고 경고했다. 보스트롬은 지능적 기계의 "초지능"은 우리를 훨씬 능가할 것이며, 우리는 지능적 기계를 통제하기는커녕 결코 그것을 이해할 수 없을 것이라고 말한다. 지능적 기계의 억제되지 않은 성장은 우리를 멸종의 위기에 처하게 할 것이다. "일단 인간이 인공지능을 개발하고 나면 인공지능은 인간의 손에서 벗어나고, 점점 더 빠른 속도로 자신을 재설계할 것이다…이것이 인류 역사상 인류가 마주할 가장 중요하고 어려운 도전이 될 가능성이 높다."

『소프트웨어 객체의 생애 주기』는 초지능 기계의 가능성을 완전히 배제하지는 않는다. 그러나 소설은 뉴로블래스트 접근법이 어떤 기계 기반 정신을 창조하는 데 있어서 성공할 개연성이 훨씬 더 높다는 것을 시사한다. 초지능에 관한 비전의 문제점은 초지능을 오늘날 존재하는 것으로부터 외삽할 방법이 아예 없다는 것이다. 물론 커즈와일은 바로 그런 외삽을 행하고 있다고 주장하지만, 그의 전제나 정신에 관한 설명은 지나치게 단순해서 설득력이 없다. 예를 들어 커즈와일은 그 특이점이 무어의 법칙의 "필연적인 결과"라고 명시적으로 주장한다. 계산 능력의 가격이 꾸준히 저렴해짐에 따라, 우리는 궁극적으로 인간의 뇌에 있는 시냅스 수만큼 많은 연결을 가진 컴퓨터를 만들 것이다. 커즈와일은 그리고 나서 구조structure와 조직organization의 문제를 그냥 밀어내 버린다. 커즈와일은 일단 이 양적 평등이 이루어지면 나머지는 저절로 따라올 것이라고 생각한다.

초지능에 대한 이러한 비전은 좋든 나쁘든 간에, 인지와 의식이 실제로 어떤 것인지, 그리고 실제로 무엇을 할 수 있는지에 관한 지나치게 웅장하고 과장된 관점에서 비롯된다. 우리는 우리 자신의 인지력에 관해 자화자찬하는 경향이 있다. 우리는 우리의 "지성"이 다른 모든 유기체의 "단순한 감수성"보다 훨씬 우월하다고 스스로 다짐한다. 그리고 우리는 우리의 추상화 능력에 특권을 부여하고, 우리 자신의 정신성이 (유기적인 것이든 기계적인 것이든 다른 존재자들과 마찬가지로) 정서에 기반하고 있고, 체화되어 있으며, 상황적으로 작용하는 방식을 무시한다. 이 모든 것이 초합리적이고 초지능적인 포스트휴먼 기계라는 그림을 위한 토대를 제공한다. 요컨대 우리는 "지능"을 만화책에 나올 법한 일종의 치명적으로 유혹적인 초능력으로 상상하고, 이를 바탕으로 포스트휴먼 미래에 투사한다. 커즈와일은 "지능은 물리보다 강하며," 모든 물질적 힘을 "조작하고 통제"할 수 있고, 따라서 "원하는 대로 우주를 설계할 수 있다"고 주장한다. 이는 지능에 대한 판타지적 비전이다. 그것은 제한도, 유한성도, 맥락적 토대도, 불화도 없는 지능을 그리고 있다.

이와는 대조적으로 창Chiang의 소설에서 특이점 같은 것은 없으며, 초지능에 대한 현실적인 전망도 없다. 디지언트의 인지력은 특수한 목적에 맞춰져 있지 않으며, 측정이 불가할 정도로 거창하지도 않다. 소설은 지금 존재하는 소프트웨어의 상태로부터 자신의 비전을 외삽한다. 그리고 정확히 같은 방식으로, 이야기 속 디지언트들은 사실상 이미 존재하는 소프트웨어의 성능을 기반으로 외삽해서 그들의 능력을 발전시킨다. 정신성을 이런 식으로 포착하면 창은 — 커즈와일과 보스트롬과는 달리 — 지능적인 소프트웨어의 개발이 기하급수적인 속도로 항상 확장 중에 있으며, 우리를 앞질러 버리는 것으로 상정할 필요가 없다.

이는 가상적 현존이 물리적 현존과 우리가 이따금 상상하는 것만큼 다르지 않다는 것을 의미하기도 한다. 양쪽 다 일정한 정도의 체화를 요구하기 때문이다. 인간 지능은 단순히 우리의 뇌에 위치한 것이 아니다. 지능은 데이비드 찰머스와 앤디 클라크가 말하는 "확장된 마음"이라는 형태로, 필연적으로 어느 정도 외부 환경으로 확장된다. 따라서 생물학적 지능을 "인공적" 보철과 여러 확장으로부터 끊어내는 것은 불가능하다. 인간의 경우, 그것은 모래 위에 그림을 그리는 것에서 글쓰기 기술, 최신의 계산적 혁신에 이르기까지 모든 범위에 걸쳐 있다.

이는 무한한 지능에 대한 커즈와일의 비전이 허무맹랑한 또 다른 이유다. 우리는 정교하고 극단적으로 비인간적인 형태의 지능을 개발할 수 있을지도 모른다. 하지만 체화와 확장의 필요성은 이러한 지능이 여전히 생물학적이고 에너지론적인 제한을 받으며, 또는 창의 디지언트가 그런 것처럼 그러한 제한들의 가상적 등가물에 종속됨을 의미할 것이다. 커즈와일은 자신의 정신을 네트워크에 다운로드하는 것이 그 정신을 모든 물리적 제약으로부터 해방할 것이라고 상상한다. 그러나 이 상상이 실현된다고 하더라도 커즈와일은 실망할 수밖에 없다. 물리적이고 감각적인 상호작용, 체화된 피드백 메커니즘, 그리고 그 외환경으로의 확장이 정신적 기능의 핵심적인 부분을 차지하는한, 커즈와일은 네트워크로 분산될 때 그것들을 모두 정신과함께 데려갈 필요가 있을 것이다.

사실, 『소프트웨어 객체의 생애 주기』는 커즈와일의 시나리오에 대한 정확히 역전된 버전을 제시한다. 인간 존재자가 자신의 정신을 네트워크로 다운로드하는 대신에, 디지언트는 일시적으로 자신을 물리적 세계로 "업로드"하게 한다. 이는 로봇 신체가 제작되면서 가능해졌다.

제조 공장에서 갓 나온 로봇이었다. 로봇은 기본적으로 인간형이었지만 크기는 작고, 키는 90센티미터도 채 되지 않았다. 사지의 관성을 낮게 유지하고 적당한 민첩성을 갖추기 위해서다. 외피는 검게 번들거렸고, 머리통은 몸통에 걸맞지 않을 정도로 컸다. 머리 표면 대부분은 360도 디스플레이 화면으로 뒤덮여 있었다.

디지언트 소프트웨어는 단순히 전송되는 일반적인 가상의 아바타 대신 물리적 신체를 제어한다. 잭스는 쉽게 이를 해내는 데, 왜냐하면 "시험 아바타가 자기의 가상 아바타와 근본적으로 다르지 않기 때문이다. 그 아바타는 덩치가 더 크지만, 팔다리와 몸통은 비슷한 비율을 가지고 있다." 가상의 신체와 가상의 환경을 보고 듣고 느끼는 대신, 디지언트는 로봇 신체의 카메라와 마이크, "촉각 센서" 덕분에 현실의 물리적 세계에서 현전의 감각을 느낄 수 있게 된다. 이 모든 것은 일종의 속임수지만 충분히 효과가 있다. 애나는 "[잭스]가 정말로 신체 속에 있는 것이 아님을 안다. 잭스의 코드는 여전히 네트워크상에서 실행 중이었고 이 로봇은 단지 비싼 주변 장치일 뿐이지만, 착시현상은 완벽하다."

사실, 뉴로블래스트 디지언트들이 단지 제한되고 유한한 지능을 가지고 있는 것만이 요지가 아니다. 디지언트는 기업이나 개인을 위한 디지털 비서로서 일하기에는 너무도 자율적이고 장난기가 많은 것도 중요하다. 인간들이 지루하고 반복적인 일을 싫어하는 만큼 디지언트들도 그런 일을 싫어한다. 만약 의식을 가진 존재자들이 지루하고 반복적인 일을 견디지 않아도 되도록 그러한 일들을 자동화하는 것이 목적이라면, 자의식적인 AI를 개발하는 것은 경제적으로나 윤리적으로나 역효과다. 뉴로블래스트와 다른 경쟁 프로그램의 결과를 일반화하면서, "많은 기술 전문가는 디지언트의 시대가 끝났으며, 체화된 AI는 오락 이상의 가치가 없음을 증명했다고 선언한다."

이 모든 것은 "소폰스라는 새로운 게놈 엔진의 출현"과 함께 바뀐다. 뉴로블래스트 디지언트가 소유주와 유대감을 가질 수 있도록 "매력적인" 것으로 프로그래밍되었다면, 소폰스로 제작된 디지언트는 외골수에 업무 지향적이며, 공감 능력이 없고 너무나도 매력이 없다. 소폰스 디지언트는 의도적으로 "반사회적인 행동과 강박적 성격"을 보여주도록 제조되었으며, 이는 비즈니스적 맥락에 이상적으로 부합한다. 소폰스 디지언트는 유쾌함, 장난기, 그리고 다른 사회적 기술을 개발할 필요가 없으며, 따라서 뉴로블래스트 디지언트만큼 많은 인간의 개입과 훈련이 필요하지 않다. 문제는 소폰스 디지언트가 너무나도 매력이 없어서 "소폰스 디지언트가 요구하는 몇 개 되지 않는 상호작용에조차도 관여하고 싶어 하는 사람이 거의 없다"는 것이다.

이어서 폴리토프라는 회사가 등장한다. 폴리토프는 새로운 유형의 스마트 디지털 비서를 만들고자 한다. 애나가 잭스와 다른 블루감마/뉴로블래스트 디지언트에게 제공한 종류의 실습 훈련으로 소폰스 디지언트의 능력을 증강한다는 것이 폴리토프의 계획이다. 이것은 폴리토프의 디지언트에게 양쪽 세계의 장점을 모두 줄 터였다. 당연하지만 문제는 소폰스 디지언트가 자신의 훈련사는커녕 누구와도 감정적인 관계를 맺지 못한다는 것이다. 폴리토프의 직원들은 인간 훈련사들에게 인스턴트라포InstantRapport라 불리는 것을 사용하도록 요구하며 이 문제를 극복하고자 한다. 인스턴트라포는 "피부에 붙이는 스마트 경피 패치의 일종으로, 사용자가 특정인과 함께 있을 때만 약간의 옥시토신-오피오이드oxytocin-opioid 혼합제를 주입한다." 회사 측은 "훈련사가 소폰스 디지언트에게 애정을 느낄 수 있게 하는 유일한 방법은 약품의 개입"이라고 이유를 밝혔다. 디지언트 쪽이 인간 훈련사와 공감하는 일은 결코 없을 것이다. 그럼에도 불구하고 디지언트를 향한 인간 훈련사의 애정과 공감은 강제로 발현될 것이다.

이러한 소름 끼치는 요구에도 불구하고, 만약 폴리토프가 이 일을 맡는 대가로 뉴로블래스트 디지언트를 리얼 스페이스에 복사하는 것을 수락한다면, 애나는 이 일을 맡고자 한다. 하지만 물론, 이것이 모든 의문점을 키워낸다. 애나가 잭스 대신 소폰스/폴리토프 디지언트와 대부분의 시간을 보내기 시작하면, 여전히 이전과 같은 방식으로 잭스를 돌볼 수 있을까? 좀더 일반적으로 말하자면, 자신이 통제할 수 없는 방식으로 자신이 누구인지를 구성하는 기반 자체를 바꾸는 절차에 자유롭게 동의한다는 것은 무엇을 의미하는가? 더 나아가 고용조건으로 이런 일을 행한다는 것은 무엇을 의미하는가? 이 상황은 성형수술이나 라식 눈 수술, 또는 (가까운 미래에 가능해질) 화학적 혹은 유전적 수단을 통한 지능 증강 수술 같은 자발적 시술과는 사뭇 다르다. 어쩌면 코드를 다시 써서 디지언트의 인격을 바꾸는 것과 동일한 방식으로, 화학적 개입이 우리의 인격을 바꿀 수 있다는 것은 당연한 일인지도 모른다. 그러나 인간에게나 디지언트에게나 동의의 문제는 여전히 모호하고 골치 아픈 것으로 남아 있다.

디지언트를 구하기 위한 애나와 데릭의 다른 대안은 마찬가지로 소름이 끼치는 것이다. 바이너리 디자이어라는 회사는 디지언트에게 섹스봇 면허를 부여할 수 있게 해준다면 기꺼이 뉴로블래스트 코드를 리얼 스페이스에 복사해 주겠다고 한다. 바이너리 디자이어의 직원들은 그들이 천박하고 추잡한 성착취를 없애기 위해 적극적으로 노력하고 있는 것임을 강조한다. "디지언트들이 존재하는 한, 거기에는 언제나 디지언트와 섹스하고 싶어 하는 사람들이 있었다." 그러나 대체로 이는 흔한 일이 아니었다. 소설의 세계에는 이미 소폰스 디지언트 같은 디지털 존재자들이 있다. "마릴린 먼로의 아바타를 걸친 채로, 하나같이 '자지를 원해'라며 조르고 다니는 광경은 보기가 좋지는 않습니다."

바이너리 디자이어는 그 대신 "진정한 인격을 가진" 가상적 "섹스 파트너"를 발전시키고자 한다.

디지언트가 어떤 인간을 알게 되는 과정에서, 우리는 성적인 면으로든 성적이지 않은 면으로든 디지언트의 상호작용 속 정서적 차원을 강화할 겁니다. 그렇게 디지언트에게 사랑을 발현시키는 거죠 ⋯ 디지언트에게 그러한 과정은 저절로 사랑에 빠지는 현상과 구별할 수 없을 겁니다.

또한, 바이너리 디자이어는 디지언트가 절대 가학성애자의 피해자가 되지 않도록 고통스러운 느낌을 차단해주는 "차단 회로를 유지"하겠다고 약속한다.

> 디지언트들은 어떤 강압도, 심지어 경제적 강압도 받지 않을 것입니다. 우리가 가짜 성욕을 팔고자 했다면, 이보다 더 저렴한 방법이 있었을 겁니다. 이 사업의 핵심은 가짜 욕망에 대한 대안을 창조하는 것입니다. 우리는 섹스가 쌍방으로 즐길 수 있을 때 더 낫다고 믿습니다. 사업으로서도 더 낫고, 사회를 위해서도 더 낫죠.

블루감마 디지언트의 장난기 많고 정서적인 본성은 디지언트를 바이너리 디자이어의 계획에 완벽하게 부합하는 후보자로 만든다. 애나는 이것이 좀 "인스턴트라포의 뉴로블래스트 버전 같다"고 알아차린다. 차이점은 여기서 조작되는 것은 인간 훈련사나 파트너의 인격이 아닌 디지언트의 인격이라는 것이다. 만약 디지언트들이 이런 식으로 프로그램된다면, 디지언트들은 "자신이 무엇을 즐길지에 관해서 그 무엇도 선택할 수 없다." 그런데 바이너리 디자이어의 직원들은 "인간들의 경우에는" 상황이 "다르다"라는 점을 부정한다. "원하든 원치 않든 우리는 성적인 존재가 되죠"라고 그들은 말한다. 생물학적 인간들은 코드 재작성 대신 전기화학적 변화에 의해 프로그래밍되거나 재프로그래밍될 뿐이다.

『소프트웨어 객체의 생애 주기』는 이런 딜레마들에 해답을 주지 않는다. 그 예로, 자유의지와 결정론 사이의 오래된 논쟁을 해결할 방법은 없다. 소설은 대신 우리에게 진실인 것은 디지언트에게도 진실이어야만 한다고 시사한다. 우리가 자발적이고 강제되지 않은 결단을 어느 정도 내릴 수 있다면, 디지언트 또한 그렇다. 그리고 디지언트가 어느 정도 외부에서 조작될 수 있다면, 생물학적 인간 또한 그렇다. 이것은 원리상 우리가 디지언트의 소스코드에는 접근할 수 있지만, 우리 자신의 소스코드에는 접근할 수는 없다는 사실에 의해 바뀌지 않는다. "소스코드"와 생물학적으로 등가물인 것이, 그것이 무엇이 되었든 간에, 밝혀지더라도 이는 바뀌지 않는다.

창의 소설은 또한 기술적인 발전이 사회적인 발전과 경제적인 발전으로부터 분리될 수 없다는 점도 시사한다. 어떤 연구 프로그램도 충분한 자금 없이는 추진할 수 없다. 현재의 신자유주의 풍토에서 이는 인공지능의 발전이 반드시 기업의 통제를 받아야 하며, 이윤을 보장하는 범위 내에서만 추구될 수 있다는 것을 의미한다. (이 이야기에서 논의되지 않는 한 가지 예외는 군과 안보국에 의해 비밀리에 수행되는 연구다.) 궁극적으로, 놀이와 즐거움 — 뉴로블래스트/블루감마 디지언트가 최초로 타고난 것, 그리고 애나나 데릭 같은 사람들이 그들에게 그토록 애착을 갖는 이유 — 은 경제적 고려 사항에 종속되어야 한다. 블루감마는 폐업하고, 애나와 데릭은 그들의 디지언트를 유지하기 위해 디지언트의 능력을 수익화하고 제한적으로 집중시키는 세 가지 대안과 마주해야 한다.

이런 대안 속에서 디지언트에게 법적 권리 ― 어느 정도의 자율성이나 인권 ― 를 부여하는 유일한 방법은 아이러니하지만 놀랍지는 않게도 디지언트를 법인으로 등록하는 것이다.

인공생명 동호인들은 개를 예로 들며, 디지언트들이 하나의 종으로서 법적인 보호를 받는 것이 불가능하다는 것에 모두 동의한다. 개에 대한 인간의 연민은 깊으면서도 넓지만, 유기견 보호소에서 개를 안락사시키는 것은 여전히 개 대학살이라 부를 만한 규모였다. 법원이 이를 중단시키지 않는다면, 장담하건대 보호소는 영혼이 없어 보이는 개체들의 보호를 보장하지 않을 것이다. 이러한 점을 비추어 볼 때, 일부 소유주는 각 개체 별로 법적 보호 방안을 모색하는 것이 가장 현실적이라고 믿는다. 특정 디지언트에 관한 법인 정관을 제출함으로써 소유주는 비인간 존재자에 대한 권리를 규정한 상당한 양의 판례법을 이용할 수 있게 된다.

이것은 미국 법원에서 법인이 "인격"으로 인식될 뿐만 아니라 심지어 생물학적 인간이 누려서는 안 되는 자유와 권리까지 부여받는다는 것을 고려할 때 어떤 암울한 타당성을 갖고 있는 대안이다. 소설의 한 지점에서 마르코와 폴로는 "(자신들이) 원하는 것을 무엇이든 할 수 있도록" 자신들을 법인으로 등록해줄 수 있냐고 데릭에게 묻는다. 또 다른 지점에서 잭스는 애나에게 돌봄 비용을 제공하여 애나가 계속 자신을 돌봐줄 수 있도록 자신이 취직해서 돈을 벌어도 괜찮은지를 묻는다. 디지언트가 인간 훈련사에게 의존하는 것과 향후 훈련사로부터 독립하는 것은 모두 장기적으로 재정적인 매개가 필요하다.

소설에서 가장 팽팽한 긴장은 디지언트의 순수한 현존과 디지언트의 경제적 효용성 사이에 있다. 소폰스 디지언트가 시장성이 있는 특수한 기술을 가질 때, 블루감마/뉴로블래스트 디지언트는 무엇보다도 결국 그들의 장난기와 호기심으로 특징지어진다. 뉴로블래스트의 디지언트는 알프레드 노스 화이트헤드가 "자기향유의 일정한 절대성"이라 부른 것을 예시한다. 디지언트의 감수성은 인지의 문제보다는 느낌의 문제에 훨씬 더 가깝다. 그리고 이것이 디지언트의 현존이 그렇게 위태로운 이유이다. 디지언트가 하는 일은 기능적이라기보다는 쓸모없는 것이다. 즉, 섹스봇으로 바꾸는 것 외에는 진정으로 돈을 벌 수 없다는 뜻이다. 정신에 관한 가장 최신의 철학적 설명은 완전히 기능주의적이고 인지주의적이다. 거기서 느낌과 정서는 오직 파생적인 역할을 맡을 뿐이다. 로버트 자욘스가 요약하듯, 인지주의에서 "인지가 정동적 각성을 위한 필수 전제조건으로 정의되는 한, 정동은 인지로부터 독립적일 수 없다." 그러나 『소프트웨어 객체의 생애 주기』는 이것이 틀렸다고 주장한다. 뉴로블래스트의 디지언트에게 인지적 능력은 정서emotion에서 파생한 것일 뿐이다. 만약 "경험이 최고의 스승"이라면, 잭스와 다른 디지언트들이 애초에 인지적 과제를 수행하기 위해 무언가를 배울 수 있는 것은 정동의 모험을 통해서만이다. 만약 디지언트들이 자신을 둘러싼 환경을 걷고, 말하고, 읽고, 그 환경을 달리 평가하고 그 환경과 협상할 수 있다면, 그것은 디지언트들이 이미 기본적인 감각력을 일정하게 가지고 있기 때문이다. 분석철학이 정동에 비해서 인지에 특권을 부여하는 것은, 디지언트의 자기향유에 비해서 디지언트의 사업적 기술(또는 성적인 기술)에 경제적 특권을 부여하는 것과 상통한다. 『소프트웨어 객체의 생애 주기』는 우리가 그러한 여러 제약에서 벗어날 수 있다고 말하지 않는다. 그러나 소설은 그것이 최종 결론이 아니라고는 말한다.

4장

인간 존재자처럼 생각하기

스콧 베커의 소설 『뉴로패스』(2008)는 근미래 과학소설 스릴러로 가장 잘 묘사될 수 있다. 소설 속 사건은 불과 몇 년 후의 우리가 사는 바로 이 세계에서 일어난다. 소설 속 미래 세계에서 부유한 북미인들의 일상은 오늘날과 크게 다르지 않다. 그러나 정치와 환경 상태가 현저히 나빠질 만큼의 충분한 시간은 지나 있다. TV 뉴스에서 우리는 모스크바와 미국 남서부에서 일어난 테러 공격, "프랑스 생태봉기ecoriot" 그리고 "중국 경제 위기" 같은 사건들에 관해 듣는다. 또한, 뉴스는 "최근 레이 커즈와일의 죽음에 관한 무미건조한 이야기"를 특집으로 다루고 있다. 인터넷에 자기 의식을 업로드해서 불멸을 얻고자 했던 그 미래학자의 희망은 분명 좌절되었다. 더 중요한 점은 우리가 "적절한 절차를 보장하는 헌법 조항들의 긴급 폐지"를 미국 법에 따라 배운다는 것이다. 우리는 테러리즘을 향한 공포로 인해 "미국 국민은 헌법적인 양심을 기꺼이 포기했다"고 알게 된다. 이 근미래의 미국에서, 국가안보국NSA은 어떤 사람이든 고르기만 하면 영구적으로 가둘 수 있다. 직접 체포할 수도 있고, 컴퓨터에 아동 성착취물을 심어서 지역 당국이 대신 체포하도록 할 수도 있다. 소설에 따르면 "거의 한 달이 지나도록…아동 성착취물 관련 혐의로 체포된 일부 개혁 성향의 정치인에 관해서는 어떤 것도 알려지지 않았다."

이런 설정을 가진 『뉴로패스』는 이혼 후 두 아이와 한 마리의 개를 데리고 "사람 많은 이름 없는" 변두리에서 초라한 삶을 살아가는 40대 심리학 교수 토머스 바이블의 이야기를 들려준다. 토머스는 인간 정신에 관한 혁명적인 새 이론을 제시하는 『캄캄한 뇌를 가로질러서』라는 책의 저자다. 이 책은 너무 극단적이어서 대중에게 큰 인상을 남기지는 못했다. "평가는 혹독했다. 책은 곧 절판되었다." 그러나 소설의 모든 것은 책 전반에 걸쳐 "논증A"라고 언급되는 토머스의 이론에 주목한다. 『뉴로패스』가 과학소설이기는 하지만, 그것은 소설이 단지 근미래를 설정하기 때문만은 아니다. 더 중요한 점은 『캄캄한 뇌를 가로질러서』의 저자 설명에서 언급하듯, 책이 제시하는 논증A가 "신경과학, 심리학, 그리고 인지과학의 실제 추세와 발견"으로부터 외삽되기 때문이다. 이러한 추세와 발견은 모두 "우리는 우리가 생각하는 그런 존재가 아니다"라는 불편한 진리를 가리킨다.

논증A는 과학이 항상 "질과 의도 대신 양과 기능이라는 측면에서" 사물을 이해한다는 관찰로부터 출발한다. 사실, "과학이 세계의 의도나 목적과 맞닥뜨릴 때마다 과학은 그것을 없애버린다. 과학이 기술하는 세계는 자의적이고 무작위한 것이다. 모든 것에는 셀 수 없이 무수한 원인cause이 있지만, 어떤 것에도 이유reason는 없다." 물리학은 전쟁 기계, 대량 살상 무기였다. 지난 몇 세기 동안 물리학의 거침없는 진보의 결과로서, "과학은 자연계로부터 심리학을 거의 문질러 버렸다." 우리는 더 이상 자연적 사건이 징조를 담고 있다고, 메시지를 전달한다고 믿지 않는다. 우리는 다가오는 폭풍우에 대해 천둥의 신 토르를 원망

하는 대신 폭풍우를 추적하기 위해 기상 위성을 사용한다.

『뉴로패스』 속 논증A의 양상은 현대철학에서의 자연주의 흐름과 잘 맞아떨어진다. 사변적 실재론 철학자 레이 브라시에는 대륙철학과 분석철학 양쪽을 인용하며 비슷한 요지를 전개한다. 브라시에에 따르면, 과거 몇 세기 동안 물리학의 성공으로 인해 세계의 "이해 가능성"은

> 의미의 문제로부터 떨어져 나갔다. 근대과학과 함께, 개념적 합리성은 신학과 신학적으로 변질한 형이상학에 계속해서 만연하는 서사적 구조로부터 스스로를 단절시켰다…세계라는 책의 저자는 없고 실재의 구조에 도사린 암호적 이야기는 없다. 자연은 어떤 이야기도 펼치지 않는다.

그런 관찰은 이제 더는 논쟁의 소재조차 되지 않는다. 세계의 탈주술화에 관한 막스 베버의 테제는 우리의 명백한 조건이 되었다. 『뉴로패스』에 기술된 "당대의 문화"는 "자연적 사건의 무의미함, 그것이 인간의 모든 것에 무심하다는 사실"을 오래전부터 "받아들여" 왔다.

그런데 우리가 과학적 방법을 우리를 둘러싼 물리적 세계에만 적용하는 것이 아니라 우리 자신, 특히 우리의 정신에 적용한다면 무슨 일이 벌어질까? 이 질문은 우리가 지금도 동요하고 있는 질문이다. 논증A가 주장하듯 만약 자연주의가 참이라

면, 우주 속 다른 모든 존재자에게 참으로 여겨지는 것은 인간 존재자에게도 참이어야 한다. 우리가 세계에 관해 이해하게 된 것들은 우리 자신의 이해 과정에도 적용되어야 한다. 그리고 실제로 최근의 신경과학과 인지심리학의 발전은 우리의 뇌에 관해 많은 것을 가르쳐 주었다. 이는 대체로 뇌의 활동을 실시간으로 추적할 수 있게 해주는 1992년 처음 개발된 '기능적 자기공명영상'(이하 fMRI)과 뇌의 특정 부위에 영향을 줘서 사람의 느낌, 태도, 판단을 바꿀 수 있게 해주는 1985년 처음 성공적으로 사용된 '경두개 자기자극법'(이하 TMS) 같은 신기술로 인한 것이다. 이러한 기술들과 계산 능력의 발전을 통해 우리는 지난 30여 년 동안 뇌의 물리적 기능에 관해서 이전까지 인류 역사에서 이룩했던 것보다 틀림없이 더 많은 것을 배웠다.

물론 뇌와 정신의 관계, 또는 뉴런의 전기화학적 과정과 완전한 주체적 경험의 관계는 여전히 크게 논란이 되고 있다. 그러나 『뉴로패스』 속 논증A는 과학이 이전에 자연계에서 심리학을 추방했던 것처럼 이제 인간세계에서 심리학을 추방하는 과정에 있다는 것을 기정사실처럼 받아들이고 있다. 즉, 좀 역설적으로 들릴지도 모르지만 프시케psyche 자체가 급속히 탈심리학화depsychogize되고 있다. 심지어 주체성을 탈중심화하고자 했던 정신분석학과 해체주의도 이런 만일의 사태에 우리를 진정으로 준비시키지는 못했다. 우리는 우리가 하는 일에 대한 이유가 있으리라 의심 없이 믿는다. "인간 존재자는 자기 자신을 의도, 욕망, 목적, 희망 등의 용어를 통해 이해하지." 그러나 『뉴로패스』가 우리에게 상기시키는 것은 사실 다음과 같다. "모든 생각, 모든 경험, 의식을 이루는 모든 요소는 다양한 신경 처리과정의 산물일 뿐이야." 당신은 당신이 어떤 것을 하기로 활동적으로 선택했다고 생각할지도 모른다. 하지만 "사실을 볼 때 — 안타깝게도 '사변'Speculation이 아닌 '사실'Fact을 볼 때 — 뇌는 단순히 일련의 감각적 입력을 처리했을 뿐이지 … 그리고는 특수한 행동적 출력을 생성시킨 것일 뿐이야." 뇌는 "결과로 초래된 환경의 피드백이 쾌락이나 통증 체계를 어떻게 자극하느냐에 따라 반복되거나 반복되지 않는 행동을 생성시키는 기계"이다. 우리는 우리 자신을 자유롭고 합리적인 존재자로 상상하기를 좋아한다. 하지만 실제로 (소설에서 가장 가혹하게 냉소적인 구간을 인용하자면) "우리는 우리가 도덕적이고 의미 있는 세상에 살고 있다고 믿도록 현혹된, 살점으로 이루어진 꼭두각시일 뿐이야."

브라시에는 이와 비슷한 점을 지적한다. 니체가 19세기에 시사했던 것처럼, 그리고 나아가 실존주의자들이 20세기 중반에 유지했던 입장처럼, 오늘날 "자연 자체에는 부재한 의미를 부여하는 것은 인간의 의식이다"라는 주장은 더는 가능하지 않다. 이는 우리 자신의 주체성에 특별한 지위를 더는 부여할 수 없기 때문이다. "의식에 의해 생성되는 의미 자체는 무목적적이면서 완벽하게 이해 가능한 과정의 산물로 이해되고 설명될 수 있는

데, 이는 신경생물학적인 동시에 사회역사학적이다." 브라시에는 인간의 주체성이 과학의 가차 없는 탈신비화와 세계의 탈주술화로부터 슬쩍 빠질 수 있는 도피처를 더는 제공하지 않는다고 경고한다.

사실, 『뉴로패스』 속 논증A는 사태가 더 극단적이라고 말한다. 근래의 신경생물학과 인지심리학 연구는 우리 뇌에서 일어나고 있는 신경 처리과정의 대부분에 우리가 전혀 의식적으로 접근할 수 없다는 것을 보여준다. 이것이 우리의 현실적인 자각이 너무도 오도되고 불완전하며, 환상과 오류를 일으키기 쉬운 이유이다. 이것은 프로이트가 상상했던 것을 훨씬 뛰어넘어 더 철저하게 그러하다. 내관을 통해 자기진단을 해보려는 시도는 최선에 있어 무능하고, 최악의 경우 망상적이다. 우리가 우리 자신에 관해 생각하는 대부분은 편향적이고 부정확하다. 『뉴로패스』 속 논증A는 이 최근 연구의 부정적인 결과를 가능한 한 가장 도발적인 귀결로까지 밀고 나가면서, 단순히 사실에 있어서가 아니라 원리에 있어서, 인간의 정신이 스스로를 전혀 이해할 수 없다고 시사한다. 의도, 의미, 목적과 같은 것들은 "우리가 신경 처리과정을 바라보고 있지 않기 때문에 진짜처럼 보일 뿐"이다. 그런데 우리가 필연적으로 의미나 목적 같은 인공물에 충실하고 있는 한, 우리의 사고와 행위의 실제 물질적 원인은 우리에게는 불가피하게 보이지 않는 것으로 남는다. 우리는 구조적으로 우리 자신의 정신 상태를 좇아 그것을 산출하는 뇌의 전기화학적 사건까지 추적할 수 없다.

그러므로 우리의 심리적인 자기 설명은 허구적 서사, 혹은 작화증confabulation으로 가장 잘 이해된다. 여기서 벤저민 리벳의 "의사결정의 선도자"에 대한 유명한 실험들을 떠올릴지도 모른다. 이 실험들은 정동이론과 심리철학 양쪽에서 단골 소재이다. 그리고 『뉴로패스』의 한 지점에서도 명시적으로 언급된다. 리벳은 피실험자의 상정된 행위에 대한 "준비 전위"readiness potentials가 피실험자가 그 행위를 수행하기로 의식적으로 결정하기 0.5초 전에 뇌 속 뉴런에서 확립된다는 것을 발견했다. 사실상, 우리의 결정은 이미 우리를 위해, 혹은 적어도 우리 내부의 비의식적인 과정에 의해, 그런 결정을 내리는 우리의 알아차림에 앞서서 내려졌다. 여기서 삼인칭이 일인칭을 한 수 앞선다. 일인칭적 내관을 통해서는 접근할 수 없는 정신적 사건이 그것을 객관화하는 과학적인 도구를 통해 측정되고 기록될 수 있다. 그런 조건 아래에서, "자유의지"를 발휘하고 있다는 나의 감각은 내 뇌 속에서 이미 일어난 사건에 대해 자기 자신에게 그 원인을 부여하려는 자가당착적인 시도일 뿐이다. 소설의 말을 빌리자면, "의지라는 것은… 일종의 부가물이며, 사후에야 우리에게 찾아오는 것일 뿐이야." "어떻게 사후에 의식적인 경험이 있는"지를 완전히 포착하기는 어렵다.

이 시간적 지연이 결정적이다. 이는 우리의 정신이 결코 정신 자신을 알 수 없음을 의미한다. 미디어 이론가 마크 한센은 주장한다.

전적으로 그렇지는 않더라도 대체로는 알아차림(의식, 주목, 감각 지각 등)의 인간적 양태 외부에서 지배적으로 작동하는 미디어 기술의 네트워크 안에서, 인간의 복잡한 얽힘은 현재의 인간 경험에 근본적인 변혁을 일으키고 있다.

『뉴로패스』속 논증A는 이것이 컴퓨터화된 마이크로센서와 한센이 "21세기 미디어"라고 부르는 것의 다른 형태에 관한 것일 뿐만 아니라, 뇌와 뇌 자신과의 관계라는 관점에서 광범위하게 적용된다는 것을 시사한다. "뇌는 단순히 스스로를 추적할 수 있게 설정되어 있지 않다고…뇌에는 처리 능력이 부족해…기껏해야 뇌가 할 수 있는 것은 자신에 관한 만화를 그리는 것이지." 논증A는 우리가 경험하는 일상적인 삶이 그러한 "만화"에 지나지 않는다고 말한다. 우리는 불가피하게 "디즈니 월드"에 사는 것이다. "허영을 편안한 허영으로 가리며…물리적 사실보다는 심리적 욕구에 정착한" 세계이다. 이는 다음과 같은 이유에서 불가피하다.

뇌의 처리과정 대부분은 경험할 수 있는 것 밖에 있어. 그것은 단지 의식을 위해 존재하는 것이 아니고 심지어는 의식에 부재한 것으로서도 존재하지 않아…우리의 뇌는…뇌를 이끄는 심층적인 처리과정에 완전히 맹목적이야… 의식의 신경 상관 항은 그 심층에 있는 진짜 신경생리학적 실권자에게는 접근하지 못해.

이런 측면에서 우리는 플라톤의 『국가』에 나오는 동굴 속의 신화적 죄수들보다 더 좋지 않은 상황에 놓여있다. 왜냐하면, 동굴 속 죄수들에게는 적어도 자신의 곤경을 깨닫고 빛을 향해 나아갈 수 있는 희박한 희망이라도 있기 때문이다. 그러나 우리는 우리의 경험이 환상임을 알아차리게 되더라도 결코 우리의 환상으로부터 해방되지 않는다. 우리는 결코 "가려진 틀 뒤에 놓인 그림자"를 볼 수 없다. 즉, 나의 알아차림을 제한하는 "틀" 자체가 "가려져" 있기 때문에, 내 경험이 사실에 있어서 제한되어 있고 부분적이라는 것을 깨달을 수 없다. 내 경험의 경계를 지각할 수 없기에 내 경험이 포괄적이기는커녕 제한되어 있다는 것조차 포착할 수 없다. 이것이 예를 들어, 소설이 나의 "시야"가 "가시적인 가장자리를 거치지 않고 그저 '빠져나가는' 것" 같다고 관찰하는 이유이다.

또한, 논증A는 우리 자신의 내적 감각, 또는 철학자들이 감각질이라고 부르는 것에 관한 우리의 공통적 직관을 약화한다. 나는 많은 사람이 그러하듯 내적 삶에 어떤 생생함과 강도가 있다고 생각하는 경향이 있다. 그런데 경험의 이런 질적인 차원은 내가 포착하고 말로 표현할 수 없는 어떤 것이다. 예를 들어, 나는 당신에게 내가 **빨강**의 특수한 색조를 보고 있다고 말할 수 있다. 하지만 나는 내가 **빨강**의 그 정확한 색조를 보고 있다고 하는 깊으면서도 상당히 특정적인 그 느낌을 어떻게 당신에게 전달해야 하는지, 심지어는 어떻게 나 자신에게 기술해야 할지도 알지 못한다. 그 특수한 **빨간** 색조와 밀접하게 관련되어 있으면서도 미묘하게 다른 **빨간** 색조가, 어떤 점에서 다른지 나 자신에게 설명할 수 없는 것이다. 당신이 시각 장애인이나 색맹이 아닌 이상, 나는 이 특수한 색조에 대한 당신의 경험이 나의 경험과 비슷하리라 추정하는 경향이 있다. 그런데 나는 이를 결코 증명할 수 없다. 나의 내적 경험을 혹자의 내적 경험과 비교하는 현실적인 방법이 없기 때문이다. 이것이 비트겐슈타인이 자신의 저서 『철학적 탐구』 속에서 고뇌한 난점이며, 박쥐가 되는 것이 어떠한 것인지를 아는 것이 얼마나 어려운지를 성찰하는 토머스 네이글의 성찰의 기저에 있는 난점이다.

문제는 뇌에서 일어나는 기능적인 정보처리과정과 이러한 처리과정의 결과로 떠오르는 현상적 경험 사이의 불일치에 있는 것처럼 보일 것이다. 전자는 fMRI 같은 객관적이고 삼인칭적인 측정을 통해 접근할 수 있지만, 후자는 그렇지 않다. 많은 심리철학자 ─ 데이비드 찰머스가 하나의 두드러진 사례인데 ─ 는 이러한 불균형에 사로잡혀 정보처리과정은 의식적 존재자의 "풍부한 내적 삶"을 설명하기에 충분하지 않다고 주장한다. 찰머스에 따르면 이것이 주체적 경험 자체는 "어떤 현상을 계산적 또는 신경적 메커니즘으로 설명하려는 인지과학의 표준적 방법을 통해 손상될 수 없는" 이유이다. 다른 한편으로, 환원주의적 사상가들 — 가장 유명하게 대니얼 데닛 — 은 불일치로 보이는 이것 자체가 환상일 뿐이라고 응수한다. 우리가 의식의 현상을 충분히 주의 깊게 살펴보면, 우리는 의식의 모든 특징이 아무런 잔여물도 남기지 않고 사실상 계산과 신경 메커니즘으로 환원된다는 것을 발견한다고 데닛은 말한다. 따라서 데닛은 "의식은 기능과 분리될 수 없다"는 점을 유지하며, "우리의 경험에 절대적으로 기술 불가능한 특성"은 없다고 주장한다.

의식에 대한 스콧 베커의 관점이 찰머스의 확장적 관점보다는 데닛의 환원주의적 관점에 훨씬 가깝다는 것을 이제 분명히 알 수 있다. 그런데 『뉴로패스』에서 논증A는 데닛이 밟지 않은 극단적인 선을 넘으면서 감각질을 둘러싼 모든 논쟁을 뒤집어 놓는다. 데닛처럼 정보처리와 내적인 현상적 경험 사이의 불일치에 관한 주장 자체를 부인하는 대신, 『뉴로패스』 속 논증A는 격차의 존재를 받아들인다. 단지 그 조건을 번복할 뿐이다. 왜냐하면, 논증A는 현상적 경험이 넘쳐흐르는 질적 풍부함의 결과가 아니라 근본적 결핍의 결과라는 것을 시사하기 때문이다. 우리는 정보적인 빈곤으로 인해 보고 듣고 느낀다. 내가 무엇을 경험하든, "이런 경험을 가능하게 하는 신경 처리과정은" 그 자체로는 "전혀 볼 수 없다." 그러므로 의식적인 경험의 긍정적인 특징으로 보이는 것은 사실 이 기본적 결핍, 제한과 무지의 부정적인 결과로 인한 증상이다. 이 특수한 빨강의 색조에 대한 내 경험은 이루 말할 수 없는 것이다. 그것이 어떤 종류의 측정을 넘어서기 때문이 아니라, 최소한의 인지를 위해서라도 필요한 식별력의 문턱에 도달하기에는 너무도 (토머스 메칭거의 표현대로) "오묘한" 것이기 때문이다.

논증A에 따르면, 의식의 질적 본성에 속한 것은 의식의 통일성과 현재성 같은 겉보기에는 설명할 수 없어 보이는 특징에도 속해 있다. "경험은 언제나 단일화되어 있으며, 언제나 지금의 것으로 있다." 논증A는 말한다. "경험은 뇌에 부족한 것의 부산물"이기 때문이다. 우리의 정신은 항상 "무주의 맹시, 변화맹, 차폐, 지각적 비동기, 처리 지연 등"을 겪는다. "의식을 편협한 것으로 만들거나 철저하게 속이는 모든 방법의 목록을 만드는 것을 직업으로 삼을 수도 있을 걸 … 매초 우리의 뇌가 처리하는 모든 정보 중에서 오직 아주 작은 조각만이 의식적인 경험으로 떠오르는데, 일부 추정에 따르면, 100만분의 1도 안 된다고 하지." 내 일인칭 관점에서 풍부해 보이는 것은 이 근본적인 희박함에 따르는 환각적 효과다.

이는 인간의 주체적 경험에 대해서 무엇을 의미하는가? 윌리엄 제임스가 오래전에 말했듯이, 우리는 "순수한 경험의 세계" 속에 살고 있다. 소설의 말을 빌리자면, 우리는 경험이 "순수하고 뼛속 깊은 것"이라고 믿지 않을 수가 없다. "무엇이 그보다 더 진실할 수 있겠는가? 우리의 현존을 뒷받침하는 그 느낌보다 더 진실할 수 있는 것이 무엇이 있겠는가?" 그럼에도 불구하고, 최근의 과학적 증거는 우리가 "언제나 그러한 경험을 경험" 조차 하지 않는다고 시사한다. 오히려 경험 자체가 "뼛속까지 사기극"인 것이다. 논증A는 우리에게 말한다. 우리가 우리 자신의 믿음이 얼마나 신뢰할 수 없는 것인지, 그리고 우리의 내관이 얼마나 잘못되었는지를 일단 알게 되면, 이 불협화음이야말로 정확히 "우리가 예상해야만 하는 것이다."

나는 이 주장의 순수하고 극단적인 난폭함을 강조할 가치가 있다고 생각한다. 데카르트에게서부터 현상학에 이르기까지 근대철학은 즉각적 경험의 자명한 소여성, 그리고 그다음에는 이 경험에 대한 우리의 내관적 반성에 기반하고 있다. 데카르트는 "나를 속이는 데만 집중하는 압도적으로 강력하고 똑똑한 속임수를 잘 쓰는 악마"를 상상한다. 그러나 데카르트는 말한다. 내가 생각하는 모든 것이 거짓이라고 해도, 내가 존재한다는 것은 여전히 참으로 남는데, 이런 생각을 하고 있는 것이 바로 나이기 때문이다.

그러나 최근의 인지심리학은 이런 최소한의 자기확신에도 의문을 던진다. 경험이 나 자신에게 귀속되지 않을 때도 경험은 분명 여전히 일어나기 때문이다. 그러므로 논증A는 경험 그 자체와 그 경험에 관해 명료하게 반성하는 것은 물론 내가 그 경험을 "소유"할 수 있으리라는 희망 사이에 쐐기를 박는다. 나는 나 자신의 경험을 포착할 때 쉽게 그런 착각을 범할 수 있고, 어떤 경우든 사후적으로만 그것을 붙잡을 수 있다. "너는 이 모든 경험을 가지고 있는 것이 너고, 너의 모든 행위에 대한 저자는 자기 자신이라고 생각하겠지. 그런데 어쩌지 아가야? 안타까운 사실은 너라는 건 단지 그런 것들에 동반하는 것일 뿐이라는 거란다." 데카르트의 "나는 생각한다, 그러므로 나는 존재한다" 대신, 논증A는 "'그것은 생각한다, 그러므로 내가 존재했다'가 아마도 더 정확할 것"이라고 말한다.

『뉴로패스』에서 언급되고 있는 논증A는 저자 스콧 베커가 이후 자신의 블로그 〈쓰리 파운드 브레인〉에서 보다 완전하고 명시적인 형태로 전개하는 이론의 밑그림이다. 여기서 베커는 그 이론을 '맹목적인 두뇌 이론'Blind Brain Theory(이하 BBT)이라고 부른다. 실제로 『뉴로패스』 속 어느 지점에서 논증A는 "맹목적인 두뇌 가설"로 언급된다. 가설에서 전면적인 이론으로 넘어가면서, 베커는 블로그에 실험적인 증거를 정리하고, 소설과는 달리 단적으로 철학적 논쟁에 임한다. 소설에서 단지 주장했던 것을 블로그에서는 엄밀하게 확립시키려 한다. 블로그 〈쓰리 파운드 브레인〉에서 베커는 BBT의 진실성에 관해 주장한다. 베커는 이론을 정교하고 복잡하게 만들고, 그것이 어떻게 다양한 개념상의 골칫덩어리를 다루고 해결하는지를 보여주며, 그것을 심리철학의 다른 테제들과 대조시킨다. 소설에는 이런 과정이 담겨있지 않다.

그러나 이 모든 것이 『뉴로패스』가 단지 BBT의 삽화일 뿐임을 의미하지는 않는다. 소설에 관한 나의 주장, 좀 더 일반적으로는 과학소설에 관한 나의 주장은 정확히 이 반대에 위치한다. 블로그와 소설의 차이, 더 넓게는 철학과 과학소설의 차이는 후자가 사고 실험으로서, 그리고 극단적인 가능성에 관한 탐구로서 작용하는 방식과 관계가 있다. 베커는 『뉴로패스』에서 논증A를 철학적으로나 경험론적으로나 증명하려 시도하지 않는다. 오히려 베커는 논증A의 (대체로 끔찍한) 여러 귀결을 탐구한다. 소설은 논증A가 진실이라면 뒤따를 수 있는 결과들, 그리고 사람들이 그 논증A를 알아차리고, 주장하고, 실천에 옮길 때 생길 수 있는 결과들을 탐구한다. 『뉴로패스』에서 진정으로 중요한 것은 일단 그 논증A가 구상 가능한 것이 되고, 그리고 더 나아가 그것이 일단 작동하게 되면 세계가 어떻게 변하는지 — 개인적으로, 사회적으로, 그리고 기술적으로 — 에 대해서 의문을 던진다는 것이다. 인간의 의식은 언제나 망상적이었을지도 모른다. 그러나 최근의 기술 발명품들은 우리의 망상을 새로운 방식으로 동원하는 것을 가능하게 한다.

『뉴로패스』가 마음속에 그리는 궁극적인 귀결, 그것이야말로 "의미론적 묵시론, 의미의 묵시"이다. 이 묵시는 우리 자신에 관한 우리의 상식적인 직관이 영원히 신뢰를 잃게 되는 대화재conflagration이다. 일부 철학자들이 상상했던 것처럼 이것은 단지 소위 통속심리학이 좀 더 과학적인 용법으로 대체되는 문제가 아니다. 오히려 우리가 우리 자신의 경험에 의미를 부여하는 능력 자체가 마비된다. 우리는 우리 삶 속에 있는 것은 그것이 무엇이든 의미가 있을 것이라고 더는 믿을 수 없다 — 혹은 심지어 우리 삶 속의 무엇이 되었든 그것이 우리 자신에게 돌아올 수 있을 것이라 믿을 수도 없다. 이것은 실존적 소외도 아니고, 심지어 전체주의적인 정신 통제도 아니며, 오히려 더 나쁜 무언가다. 훨씬 더 극단적인 자기 박탈이다. 소설의 가장 끔찍한 대목 중 하나에서 토머스는 다음과 같은 말을 듣는다. "내가 너에게 뭔가를 하고 있다고 믿고 싶겠지만, 사실 나는 너와 함께 뭔가를 하고 있는 거야. 내가 네 생각과 경험을 꼭두각시 인형처럼 가지고 놀 수 있는 유일한 이유는 그것이 바로 네 진정한 모습이기 때문이거든." 이것은 "아니, 그건 내가 아니라 내 속에서 부는 바람"[1]이라며 낭만주의적 영감으로 기념되던 것을 다소 극단적이고 부정적으로 표현한 것이다.

우리는 이것을 다시 브라시에의 주장과 비교해 볼 수 있다. "현대과학적 세계관의 여러 요소로부터 심리적으로 만족스러운 서사를 얻어내려는 시도는… 서사의 범주 자체가 현대과학에 의해 인지적으로 불필요한 것으로 되었기 때문에 반드시 실패한다." 『뉴로패스』는 어떤 의미에서 의미론적 묵시론이 "이미 일어났다"고 말한다. 새로운 신경과학과 인지과학의 여러 함의

---

1. * 영국의 문학가 D.H. 로런스(1885~1930)의 시 「지나온 사람의 노래」(Song of a Man Who Has Come Through)의 첫 행이다.

로부터 물러나기에는 너무 늦었다. 아마도 인류 역사상 처음으로 우리는 ─ 이전 세대들이 그러했던 것과는 달리 ─ 더는 "현존의 허무주의적 진실"을 피하거나 부정할 수 없을 것이다. 우리는 우리 삶을 다시 의미 있게 만들어주는 종류의 이야기들을 더는 우리 자신에게 들려줄 수 없다.

나는 이 소설이 명시적으로 내세우는 방식이 아닌 다른 방식으로 이를 표현할 수 있다고 생각한다. 정신에 대한 근대적이고 과학적인 개념화의 역사를 고려해보라. 이는 일반적으로 특정 시대에 가능했던 최첨단 기술을 추적하며 이루어진다. 18세기의 유물론자들은 정신이 시계처럼 작동한다고 사변했다. 19세기와 20세기 초반, 프로이트는 정신이 마치 증기기관이나 거대 유압장치인 것처럼 열역학적 용어로 정신을 설계한 여러 이론가 중 한 명일 뿐이었다. 20세기 후반, 사이버네틱스와 컴퓨터의 발전과 함께 정신은 정보처리라는 관점에서 구상되었다. 뇌는 하드웨어로, 정신적 처리과정은 플랫폼에 독립적인 소프트웨어로 구상되고, 정신은 디지털 컴퓨터 같은 것으로 여겨졌다.

오늘날 21세기 초, 우리는 여전히 정보처리의 우선성을 (내가 보기에 지나치게) 당연하게 여긴다. 그런데 우리는 정신적 사건을 비유물론적이고 플랫폼으로부터 독립적인 패턴으로 보는 발상을 버리기 시작했다. 컴퓨터에 의식을 업로드한다는 레이 커즈와일의 판타지는 더는 진지하게 받아들여지지 않는다. 대신, 우리는 이제 뇌 속에서 실제로 일어나는 전기화학적 작용의 관점에서 정신을 직접적으로 설명하려고 한다. fMRI와 TMS를 통해 우리는 정신에 대한 비유의 역할을 맡는 기술에서 직서적으로 정신에 작용하는 기술, 뇌의 혈액의 흐름을 측정하고 특정 뉴런을 결정적인 방식으로 자극하거나 억제하는 기술로 이동했다.

다른 말로 하자면, 오늘날 정신의 문제는 과학적이고 철학적인 이해의 문제라기보다는 공학적 실천의 문제가 되었다. 논증A는 정신이 무엇이고 또 정신에 관해서 우리가 무엇을 알 수 있는지에 관한 문제보다는 정신이 무엇을 행하고 또 정신을 가지고 무엇을 할 수 있는지, 정신에 무엇을 행할 수 있는지에 관한 문제를 더 강조한다. 심리학적 이유 및 의도에서 생리학적 원인 및 메커니즘으로 전환하는 것은, 인식론에서 도구성으로 전환하는 것이기도 하다.

그렇기에 논증A는 철학적 논증을 통해 검증하거나 신빙성을 떨어뜨리기보다는 그것이 가져오는 귀결의 관점에서 실용적으로 다루어질 필요가 있다. 그리고 그러한 귀결을 탐구하는 것은 이미 내가 앞서 제시했듯이, 엄밀하게 따져서 철학적 논의의 일종이기보다는 과학소설적 사변과 외삽의 영역에 속한다. 브라시에는 최근의 신경생물학적 발견의 결과로 "서사의 범주"가 "인지적으로 불필요한 것"이라고 주장하지만, 『뉴로패스』는 이러한 불필요성조차도 여전히 서사를 통해 다루어져야 한다는 것을 보여준다.

논증A의 효과와 귀결은 『뉴로패스』 속 두 주인공 사이의 계속되는 결투로 가장 극적으로 묘사될 수 있다. 즉, 그것은 논증A의 원저자인 토머스 바이블과 그의 오랜 절친이자 논증A를 실제로 실천에 옮기는 신경외과 의사 닐 캐시디의 결투로 묘사될 수 있다. 토머스와 닐은 대학 룸메이트 시절로까지 거슬러 올라가는 오랜 인연이다. 실제로 토머스는 일차적으로 닐과의 학부생 시절 "대학 자유 토론 시간" 속에서 논증A를 개발한다. 소설은 이 시간을 "일종의 실험 약물"을 복용하는 것, 또는 심지어 "종교적 경험"을 하는 것 같은 상호 열광과 도취의 경험으로 기술하고 있다. 과학에 기반한 탈신비화조차도 신비적이거나 도취적인 용어로 파악되는 경향이 있다.

토머스와 닐이 논증A에 관해 상세히 설명할수록 논증A는 그들 스스로를 두렵게 하고 흥분시킨다. 그들은 다른 사람들에게 논증A를 일종의 사회적 무기로 사용하며, "문학 전공자들을 바닥까지 깎아내리고, 사람들을 겁주기" 위해 들먹인다. 논증A를 주장하는 것이 그저 허세를 부리는 것이었기 때문이다. 논증A를 주장하는 것은, 논증A가 "내장內裝, hardwired과 사회화를 지나치게 거스른다"는 이유로 논증A를 받아들일 수 없는, 충격에 빠지고 겁에 질린 청중과는 달리 자신들은 그 논증의 허무주의적인 함의를 버텨낼 만큼 강하다는 것을 보여준다. 논증A는 필연적으로 도발적이며, 그러므로 우월 의식을 들먹이기 위한 강력한 도구라고 볼 수 있다. 그리고 이 점은 『뉴로패스』 속에서 계속해서 그런 것으로 남는다. 닐은 자신이 논증A가 함의하는 바를 토머스가 감히 할 수 있었을 것보다 훨씬 더 밀고 나갔다고 주장한다. 책의 마지막에 이르면 닐은 토머스를 고문한다. 이런 상황에서조차도 토머스는 여전히 고문자로 전향한 자신의 친구가 우두머리 수컷이 된 듯한 쾌감을 맛보는 것을 동경하고 우러러본다. 토머스는 감탄했다. "(닐에게) 이런 짓을 할 수 있는 배짱이 어디서 나왔을까?" 논증A의 난폭함은 그러한 행동을 부추기는 이유가 되고, 누가 행하든 힘의 표식이 된다.

소설 속 현재에서 닐은 토머스의 집 문 앞에 나타나 논증A의 엄격한 주창자이기를 포기하는 토머스를 비난한다. "대부분의 사람이 그리하듯, 토머스는 미련을 버렸다… 세월이 흐르면서 아이들은 성장했다. 토머스는 교실에서 세계의 파괴자 바이블 교수 역을 계속 맡지만, 모든 오랜 질문들을 저버린 자신을 발견했다. 책임감과 일상만큼 효과적으로 오랜 계시를 죽이는 것은 없다." 토머스는 여전히 이론상으로는 논증A를 주장하지만, 일반적으로 사람들이 "논증A를 믿을 수 있을 것"이라고는 여기지 않는다. 그리고 토머스는 논증A가 진실인 것처럼 살지도 않는다. 이혼한 두 아이의 아버지로서 변두리에 살아가는 토머스의 초라한 실존에는 변함이 없다. 토머스는, 무신론자로 자처하면서도 신에 대한 믿음을 유지했다면 행했을 법한 행동과 똑같은 방식으로, 그리고 똑같은 도덕성을 가지고 일상을 살아가는 (니체가 경멸했던 류의) 19세기 무신론자들과 다소 유사한 인물이라고 할 수 있다.

　이와는 대조적으로 닐은 논증A를 "결코 저버리지 않았다." 닐의 모든 것이 논증A를 그것의 가장 궁극적인 귀결까지 밀고 가는 것에 맞춰져 있다. 그리고 이것이 『뉴로패스』의 서사를 진행시킨다. 닐은 토머스를 찾아가 자신이 의과대학을 졸업한 후 전문지식을 "신경조작"에 사용하며 국가안보국을 위해 일해 왔다고 밝힌다. 닐은 죄수들을 심문하는 데 사용할 목적으로, 논증A에서 영감을 받은 새로운 기술을 개발한다. 이것이 『뉴로패스』 속에 담긴 과학소설적인 핵심이다. 논증A 자체가 최근의 과학적 발견으로부터 외삽된 것처럼, 논증A에서 영감을 받은 닐의 발명은 오늘날 과학자들이 실제로 할 수 있는 것들로부터 외삽되고, 오늘날 과학자들이 실제로 할 수 있는 것들을 넘어서서 투사된다. 이 책에서 상상된 기술들이 아직 가능해지지 않았기를, [미국 중앙정보국CIA이 위치한] 버지니아주 랭글리와 관타나모 베이에서 이미 사용되지 않았기를 바랄 뿐이다.

　『뉴로패스』가 그린 근미래 세계에서, 국가안보국은 "테러리스트"와 여타 정치범의 뇌를 조작할 방법을 발견한다. 국가안보국의 관점에서 볼 때, 고문의 진정한 문제는 고문이 충분히 고문답게 효과적이지 않다는 것이다. 이제는 "의지"라는 것이 간단히 "오프라인" 상태로 만들 수 있는 "또 하나의 단순한 신경 메커니즘"이라는 것을 알고 있는데, 죄수의 저항 의지를 꺾는 데 그토록 많은 시간과 에너지를 낭비할 이유가 있는가? 닐이 토머스에게 설명한 것을 인용하자면, 죄수들을 심문할 때, "우리가 한 일은 단지 불쾌감을 주는 회로를 고립시키고 그것을 정지시키는 거야. 버튼 누르기만큼이나 쉬운 일이지." 일단 이것이 일어나면 죄수는 모든 저항을 멈추고, 자신이 알고 있는 모든 것을 기꺼이 토해낸다. 정신적 사생활은 침해될 필요가 없다. 그런 것은 훨씬 더 쉽게 무시될 수 있고 또 무관한 것이 될 수 있다. "생각을 읽을 수 있는 기계를 설계할 필요가 뭐가 있지?" 닐이 말한다. "회로 몇 개를 정지시키고 피험자가 스스로 자기 생각을 밝히게 만들면 되는 것을?"

이 끔찍한 사태는 단순히 닐이 논증A의 실용적 귀결을 가지고 일하는 방식의 시작일 뿐이다. 『뉴로패스』의 주요 줄거리는 닐이 국가안보국에서 벗어나 논증A의 진실성을 입증하기 위해 계획된 범죄행각을 벌이는 것을 포함한다. 닐은 사람들을 납치하고 그들의 정신을 바꾸기 위해 섬뜩한 수술을 행한다. 가장 눈에 띄는 피해자는 억만장자 재벌 테오토로스 기게스다. 닐은 기게스를 납치하고 두 개의 특정한 인지기능 장애를 유발하기 위해 뇌를 수술한 다음, 기게스를 다시 풀어준다. 첫 번째 인지기능 장애는 안면인식장애로 더 잘 알려진 안면실인증이다. 안면실인증은 과학자와 임상의에게 잘 알려진 희귀하지만 많은 연구가 이루어진 장애이다. 기게스의 시각 자체가 손상된 것이 아니다. 기게스는 인간의 얼굴을 인식하고 기억할 수 없게 된 것이다. 그 결과 기게스의 동일성 감각은 산산조각이 난다.

기게스의 가족과 친구들은 기게스에게 외계인 침입자, "얼굴 없는 괴물들"처럼 보인다. 기게스는 말한다. "내가 너를 응시할 때, 순간에서 순간으로 넘어가는 너의 얼굴을 인식할 수가 없어. 네 얼굴이 매 순간 내가 본 적 없는 새로운 어떤 것이 되는 게 아니야. 그냥 미지야. 알 수가 없어." 이러한 방향감각 상실은 기게스 자신에 대한 감각에도 적용된다. 기게스는 거울 속의 자기 얼굴조차 인식할 수 없다. 인식의 힘 없이도 인격적 동일성은 여전히 가능할 것인가? 기게스의 질환은 "인격이라는 개념을 약화하는 것"으로 작용한다.

이와 더불어 닐은 기게스의 뇌에 두 번째 질환을 심었다. 그것은 기게스를 섬뜩한 연쇄 살인범으로 변하게 하는 성적 충동이다. 기게스는 타블로이드 신문에서 척추지압사Chiropractor라는 별칭으로 이름을 날리게 된다. 살인마로서 기게스는 여성을 강간하고 살해할 뿐만 아니라, 내장을 적출한다. 기게스를 추적하기 위한 거대한 특수부대의 노력에도 불구하고 기게스는 손쉽게 탐지와 체포를 피한다. 아마도 기게스는 더는 어떤 관습적인 의미에서도 "자아"self가 아니기 때문에 정확하게 프로파일링될 수 없었을 것이다. (영국에서 출간된) 『뉴로패스』의 초판 원본에서는 ─ 약간 수정된 미국판에서는 아니지만 ─ 척추지압사의 관점으로 작성된 짧은 일인칭 시점의, 강조체로 된 구절이 삼인칭 시점으로 토머스의 이야기를 전개하는 장 곳곳에 산재하여 있다. 이 구절들은 "나"라는 낱말로 전개됨에도 불구하고 이상하게 비인격적이다. 척추지압사는 피해자 중 한 명에게 다음과 같이 말해보는 것을 상상한다. "그래, 나는 네가 보여. 잡지의 표지처럼 잠잠해. 테이크들 사이의 포르노그래피 배우처럼 무표정하고⋯마침내 너는 내가 의미하기를 원하는 것만 의미하게 되었어." 척추지압사의 살인은 닐과 국가안보국이 행한 실험의 일종의 선정적이고 저속한 버전이며, 피해자 자신의 의도와 의미를 깨끗이 지워버린다.

소설이 진행되면서 닐은 기게스 이외의 몇몇 사람도 납치하여 수술을 수행한다. 이 여러 사건은 모두 논증A을 입증하는 것으로서 작용한다. 닐은 포르노그래피 여배우의 뇌를 재조정하여 말 그대로 자해로 죽어가며 오르가슴을 느끼게 한다. 닐은 종종 자유의지와 책임에 관해 거들먹거리며 말하는 의원을 재프로그래밍한다. 그 결과, 의원은 살아있는 10살 소녀의 살을 물어뜯으면서 이것이 자신의 의지가 아님을 선포한다. 그러고 나서 닐은 이번에는 한 텔레비전 전도사에게 자신이 신의 은총 속에서 안전하다는 것과 영원히 지옥에 떨어질 저주를 받았다는 것을 안다고 번갈아 느끼게 한다. 닐의 모든 행위를 통해 ― 토머스가 알아차리게 되듯이 ― 논증A는 "단순히 환언된 것이 아니라, 행화된" 것이다.

닐은 토머스에게 이런 범죄들이 "너 자신의 논리의 힘을 가지고 가장 빠르고 친숙한 방법으로 너의 뇌가 다시 논증A를 처리하도록 만들기" 위한 것이라고 말한다. 그러고 나서 이 소설의 절정에 이르는 대치가 뒤따른다. 닐은 토머스를 "메리"로 알려진 꼭두각시 장치에 묶는다. "메리"라는 국가안보국의 기묘한 장치는 작동자가 대상자의 정신에 심고 싶은 어떤 기분이나 느낌을 유발할 수 있다. 이 기계는 마찬가지로 현실로 존재하는 기술에 약간의 외삽을 가한 것이다. 닐은 토머스에게 말해준다. "정위적 신경방사선 수술 기기를 조정한 거야. 입자광선을 중첩해서 사용하여 종양을 태우는 그거 알지? 뇌의 여러 지점에서 원하는 정확한 대사 조절을 일으킬 수 있도록 혈액을 도핑하는 방법을 찾아냈지."

닐은 메리를 통해 토머스에게 다채로운 정신적 경험의 롤러코스터를 타게 한다. 이 모든 경험은 무릇 경험이라는 것이 그렇듯이 하나하나가 전부 "현실"처럼 느껴진다. 토머스는 어떤 순간에는 "잔잔하게 잘 있는" 느낌을 느끼고, 그다음 순간에는 충격과 공포를 느끼게 된다. 토머스는 오르가슴적 방출, 유체이탈 경험, 시야의 붕괴와 "외부공간"extrapersonal space의 뒤틀림, 닐이 자신에게 말하고 있는 것이 자신의 목소리로 회자되고 있다는 인상, "어떤 것을 보더라도 자신이 의지로 일으키고 있다고 확신하게 되는" 감각 등의 상태를 순환한다. 토머스는 고통으로 가득 차고 나서는 "이상한 부력이 모든 것을 채웠고, 모든 날카로운 가장자리는 사탕이 되었다. 갑자기 고무 세계, 고무 시뮬라크르로 가득 찬 장소를 보고 있는 것만 같았다."

그러나 토머스가 이러한 경험을 통해 "닐이 자신을 닐 자신의 난폭한 주장을 입증하는 존재자로 변모시켰다"는 것을 발견하는 것은 무엇을 의미할 수 있을까? 논증A는 그것의 모든 극단성에 있어서 진실일 수 있다. 그러나 과연 논증A가 완전히 믿어질 수 있을까? 기껏해야 나는 논증A를 지적으로 받아들일지 모른다. 그렇지만 어떻게 완전한 신념을 가지고 논증A를 지지할 수 있겠는가? 만약 내가 그렇게 신념에 차서 지지한다면, 나는 나 자신의 "신념들"과 믿음들 — 논증A를 향한 내 믿음을 포함해서 — 이 그 자체로 허구일 뿐임을 인식하지 않을 수 없을 것이기 때문이다. 이것이 『뉴로패스』가 주목하는 중심적인 수수께끼다. 논증A를 진정으로 포착하고자 한다면, 단순히 논증A를 주장하는 것으로는 불충분하다. 실제로 논증A에 따라 살고 그것을 경험해야 한다. 그러나 이것은 토머스가 꼭두각시 기계라는 수단을 통해 강제로 포용하듯이, 강제로 포용하여야만 일어날 수 있는 일이다. 논증A의 귀결들은 본질적으로 경험을 통해 접근할 수 없고, 엄밀히 말하자면, 그것에 따라 살 수 없는 것이다. 요컨대 논증A는 실존적으로는 채용될 수 없는 것이다. 그것은 오직 행화되거나, 도구화되거나, 시행될 수 있을 뿐이다.

철학적인 용어로 말하자면, 논증A는 수행적 모순을 포함하며, 실제로 필요로 한다. 그것은 마치 "이 진술은 거짓이다"라고 말하거나, "모든 것은 상대적이다"라고 말하는 것과 같다. 논리적으로 말해서 만약 논증A가 참이라면, 나는 그것의 진실성을 긍정할 수 있는 신빙성이나 권한을 가질 수 없기 때문이다. 결국, 토머스가 어느 지점에서 말하듯이, "모든 사람이 자신이 마법의 믿음 복권에 당첨되었다고 생각하지 … 모든 사람이 자신이 어느 정도 사물을 이해하고 있다고 생각하고 있지. 자신과 의견을 달리하는 수십억 명의 사람들과는 달리 자신은 아무튼 운 좋게 하나의 진실한 믿음 체계를 얻었다고 생각하면서 말이야." 어떻게 논증A를 믿는 사람이라고 다를 수 있겠는가? 논증A 자체가 그녀나 그나 논증A를 믿지 않음을 분명하게 한다.

이 관찰 자체는 논증A를 논박하는 것이 아니다. 예를 들어 상대주의가 만약 모든 것이 상대적이라고 진술한다면, 그 자체로는 상대적이지 않은 절대적인 진술을 만들고 있는 것이 되기 때문에, 도저히 진실일 수 없다고 말하는 것은 유치한 토론의 속임수에 지나지 않는다. 그러한 비판은 (논증적이고 합리주의적인 것을 포함한) 진술 자체가 항상 상황적이고 매개된 것이라는 점을 무시한다. 상대주의자들은 논증A 지지자들과 마찬가지로 자신의 주장을 하는 방식을 통해 자신의 신빙성을 떨어뜨릴 수도 있지만, 이것이 반드시 그들의 주장의 진실성을 훼손하는 것은 아니다. 논증A는 모든 사람이 스스로 마법의 믿음 복권에 당첨되었다고 믿지만, 누구도 자신의 믿음에 대한 훌륭한 토대를 가지고 있지 않다는 것을 시사한다. 논증A를 믿는 사람에게 또한 심리적으로 참이라는 사실은 논증A의 논박이 아니라 논증A를 위한 또 하나의 증거가 된다.

논증A의 문자 그대로의 난폭함 — 실존적인 접근 불가능성, 논증A를 주장하며 우리가 의미하는 것과 논증A의 양립 불가능성 — 은 그것의 진실성을 막지 못한다. 그러나 논증A가 과학적이고 실험적인 증거의 확고함에 의해 뒷받침된다고 하는 것은 무엇을 의미할 수 있을까? 여기서 우리는 인식론의 제한성에 봉착한다고 생각한다. 레이 브라시에는 "지속적으로 우리의 믿음을 교정하는 우리의 능력"에, 그리고 그 능력으로 인해 과학적 증거가 극단적으로 반직관적인 경우에도 그것을 받아들이는 우리의 능력에 호소함으로써, 자신의 허무주의의 토대를 세우면서 동시에 완화시킨다. 윌프리드 셀러스의 뒤를 잇고 그를 극단적으로 밀고 나가며 브라시에는 "의식적 경험의 현상학적 영역과 주체적 합리성의 규범적 영역을 구별해야 한다"고 말한다. 논증A가 주장하는 방식에 따르면 전자는 완전히 망상적인 것이다. 그런데 브라시에에 따르면 후자는 "개념이 지배하는 이성의 공간 속에서 작동하는 합리적 동인으로서의 우리 자신을 이해할 수 있는 능력을 획득할 때" 발생한다. 우리가 이 능력을 획득할 때, "이성 자체가 자아성을 궁핍하게 만드는 데 기여한다"는 것을 알게 된다고 브라시에는 덧붙인다. 일단 우리가 "경험 과학의 … 인지적 권위를 인정하게 되면," 우리는 또한 "자율적 실재성"을 가진 "'자아'라고 불리는 존재자들의 현존"을 거부하게 된다. 브라시에는 합리적 작인을 현상적 자아성과 분리하여 수행적 모순의 역설을 피해야 한다고 주장한다.

그런데 나는 브라시에의 합리주의적 주장에 관해서는 여전히 회의적이다. 브라시에의 주장이 이성의 힘에 관한 성립할 수 없는 이상화에 바탕을 두고 있기 때문이다. "개념적 규범성"에 관한 브라시에의 설명은 실험적 과학이 실제로 작동하는 난잡한 방식과는 거리가 멀다. 실용적으로 말하자면, 셀러스-브라시에의 규범적 모델은 광범위한 실천, 계획서, 도구적 배열, 그리고 기관 같은 과학적 사실이 발견되고 확립되는 방법을 포용하지 못한다. 그리고 개념적으로 말하자면, 우리의 합리성은 — 블로그 〈쓰리 파운드 브레인〉에서 베커가 시사하는 바와 같이 — 오직 자신의 적절한 맥락에서는 충분히 잘 작용하지만, 자신의 적용 가능성의 제한을 넘어서 적용될 때 우리를 오도하는 경향이 있는 일련의 휴리스틱 장치들로만 구성되어 있다. 브라시에는 "아무 곳도 아닌 곳에서 보는 관점"을 획득할 가능성을 주장하며, 그리고 실제로 필요하다고 주장한다. 그러나 베커는 묻는다. "너의 '아무 곳도 아닌 곳에서 보는 관점'이 어떻게 또 하나의 가상, 단순히 또 하나의 휴리스틱이 아닐 수 있는가?" 수행적 모순의 이중적 구속에서 벗어날 방법은 없다.

『뉴로패스』는 과학이 확장된, 깊은 수행적 과정을 통해서만 우리에게 과학의 가혹한 진실을 부여할 수 있다는 것을 시사한다는 점에서 강렬하고 폭력적이다. 우리는 과학적 명제에 합리적으로 동의하는 것이 아니다. 오히려 우리는 그것을 받아들이도록 강요받는 것이다. 셀러스와 브라시에가 믿고 싶어 하는 것

처럼, 우리는 어떠한 "이유를 제시하고 요구하는 게임"을 통해서
논증A에 동의할 수 있는 것이 아니다. 논증A가 인정 — 인정이라
는 단어가 여전히 적절한 단어라면 — 되는 것은 닐이 오직 논증A
를 실천으로 옮기며 확립했을 때, 닐이 직서적으로 논증A를 받
아들이지 못하는 토머스에게 논증A를 폭력적으로 강요했을 때
이기 때문이다. 브라시에는 우리가 합리적인 과학적 주장에 의
해 "구속"될 때, "이 구속은 객체에 의해 수동적으로 제출되는
것이 아니라 주체에 의해 자발적으로 수행되는 것"이라고 주장
한다. 그러나 『뉴로패스』는 그러한 자발성의 여지가 없는 과정
을 서술한다. 다르게 말하자면, 우리는 (브라시에가 바라는 것
처럼) 서사를 없앨 수 없다. 오직 서사를 통해서만 의미를 확립
하고 안정시키려는 서사 자신의 허상을 풀어버리는 지점에 다
다를 수 있기 때문이다.

수행적 모순을 철학적으로 극복하거나 환원시키기보다는
우리의 수행적 모순을 포용할 필요가 있다. 적절하게 상황화된
수행적 모순은 핵심적이며, 심지어 피할 수 없거니와 오히려 필
요하다. 이것을 일종의 확장적 또는 역설적 실용주의라고 부르
겠다. 관념의 함의와 귀결을 실현하는 유일한 방법은 그것을 행
화하는 것이다(그리고 그곳이 윌리엄 제임스가 시사하는 바와
같이, 관념이 자신의 "진리"를 발견하는 장소이다). 관념이 우리
의 인지력 자체를 포함하는 현재 상황 속에서, 관념은 우리 자
신에게 일종의 실험을 할 것을 요구하며, 그 결과로 우리는 그

실험에 대한 통제권을 상실하게 된다. 결과적으로 관념의 행화는 필연적으로 우리를 수행적 모순으로 몰고 간다. 우리는 닐이 소설 속에서 논증A의 귀결을 토머스에게 가학적으로 강요하는 것과 같은 방식으로 『뉴로패스』가 가학적으로 독자들을 논증A의 귀결과 마주하도록 강요한다고 말할 수도 있겠다. 닐이 토머스에게 논증A의 진리를 수행적으로 입증하듯이, 『뉴로패스』 자체는 독자에 대해 이 진리의 상징적 입증을 수행한다.

소설 속에서 어떻게 그러한 행화가 이루어지는가? 『뉴로패스』는 계속해서 무슨 일이 일어나고 있는지에 관한 설명, 특히 닐의 폭력적이고 기괴한 행동에 관한 의미 있는 설명을 제시한다 — 혹은 가설을 세우도록 유도한다. 그러나 그때마다 소설은 겉으로 보기에 설득력 있는 이 모든 설명의 신빙성을 잃게 하며 우리의 뒤통수를 친다. 예를 들어, 토머스는 어떤 지점에서 닐이 자신에게 "일종의 정신병적인 정동적 집착을 개발하고, 키우고, 숨겼다"고 결론짓는다. 그러나 이런 진단을 내리면서도 토머스는 이 진단이 단순히 "예상치 못한 것을 예상 속에 얽어매고, 놀라움의 위협을 완전히 제거하는 방법"이라는 의심을 유지한다. 토머스가 닐의 동기가 무엇인지를 파악했다고 생각하면서 자기 사고 속에서 닐을 범주화하는 데 성공할 때, 토머스는 마치 "통제권이 돌아왔다"고 느낀다. 하지만 이런 종류의 확신은 결코 지속되지 않는다. 닐이나 다른 캐릭터가 토머스의 예상을 벗어날 때, 확신은 "궤도를 벗어나 직각으로 꺾는" 새로운 전개 때문에 항상 좌절된다.

이런 교묘한 공작을 반복하면서 『뉴로패스』는 일종의 반anti추리소설이 된다. 추리 장르는 일련의 특수한 가설이나 설명을 통해 움직이면서 작용하는데, 각각의 가설 및 설명은 처음에 제안되고 나서 이후에 신빙성을 잃는다. 각 가설의 실패는 더 나은 가설로 대체될 여지를 남기며, 이는 소설 마지막에 사건이 해결될 때까지 계속된다. 셜록 홈스가 말했듯이, "불가능한 것들을 제거한 뒤 남는 것이 아무리 어처구니없을지라도 그것이 진실이다." 그런데 『뉴로패스』는 이 과정을 악질적인 무한성으로 끌고 간다. 소설은 결코 결정적인 설명에 도달하지 않으며, 그러므로 일어나고 있는 일에 관해 설명적인 의미를 부여하려는 바로 그 경향을 약화한다. 우리는 끝까지 무엇이 닐의 행위에 동기를 부여하는지 알지 못하고, 심지어 닐이 토머스를 박해하고 있다고 말해야 할지, 아니면 오히려 그가 토머스를 계몽하려고 애쓰고 있다고 말해야 할지조차 알지 못한다. 논증A를 통해 우리가 얻은 교훈 자체가, 그런 문제가 절대 심리적인 동기부여의 관점에서 설명되어서는 안 된다는 것이기 때문이다.

"이유 같은 건 없다." 소설은 반복해서 말하고 또 말한다. "원인만이 있다." 그러나 어느 지점에서 닐이 토머스에게 상기시키듯이, 소설은 다음과 같이 말하기도 한다. "이유라는 것은 사기일 수 있지 … 그렇지만 여전히 기능하고 있어." 다른 말로 하자면, 『뉴로패스』는 서사를 완전히 제거하기보다는 서사적 예상의 실패를 서술한다. 브라시에의 말을 빌리자면, 오직 서사만이 어떻게 "서사의 범주가 … 현대과학에 의해 인지적으로 불필요한 것으로 만들어졌는지" 설명할 수 있다. 우리는 이유와 설명에서 벗어날 수 없다. 우리가 설명하고자 하는 것이 이유와 설명의 불가피한 실패에 관한 것일 때 더욱더 그렇다. 그리고 유사하게, 과학소설이나 추리소설 같은 장르적인 관습을 넘어설 방법은 없다. 특히 우리가 그런 장르를 비판하거나 약화하려고 할 때 더욱더 그렇다.

이를 또 다른 방식으로 표현하자면, 소설은 수행적 모순을 탐구하면서 궁극적으로 도달할 수 없는 지점에 도달하고자 안간힘을 쓴다. 즉, 소설은 그 안에서 표현되거나 극적으로 보여줄 수 없는 지점을 향해 나아가는 것이다. 이 지점이란 바로 닐 자신의 의식이다. 네이글의 "어떠한 것인가?"라는 질문이 무의미해지는 방식으로 실제로 세계를 살고 경험하는 것은 어떠한 것인가? 토머스가 꼭두각시 기계에 묶여 있을 때도 "토머스는 대체로 경이로워했고, 심지어 어떤 숭배감을 느끼기도 했다. 충동과 구별할 수 없는 계획을 가지고 사고 없는 세계라는 난파선에서 또 하나의 사건을 일으키며 자아도 양심도 없이 나아간다는 것은 어떠한 것일까? 인간처럼 보잘것없고 망가진 것이 아니라, 자아 없는 운송 수단, 앞에 온 모든 것의 전달자로서 행위한다는 것은 어떠한 것일까?" 소설은 이 물음에 마주할 것을 강요하지만, 동시에 이 물음에 대답하는 것을 금지한다.

닐이 책임감을 가진 자아성의 환상 없이 존재하는 상태를 실제로 성취했다고 주장하기 때문에, 닐은 수행적 모순의 수수께끼를 체화한다. "결국, 여전히 뭔가를 경험해." 닐은 말한다. "단지 극단적으로 다른 경험, 우리 영혼에 대한 단편적인 진실에 훨씬 더 민감한 경험을 할 뿐이지. 의지, 목적, 자아성, 옳고 그름이 없는 경험이야." 언뜻 보기에 닐은 "가려진 것을 넘어갔어 … 의식의 환상을 통해 자신의 길을 보았다고 생각하는 거야." 그런 상태에서 닐은 더는 "동기, 목표, 이유"라는 관점에서 작동하지 않는다. 오히려 닐 스스로 묘사한 대로 다음과 같다. "일정한 수행-억제 회로를 차단했지 … 심리학자, 당신들이 말하는 불안, 공포, 그런 헛소리들을 말이야. 그런 헛소리는 이제 나에겐 추억에 지나지 않아. 하지만 나는 좀 더 기만적인 회로도 차단했지. 예를 들어, 나는 아무것도 의지로 하지 않는다는 것을 알아. 난 '내'가 뭔가를 한다는 생각에 더는 속아 넘어가지 않아."

우리는 이 상태를 브라시에가 과학적인 방법에 핵심이라고 생각하는 합리적인 "자아성의 궁핍"으로 생각할 수 있으며, 그것이 "개념이 지배하는 이성의 공간에서" 활동할 수 있게 해준다고 생각할 수 있다. 우리는 또한 그것을 의식 연구자 수전 블랙모어가 기술하는 일종의 선禪의 무아無我로 간주할 수 있을지도 모른다.

만약 내가 내 안에 자유의지와 의식적인 고의적 선택을 행하는 '나'가 없다고 진지하게 믿는다면, 어떻게 무엇을 할지를 결정할 수 있을까? 답은 밈meme이라는 시청자를 믿는 것이다. 유전자와 밈의 선택이 행위를 결정할 것이고, 부가적인 '나'가 개입할 필요가 없다는 것을 받아들이는 것이다. 정직하게 살고자 한다면, 나는 그냥 비켜서서 결정이 스스로 결정을 내리도록 놔둬야 한다.

나는 결과가 불안하다고 말한다. 왜냐하면, 처음에는 어떤 행위를 '나'가 행하는 것인지 아닌지를 관찰하는 것이 이상하기 때문이다. 나는 큰길과 더 예쁘지만 집까지 더 오래 걸리는 길, 두 개의 가능한 귀가 루트를 가지고 있었다. 차를 몰고 분기점으로 올라가면 우유부단함에 자주 좌절한다. 내가 어떻게 결정할 수 있을까? 어느 것이 가장 만족스러울까? 어느 것이 가장 좋을까? 어느 날 문득 '나'가 결정할 필요가 없다는 것을 깨달았다. 나는 자리에 앉아, 주의를 기울였다. 신호등이 바뀌자 발은 페달을 밟고, 손은 기어를 바꿨다. 그러자, 선택이 행해졌다. 확실히 나는 돌벽이나 다른 차에 들이박은 적은 없다. 그리고 어느 길로 가든지 괜찮았다. 시간이 흐를수록 나는 점점 더 많은 결정들이 이런 것임을 알게 되었다. 그렇게 많은 결정을 그냥 그러하게 내버려 두는 것은 엄청난 해방감을 가져왔다.

그러나 『뉴로패스』는 우리에게 그런 쉬운 탈출 구멍을 제공해서 곤경에서 벗어나는 것을 허락하지 않는다. 소설은 브라시에나 블랙모어가 제공한 것 같은 상냥하고 온화한 "나"-없음을 제공하지 않는다. 우리는 닐이 모든 양심이나 책임에 대한 느낌을 없애기 위해 자신과 다른 국가안보국 요원들에게 수술을 행했음을 알게 된다. 이 수술은 꽤 유쾌하게 "평평한 정동 신경성형술 프로그램"이라고 불린다. 프로그램이 지향하는 바는 당신을 "방사-수술을 통해 반사회적 성격장애"로 전향시키는 것이다. 요원들은 "편도체가…자신의 야수적 본질들만이 남을 때까지 해체되었다." 그들의 모든 "사회 회로"는 "절단되었다." 그들의 "연민," "죄책감," 그리고 "부끄러움"을 걸러냈다. 그들은 이제 "자의식의 속삭임" 없이 자유롭게 작동할 수 있다. 적어도 그들에게 한정해서 말하자면, "무엇이든 다 할 수 있다."

이 프로그램의 목적은 "정부에서 군대까지 모든 차원에 정동적으로 평평한 교섭가를 위치시키는 것"이라고 한다. 기술은 "원시적 편견에 영향을 받지 않는 사람들을 수술로" 만들어낸다. "이스라엘 의회 해산에 대한 미국의 권력이나, 기아에 허덕이는 베네수엘라 국민에 대한 오리노코 시추권을 선택할 때, 스스로 헛짓거리하지 않고 어려운 교섭을 해낼 수 있는 사람들을 만들어내는 거야." 확실히 의미론적 묵시는 곧 닥칠지도 모르지만, 적어도 "우리 덕분에 미국은 살아남아 잘 수습해낼 거야, 정말이라고!"

여기서 패러디적 언어는 우리가 신비주의의 영역도, "이성의 공간"도 아닌 안보국가의 전략적 논리 안에 있다는 것을 우리에게 알려준다. 무아성과 비인격성은 그저 조작을 위한 또 하나의 도구인 것이다. 평평한 정동 신경성형술 프로그램은 일단 자아라는 환상을 없애고 여러 층의 사회적 조건화가 제거되면 가장 효율적인 게임 이론적 전략을 선택하는 합리적인 "교섭가"의 냉정한 자기본위성만이 남을 것이라는 가정에 바탕을 두고 있다. 그리고 대니얼 데닛과 함께 "의식은 기능으로부터 분리될 수 없다"는 결론을 내리면 불가피하게 다다르는 곳이 여기가 아닐까? 철학과 과학은 동일하게 그것의 효용이 권력의 책략을 위해 사용되는 것으로 환원된다. 의식이 실제로 무엇인지는 중요하지 않다. 오직 의식이 어떻게 조작될 수 있는지만이 문제이다.

그러나 이조차도 닐은 논증A를 충분히 관철하지 않았다고 보는 것 같다. 그것이 아마도 닐이 국가안보국에서 달아난 이유일 것이다. 닐에게 게임 이론적 계산은 요점을 벗어난 것이다. 닐은 "승자도 패자도," 경쟁도 있을 수 없다고 말한다. 왜냐하면 일단 자아성의 환상에서 벗어나고 나면, 더 이상 "점수를 매기는 사람이 없기" 때문이다. 닐은 종종 생존과 자손에게 유전자를 물려주기 위한 다윈주의적 명령의 "내장"內裝에 관해 말한다. 그러나 일단 "일상의 인간적 교류를 구속하는 규칙들"이 감상적인 잠꼬대로 치닫게 되면 그런 뿌리 깊은 약속조차 더는 온전히 있지 못한다. 닐은 궁극적으로 "헌신과 유대"가 우리 안에 "내장"되어 있는 만큼 "부정"과 성적 충족도 "내장"되어 있다는 것을 알고 있다. "자기를 정당화하는 합리화"와 "편향적이고 폐쇄적인 정신"은 말할 것도 없다. 인간 정신에 "내장된" 경향과 특징은 의식에 대한 우리의 모든 망상을 불러일으킨다. 그리고 이것이야말로 닐의 신경외과 수술이 벗겨내고자 하는 것이다.

다시 말해서, 평평한 정동 신경성형술 프로그램은 나 자신을 조작하고 실험하는 것 ─ 혹은 무로 돌리는 것 ─ 으로부터 발생하는 수행적 모순의 완전한 힘을 포용하지 못한다. 설령 "네가 너로 있다는 느낌은⋯ 스위치를 누르면 끌 수 있다"고 하더라도, 이것은 "세계 최초의 뉴런조작자"로서 닐 자신의 탐구에는 불충분한 것이다. 상황을 극한으로 몰고 가는 것은 쉬운 일이 아니다. 거기에는 좀 더 극단적인 개입이 필요하다. 닐이 토머스에게 말하듯이, "너의 뇌는 자신의 네트워크에 발생한 실제 손실을 처리할 필요가 있어, 뇌는 자신이 고장 나는 것을 볼 필요가 있어. 오직 그래야만, 뇌는 자신을 혼란스럽게 만들기 위해 정신이 휘갈겨 쓰는 만화를 꿰뚫어 보고 받아들일 수 있어." 신비주의자들과 신경조작자들 모두가 알고 있듯, 진정한 광명에 도달하기 전에 "통찰로서의 적막함"의 단계가 있어야 한다. 트라우마만이 나를 자아에 대한 "내장화된" 환상으로부터 진정으로 해방시킬 수 있다.

이것이 『뉴로패스』가 도달하고자 분투하는 요점이다. 꼭두각시 기계가 토머스의 자아에 대한 감각을 말끔히 벗겨낼 때, 우리는 다음과 같은 말을 듣는다. "단순히 이 청량함, 이 공간,

시간 속에서 표현되면서 무엇에도 속하지 않는 다양한 사물과 사건이 있었다." 토머스 안에서, "무언가가 이해하기 시작했다. 토머스가 아닌 … 무언가가." 지금으로서는 "토머스는 그저 찰나였다. 토머스보다 더 깊은 무언가가 깨달았다. 자신을 전체라고 생각하는 맹목성에 속았던 것은 파편에 지나지 않았다." 이것이 닐의 주장대로, "자아가 꺼진다는 것은 어떠한 것일까"에 대한 대답인가? 일인칭 "나"는 나로 있는 것이 어떠한 것이 아니게 된 상황에서도 여전히 존재하는가? 여기서 그런 모순어법은 피할 수 없다. 소설이 자아성의 궁핍을 실제로는 도달하지 못하는 점근점asymptotic point을 향한 무한한 접근으로서 묘사하기 때문이다.

소설의 끝부분에서, 토머스는 이 신비주의적 광명에 거의 근접한 것 같았지만, 그것은 결국 일상생활의 공포로 그를 되돌려놓을 뿐이었다. 토머스는 나 자신으로 되돌아가는 것에서 어떤 상실감을 느끼지 않을 수 없었다. "이제 모든 것은 그림자 – 시뮬레이션 – 에 불과하다. 두려움도, 고통도, 즐거움이나 사랑도 메리가 토머스에게 보여준 것만큼 깊지 않을 것이며, 진실하지 않을 것이다." 토머스는 플라톤의 동굴에 갇힌 죄수처럼, 혹은 영화관 관객처럼, 결코 오지 않을 궁극적인 계시적 돌파구를 기다리고 있다. "경험은 마치 영화처럼 상영되는 것이었다. 그것은 꺼림칙한 색깔 같은 것이었으며, 형태를 희망하는 것이었다. 운동이라는 환상에 결정을 내리는 것이었으며, 전구가 타들어 갈 때까지 기다리는 것이었다. 셀룰로이드가 검은 고리로 끓어올라 모든 것이 숨겨진 틈로 사라지자 하얀 화면에는 야유와 하얀빛만이 남는다." 토머스는 결코 이 열반, 이 무, "뇌의 너머와 아래"를 향한 이 접근을 경험하지 못할 것이다.

책의 페이지 저편에서 닐의 정신 상태로 추정되는 것이 일렁인다. 그것은 모든 표상에 저항하는 것이었다. 혹은 차라리 닐의 상태가 소설 안에서는 파악될 수 없다고 말해야겠다. 왜냐하면 그것이 정확히 어떤 것Something이 아니기 때문이다. 그러나 우리는 비트겐슈타인과 나란히 그것이 "아무것도 아닌 것Nothing은 아니다"라고 덧붙여야 한다. 오히려, 그에 "관해서 아무것도 말할 수 없는 것"이라고 해야겠다. 닐의 정신 상태 — 우리가 아직도 그렇게 부를 수 있다면 — 는 소설 전체가 잡고자 하지만 궁극적으로 잡을 수 없는 것이다. 닐의 정신 상태가 서사되는 것에 저항하기 때문이다. 비록 — 혹은 정확히는 이것 때문인데 — 『뉴로패스』 같은 오직 허구적 서사의 전개 속에서만 접근되고 지시될 수 있지만 말이다. 닐의 뇌 상태, 혹은 정신 상태는 표상될 수 없다. 왜냐하면, 그것은 스스로 표상을 치워버렸기 때문이다. 나는 이를 다소 문자 그대로의 의미에서 말하고 있다. 메칭거의 정통적 심리철학에 따르면 의식의 "내용"과 "운송 수단"을 모두 구성하는 "정신적 표상"은 더는 닐의 뇌 상태에 포함되지 않는다. 닐에게는 의식의 "만화" — 혹은 메칭거가 현상적 자아 모델PSM이라 부른 것 — 가 "더 이상 존재하지 않는 것이다."

심지어 닐은 사실상 **철학적 좀비**일 수도 있다. 모든 측면에서 의식적 인간처럼 행동하지만 (내적 상태에 대한 주관적 보고서를 작성하는 것을 포함해서) 사실은 내적 경험이 전혀 없는 존재다. 우리가 어떻게 알 수 있겠는가?

닐의 내적 상태에 관한 수수께끼 — 그것의 수행적 모순 — 는 합리적으로, 개념적으로, 또는 철학적으로 해결될 수 없다. 대신 수수께끼는 장르 소설의 관점에서, 그것을 자원으로 하여 다루어진다. 즉, 수수께끼가 서사 속에 의미 있게 통합될 수 없기 때문에, 대신 그것을 없애거나 이야기에서 지워버려야만 한다. 『뉴로패스』의 결말은 반드시 그렇게 끝나야 했던 것처럼, 닐의 죽음과 함께 끝난다. 닐은 자신의 최초 피해자 테오도로스 기게스에 의해 살해당한다. 필연적이고도 심오한 아이러니를 통해서일까, 기게스는 닐을 찾을 수 있었고, 닐을 인식할 수 없었음에도 불구하고 닐에게 복수할 수 있었다. 이 지점에서야 비로소 우리는 기게스가 안면인식장애를 겪고 있을 뿐만 아니라 척추지압사라고 알려진 성적 연쇄 살인범이라는 것을 알게 된다.

이 결말은 단지 자의적인 '데우스 엑스 마키나'가 아니다. 기게스의 뒷이야기가 핵심적인 것으로 밝혀지기 때문이다. 우리는 기게스가 (닐의 수술로 인해) 충동적으로 벌이는 강간 살인과 그가 여전히 간직하고 있는 종교적 감각력 사이의 모순에 사로잡혀 있다는 것을 알게 된다. 기게스는 자신의 행위의 원인에 접근할 수 없지만, 그럼에도 불구하고 자신의 행동에 대한 변명을 만들기 위해서 자신의 행동에 대한 이유를 스스로 부여해야 한다. 척추지압사는 자신의 행위를 스스로 정당화하기 위해 항상 피해자의 척수를 절단하는 것으로 시작한다. 척추지압사는 말한다. 이를 통해 비록 피해자들은 그들에게 무슨 일이 일어나고 있는지 "알고는 있지만, 느끼지는 못하지." — 혹은 소설의 개정판에서 말하듯, "그들은 내가 무엇을 하는지 느으으끼이이일 수 없지. 그건 죄가 아니라는 것이야? 그렇지?" 기게스는 자신이 피해자들을 진정으로 해치고 있지 않다고 믿고 싶어 한다. 피해자들이 어떤 신체적 고통도 겪지 않도록 신중을 가하기 때문이다. 척추지압사는 말한다. 척수가 절단되면, "영혼은 상자에 들어가 있는 것처럼 보존되고, 안전하게 보관되지." 기게스는 선포한다. "난 고깃덩어리를 망가뜨렸을 뿐이야." 그리고 고깃덩어리는 기게스에게 궁극적으로 아무런 중요성도 없다.

정확히 닐이 지향한 바대로 기게스는 논증A를 체화했으며, 그에 따라 산다. 자신은 인지할 수 없는 끝없는 악몽에 갇히고, 스스로 동의하지 않는 괴물 같은 행위를 계속하게 되어도, 그럼에도 기게스는 이 모든 것을 의미 있고 합리적으로 보이게 하는 우화를 만들어낸다. 이것은 피해자들에게 그들이 느낄 수 없는 공포를 알게 하도록 강요하는 방식으로 반복된다. 닐은 토머스를 꼭두각시 기계에 묶을 때 정반대의 행위를 한다. 토머스는 자신이 알 수 없는 것을 느끼도록 강요받기 때문이다. 논증A는 자기 이해에 대한 우리의 모든 허세, 사실상 모든 종류의 실증적 지식에 대한 우리의 모든 허상을 무너뜨린다. 인지는 망상적 작화증에 지나지 않는다. 또는 그것은 사후적 합리화에 지나지 않는다. 그런데 우리는 처참할 정도로 필사적으로 우리의 "만화" 환상에 집착하기 때문에 인지는 우리가 그것의 붕괴가 가져오는 완전한 파급력을 느끼게 되었을 때 비로소 붕괴할 수 있다. 토머스는 비인격적인 정동의 범람에 사로잡혔다.

토머스는 그렇게 갈망해본 적이 없었다. 마치 자신의 내부에서 균열이 생겨 갈라진 것 같았다. 심연의 손아귀에 끝없이 붙잡힌 것 같았다. 갑자기 신성으로 가득 차고, 통일성이 찢어지는 소리가 울려 퍼졌다. 핏자국처럼 자라나며 밀려오는 불안의 소용돌이로 인해 까맣게 타들어 갔다. 모세혈관 같은 발톱이 피부 안쪽에서 근육을 벗겨냈으며, 자기 앞에 있는 세계는 날개처럼 앞뒤로 펄럭이며 서로 다른 차원들을 드나들고 있었다….

이것은 의식의 과학적 환원이 일종의 맹렬한 신비주의, 부정의 길via negativa, 정신과 육체 양쪽의 고행으로 넘어가는 지점이다. 물론, 이 경험은 완전히 도구화된 경험이다. 그것은 저 너머의 무엇과도 상응하지 않으며, 스위치를 눌러서 켜거나 끌 수 있다. 그러나 이 백지화, 자아의 부재("느낌도, 감각도 없는" 그곳) 속에서 여전히 꿈틀거리는 무언가가 있다. "검정보다 어두운 동요가, 단순한 휘청거림"이 있었다.

5장
살인마처럼 생각하기

마이클 스완윅의 단편 소설 「야생 정신」(1998)은 스콧 베커의 『뉴로패스』보다 10년 일찍 발표되었는데도, 베커의 소설에 대한 응수처럼 보인다. 소설은 환원주의적 신경과학과 제거주의적 심리철학이 제기한 가장 어두운 의혹이 모두 진실로 밝혀진 세계에서 인간 의식의 모험이 계속해서 어떤 가치를 가진다면 그것이 무엇일지, 그 가치를 찾기 위해 분투한다. 스완윅은 최악의 경우를 고집한다. 그는 "인간 정신의 어두운 차원"이 숙청되고 말살된 세계를 상정한 후 그러한 차원을 긍정하기 위해 분투한다.

이 이야기는 과학에 의해 "인간 뇌의 작용"이 "궁극적으로 완전히 이해"된 가까운 미래를 배경으로 한다. 이야기는 이를 기정사실로 제시한다. 사람들은 이제 심리적인 모든 것이 단지 적절한 "화학적인 균형"을 유지하는 문제일 뿐이라는 것을 이해한다. 모두가 "감정의 구조적 기반을, 그리고 감정이 아드레날린으로 몸을 끓어오르게 하기 전에 감정을 지배하는 방법"을 배운다. 또한 모두가 "자아가 환상"임을 안다. "자신의 '자아'라고 잘못 여기는 단일한 통일된 에고는 회집기, 분류기, 기능적 일시성이 서로를 이야기하는 동화일 뿐이다."

그러한 세계에서, 제거주의 철학자들이 폄하하며 **통속심리학**이라고 치부하는 정신에 관한 오래된 상식적인 관점은 더는 필요하지 않다. 이 철학자들에 따르면 믿음, 욕망, 그리고 느낌 같은 것은 없다. 그런 것들은 그저 잘못 포착된 것이거나, 사후적 우화에 불과하다. 예를 들어, 사람들이 고통스럽다고 주장할 때, 사태의 진짜 사실은 그들의 C섬유가 자극을 받았다는 것이고, 그래서 그들이 이 자극을 불쾌하게 느낀다는 것이다. 좀 더 일반적으로 말하자면 폴 처칠랜드가 논하듯,

> 심리적 현상에 대한 우리의 상식적인 개념화는 아주 근본적으로 잘못된 이론을 구성하는데, 너무도 근본적으로 결함이 있어서 이론의 원리와 존재론 모두 부드럽게 환원되기보다는 오히려 완성된 신경과학에 의해 궁극적으로 대체될 것이다.

베커에게 그랬던 것처럼, 처칠랜드에게 우리의 정신 상태에 대한 우리의 내관적 보고서는 완전히 망상적이며, 그리고 근본적으로 잘못됐다. 정신에 관한 정확한 과학적 그림은 현대 물리학이 뉴턴 물리학을 특수한 경우에 적용되는 것으로 승화시키는 방식으로는 우리 자신에 대한 우리의 습관적인 그림을 승화시키지 않을 것이다. 오히려, 과학적 그림은 우리가 "통속심리학"을 완전히 거부하도록 강제할 것이고, 완전히 새로운 기반 위에서 뇌에 관한 이해를 구성하도록 강제할 것이다.

이 이야기 속 세계에서, 이 새로운 기반은 확실하게 확립되었고, 모든 사람이 이 기반을 받아들인다. 그 사례로, 이 이야기 속의 사람들은 자신들의 기분을 "몇몇 감정적인 상전벽해"가 "보이지 않는 깊은 수준에서 스스로를 조직하는 과정으로, 계획

자들이 새로운 개념 언어를 만들고, 선로와 구역들이 재배치되는 과정"으로 묘사한다. 사람들은 충분히 "통제"되지 않은 "감정적 일시성"을 표현할 때 사과한다. 자신과 다른 사람들의 행위에 관한 우화적 이유를 제공하는 대신, 그들은 이제 그런 행위를 산출해내는 현실적인 물리적 원인을 인용한다. 사람들은 "내 회집기와 분류기가 위계적 갈등에 빠졌습니다" 같은 식으로 말한다. 사람들은 자신의 "감정적 구성요소들"이 "새로운 패러다임 상태로 붕괴하는" 위협을 받는다는 것을 알게 되면서는 그다지 사랑에 빠지지 않는다.

신경과학의 혁명으로 인해 변화하는 것은 자기-지각만이 아니다. 다른 모든 것도 마찬가지로 변한다. 예를 들어, 전통적인 형식의 교육은 더는 필요하지 않다. "그냥 배우는 것"은 시간을 들이기에는 너무 "쉽다." 구상할 수 있는 모든 지식이나 기술은 뇌에 직접적인 전기화학적 자극을 주어서 빠르게 이식할 수 있다. "한 달 동안 기술적인 역량을 흡수하는 데 시간을 투자할 수 있다면 누구나 의사, 변호사, 물리학자가 될 수 있다." "배움 자체를 위해" 배운다는 개념은 더 이상 없으며, 정규 교육도 취직 요구 사항이 아니다. 대신, "대부분의 기업은 현재 기업에 필요한 기준이 무엇이든, 그저 그것에 맞춰 기업에서 자체적으로 직원을 교육한다."

당신은 그러한 발전이 적어도 사람들의 사회적, 경제적 기회를 평등하게 만들 것으로 생각할지도 모른다. 결국, 재능이 부족하다거나, 훈련이 충분하지 않다거나, 혹은 어린 시절의 박탈감을 이유로 누구도 도태되지 않아도 될 것이다. 누구나 다른 모두와 마찬가지로 동일한 작업을 수행하는 법을 배울 수 있다. 뇌에 관한 완전하고 명료한 이해는―적어도 원리상―이탈리아 자율주의자들이 말하는 일반 지성의 발현과 완전한 실현으로 이어져야 한다. 포스트포드주의 시대에 널리 분산된 일반 지성, 사회적 지식, 혹은 집합적 지성은 "주요 생산력"으로서의 노동력을 대체한다. 그것은 또한 "인간 정신의 모든 행위 속에서 같은 지성이 작용하고 있다"는 자크 랑시에르의 평등에 관한 공리를 궁극적으로 실현해야 한다.

그러나 스완윅의 이야기는 사태가 이렇게 돌아갈 만큼 유토피아적인 것이 아니다. 새로운 과학은 해방적이지 않으며, 사회적 평등의 성공적인 실현으로 이어지지도 않는다. 오히려 새로운 과학은 위계질서를 강화하고 기업의 통제력을 강화하는 데 효과적이다. 오늘날 이것은 너무도 익숙한 패턴이다. 새로운 기술은―지난 수십 년간 계산과 통신 분야에서 일어난 급진적인 진보가 그랬듯이―실제로 우리에게 해방을 위한 새로운 가능태를 제공한다. 그러나 그것의 현실적 결과는 대체로 기업과 정부의 권력을 키워주는 것이었다. 트럭 운전부터 고객 서비스, 수학적 증명 생산에 이르기까지 일자리 자동화를 약속하는 오늘날의 "제2의 기계 시대"도 마찬가지다. 이러한 발명품들은 보편적 풍요로움과 가벼운 직장 생활의 세계를 가져올 수도 있다. 그러나 그 대신 소수의 부를 증진하는 데 사용될 가능성이 훨씬 높으며, 그럴 때는 점점 더 많은 사람이 실직하고 빈곤해질 것이다.

같은 것이 「야생 정신」의 세계에도 적용된다. 완성된 신경과학을 도구로 이용할 수 있게 되면서, 기업들은 누구를 어떤 조건에서 고용할 것인지에 관해 훨씬 더 무자비하게 예민하다. 직원들의 능력 부족을 더는 걱정할 필요가 없기에, 기업은 그 어느 때보다도 더 자유롭다. 지식, 기술, 그리고 훈련의 비용이 (다른 생산 요인에 대한 비용이 그러하듯이) 절감되면서 이윤을 창출할 새로운 기회로 이어졌다. 맑스는 자본주의에서 노동 비용을 절하하는 과정이 이윤율의 경향적 하락에 의해 제한된다고 주장한다. 생산성이 향상하며 이전까지 희소 상품이었던 것이 싸고 풍부해짐에 따라 가격은 하락하고 이윤 폭은 점점 (0을 향해서) 작아진다. 그런데 맑스가 지적하듯 이러한 경향은 여러 "반작용 요인"에 의해 상쇄될 수 있다. 실제로, 근대의 자본주의 기업들은 그런 결과를 무한정으로 늦출 수 있는 갖가지 방법을 찾아냈다. 가장 주목할 만한 점은 기업들이 그들 자신의 풍부한 생산과 마주하면서도 희소성과 긴축을 재차 도입하는 데 성공했다는 것이다.

그리하여 「야생 정신」의 세계에서 노동자들 간의 경쟁이 그 어느 때보다 치열해진다. "지식이 너무 저렴해져서, 노동자들이 판매할 수 있는 것은 자신의 품성뿐이었다. 그 품성이란 자신의 성실함, 분별력, 일에 대한 의욕, 그리고 감상을 결여한 냉

철함이었다." 고용이 더는 역량 격차의 문제가 아니게 되면서, 더 더욱 적절한 품성이 문제가 된다. 직원들은 뤽 볼탕스키와 이브 치아펠로가 "자본주의의 새로운 정신"이라고 부르는 것이 요구하는 특수한 인격적 특징을 가지고 있어야 한다. 노동자들은 열정적이고, 유연하며, 명령에 순응적이어야 하고, "책임감을 가질" 의지까지 모두 갖추고 있어야 한다. 특히, "일에 대한 의욕"은 너무 강해서 과업을 남김없이 처리할 정도여야 하며, 맡은 일에 하루 24시간, 1주 7일 내내 헌신할 수 있어야 한다. 노동자들이 "성실함"과 "분별력"을 가지고 있다는 것은 그들이 결코 자신의 이익 — 혹은 다른 집단이나 다른 누군가의 이익 — 을 일과 기업보다 우선시하지 않으리라는 것을 의미한다. 이와 동시에, 노동자들은 주어진 명령에 결코 의문을 제기하지 않을 정도로 충분히 "냉철"해야 한다. 그리고 노동자들의 "감상 결여"는 그들이 고용의 불안정성을 완전히 받아들였다는 것을 의미한다. 또한 일단 자신에게 주어진 프로젝트가 완성되면, 충성심의 방향을 완전히 바꿀 수 있어야만 한다. 그래야만 이전의 프로젝트에 대해 가졌던 것과 동일한 정도의 열정으로, 후회나 향수를 티끌만큼도 느끼지 않으면서 쉽게 새로운 프로젝트로 옮겨갈 수 있다.

그러므로 「야생 정신」에서 뇌 과학의 완성은 정신이 "야생적"으로 남아 있지 않고 섬세하게 배양된 사람들을 쉽게 만들어 낼 수 있게 한다. 기업이 요구하는 품성과 특징은 쉽게 이식될 수 있다.

거미줄처럼 얇은 선 12개와 핀의 머리만 한 신경 매개체가 누구든 원하는 만큼 단련되고 검소하게 만들 수 있다는 사실이 밝혀졌다. 50센트어치의 재료들, 그리고 수술대에서의 한 시간이면, 누구든지 어떤 고용주라도 고용하고 싶을 만큼 탁월해질 수 있다.

이 과정은 **최적화**라 불린다. 이는 간단한 "외래환자 수술"을 통해 이루어진다. "콩팥을 다시 자라게 하는 것보다 복잡하지 않다." 물론, 콩팥을 다시 자라게 하는 것은 지금은 불가능하다. 그러나 이 미래 세계에서 기관의 재생은 간단한 문제인 것처럼 보인다. 지난 세기에 걸친 의학의 발전은 엄청난 것이었다. 우리는 이러한 발전이 계속될 것이라는 점을 의심할 이유가 없으며, 심장, 신장, 그리고 다른 장기들을 고치는 데 그렇게 잘 작용하는 방법들이 뇌를 조작하는 데에도 효과가 있으리라는 점을 의심할 이유가 없다.

이야기의 세계에서, 심지어 최적화되지 않은 사람들조차도 "통속심리학"이 거짓되고 신빙성이 없는 이론이며, 그들 자신의 정신에 관한 그들의 직관은 스콧 베커가 말하는 "내측 부주의의 인공품"에 불과하다는 것을 안다. 의식이 의식을 발생시키는 바로 그 과정을 추적할 수 없는 것이다. 그런데 최적화된 사람들은 이 "인공품"을 더는 전혀 경험하지 않는다. 최적화는 애초에 통속심리학을 생성시키는 자아성의 환상을 사실상 제거해

버린다.

즉, 최적화는 자신의 정신적 과정에 관한 완전한 통찰을 제공한다. 베커의 소설에서, 이 최적화는 닐 캐시디가 얻은 극단적인 상태였다. 스완윅의 이야기에서, 그런 통찰은 훨씬 쉽게 얻어진다. 일단 최적화되고 나면, "자기 자신에게 절대로 거짓말을 할 수 없게" 된다. 그리고 그런 한에서 "사고의 절대적인 명석함"을 갖게 된다. 최적화되고 나면 "합리적 담론"에 현실적으로 임할 수 있으며, 이 최적화된 정신은 논쟁에서 "이기는 것에만 관심"을 가지고 확증편향에 시달리는 최적화되지 않은 "야생 정신"과는 뚜렷한 대조를 이룬다. 최적화를 통해 "편견과 미신으로부터의 해방," 그리고 "감정의 횡포로부터의 해방"과 함께 "자발적 기능에 대한 통제권"을 얻게 된다. 또한, "통증 차단 능력"과 "신속 재생 능력"을 갖추게 되면서, 우리에게 상처를 경고하기 위해 진화했던 통증 신호 — 혹은 C섬유 자극 — 를 대체하고 상처를 치유한다.

따라서 최적화는 기업이 완벽한 직원을 확보할 수 있게 해준다. 충성심들이 서로 간에 충돌할 가능성은 걱정할 것이 못된다. 최적화는 감정을 직접적으로 통제하게 해줄 뿐만 아니라, 연민과 배려 같은 과거의 유대를 해체한다. 종교적 믿음은 "가장 먼저 사라져야 할 것"이다. 종교의 망상적이고 보상적인 성질은 너무도 자명해진다. 최적화된 정신에 그런 것은 필요하지 않다. 가족적 유대, 그리고 다른 부류의 공감 능력이 바로 종교적 믿음의 뒤를 따르고, 그다음 순서로서 미적 정념이 빠르게 사라진다. 그런 것들은 환상으로부터-자유로운 정신에 의해 모두 거부되었다. 서술자가 말하듯, 아내가 최적화되었을 때,

> 아내는 [저녁 6시에] 집에 돌아와도 여전히 업무를 보고 있었다. 7시, 아내는 신과 기도, 그리고 가톨릭교회를 꿰뚫어 보았다. 8시, 아내는 아이를 가지는 것에 관한 생각과 함께 평생을 사랑해온 음악을 버렸다. 9시, 아내는 나보다 훨씬 성숙했다.

최적화된 정신에 관한 스완윅의 묘사는 마치 리처드 도킨스, 샘 해리스, 그리고 이후 크리스토퍼 히친스 같은 흔히 말하는 현대의 새로운 무신론자들의 이상을 그들이 등장하기에 앞서 패러디하고 있는 것 같다. 이 사상가들은 자신들을 "깨어있는 자"bright로 묘사하기를 좋아한다. 이는 그들이 자신들을 완전히 합리적이고, 논리적이며, 환상으로부터 자유로운 인간으로 간주한다는 것을 의미하는 것 같다 — 표면적으로 몽매한 집단처럼 보이는 대중과는 날카로운 대조를 이룬다. 종교를 향한 그들의 공격은 너무도 거칠고 거창해서, 그들이 종교적인 믿음의 정동적 기반이나 "통속심리학"의 다른 특징들에 관해서 전혀 이해하지 못하고 있다는 느낌을 줄 정도이다. 그들은 틀렸음을 자신있게 아는 것을 무참히 묵살해 버린다. 새로운 무신론자들

이 잘난 체하며 자화자찬하는 것은 이야기 속에서 최적화된 사람들이 공유하는 성질이기도 하다. 서술자가 최적화된 지인에게 미사에 함께 가자고 말하자, 그녀는 "내가 이상한 곳에 초대하기라도 한 것처럼 똥 씹은 표정으로 나를 보았다. 그러고 나선 깔깔댔다. '저보고 식인이라도 하라고요?'"

이와 같은 발언은 그 자체로 말해주는 바가 있다. 후에 발언자가 "이루말할 수 없이 무례"했던 것에 대해 용서를 구하며 발언을 철회하지만 말이다.

비록 최적화는 원리적으로 모든 사람이 이용할 수 있는 간단한 절차이지만, 오직 소수의 사람만이 실제로 최적화되기로 선택한다. "표준화 및 습관화 사무국"은 "최적화에 참여하는 사람이 적은 것을 우려했다." 이는 최적화가 처음 발명된 시기로 거슬러 올라간다.

야망에 찬 사람들은 마치 최적화가 즉시 하늘까지 올려줄 수 있는 동아줄인 것처럼 최적화에 매달렸다. 실천적인 관점에서 볼 때, 최적화는 확실히 그런 것이었다. 신경 매개체를 얻는 것은 하버드 대학 학위를 받는 것이나 다름없었다. 그리고 — 최적화는 새로운 것이었고 대부분의 사람이 그것을 두려워했기 때문에 — 최적화는 새로운 엘리트 계층을 만들어냈다.

스스로 최적화한 사람들과 그렇지 않은 사람들 사이에는 뚜렷한 계층적 차이가 있다. 평범하고 최적화되지 않은 사람들은 노동자 계급의 사람들이다. 최적화되지 않은 상태에서 당신은 그리 위로 가지 못한다. 왜냐하면 "자신이 완전하게 이해하지 못한 힘에 지속적으로 좌우되기 때문"이며, 당신이 아는 당신의 뇌 상태는 단지 물리적으로 우발적인 것일 뿐, 정작 그것의 현실적인 인과적 세부사항은 당신에게 알려지지 않은 것으로 남기 때문이다. 경제적 경쟁의 신자유주의적 경주에서 최적화되지 않은 사람은 낙오자이다. 오늘날의 대학을 졸업하지 않은 사람들처럼, 그들은 보통 좋은 직업을 얻을 수 없다. 그리고 그들은 서술자의 집이 있는 곳이기도 한 글래스고 같은 곳에서 사는 경향이 있다. 이 도시의 "논리는 본질적으로 중세적이다. 도로는 마구잡이로 늘어나 거친 격자무늬를 이루었고, 이제는 대체로 편도 교통에만 적합할 정도로 좁아졌다." 간단히 말해서, 최적화되지 않은 지역은 황폐하고 불안하며 불편하다. 그곳은 재개발된 적이 없다.

오래된 장소들 ⋯ 지저분한 바와 거리 모퉁이에 있는 술집, 허름한 남자들이 종이 가방에 위스키를 욱여넣은 채로 고꾸라져 있는 구석, 노부인들이 거리를 감시하는 발코니.

반면에 최적화된 "새로운 사람들"은 "악취로 가득한 시설과 인간의 오물"을 "불안해한다." 그들은 그런 "원시적 불결함"을 가능한 한 피하고, 수술을 받지 않은 "낡아빠진 사람들"과 가능한 한 떨어지기 위해 할 수 있는 모든 것을 한다. 사실상, 최적화된 사람들은 잠재적으로 새로운 종이다. 그들은 더 이상 자신들이 "인간이라고 주장하지 않는다." 그들은 혼란의 시기 속에서 특이점을 포용하고 돌아올 수 없는 강을 건넜다. 이 단절에도 불구하고, 그들은 여전히 지나치게 인간적인 것으로 남아있는 이 사회에 자신들은 없어서는 안 되는 존재들이라고 확신한다. "세상이 얼마나 복잡해졌는지 알기나 해요? 증강되지 않은 정신을 가지곤 세상을 돌아가게 만들 수 없어요."

오늘날의 여피족이나 기업가와 마찬가지로, 이야기 속 최적화된 사람들은 티끌 하나 없이 깨끗한 거리, 반사적인 표면, 매끈한 모더니즘 건축물을 가치 있는 것으로 여긴다. 그들의 세계 속 모든 것이 "밝고 빠르다." 그것은 "공기가 노래한다"라고 말할 정도로 너무도 완벽하게 연결되어 있다. 그들은 "반짝이는 평면과 불확실한 표면을 가진⋯ 정신적인 최적화 없이는 설계될 수 없는 텐센그리시티tensengricity와 상호작용적 필름으로 구성된 건물"에 산다. 텐센그리시티라는 단어는 사전에 없는 것 같다. 나는 텐세그리티tensegrity의 변형이라고 가정하겠다. 텐세그리티는 소재들을 가지고 강한 장력을 통해 조심스럽게 설계하여 안정화된 건축물을 묘사하기 위해 버크민스터 풀러가 발명한 단어이다. 최적화된 사람들은 일절의 낭비 없이 역동성과 안정성을 동시에 요구하는 것처럼 보인다. 또한 자신들의 변덕에 완벽하고 확실하게 대응하는 "상호작용적" 환경을 기대한다.

　「야생 정신」의 서술자인 톰은 이런 사회에서 아웃사이더 outlier이다. 톰은 분명히 일종의 사업가이고, 복잡한 "출장 일정"을 가진 "판매원"이다. 그런데 톰의 부유함과 계급적 지위에도 불구하고, 톰은 "최적화를 받아들이지 않는다." 톰의 저항이 이야기의 주요 요지이다. 「야생 정신」에서 톰은 "인적자원" 관리자이자 "기업 채용담당자"인 헬렌과 함께 보낸 밤에 관해서 이야기한다. 헬렌은 신기술의 선봉자이다. 헬렌은 톰이 최적화 절차를 밟도록 설득하려 했지만, 톰은 거절한다. 이야기의 마지막에 가면 그녀는 떠난다. 이야기 전개에서 실제로 일어나는 일은 거의 없다. 하지만 톰은 자신의 과거를 반성해보고, 무엇이 자신을 그 지경에 이르게 했는지를 들려준다.

　톰은 "런던 사업가 성교 파티"에서 헬렌을 만났다. 이 파티에 대한 설명은 짧고 본격적이라고 할 만한 내용은 제시되지 않는다. 그럼에도 불구하고 이 파티 자체가 하나의 중요 세부사항이다. 이 행사는 모든 회사 간부의 일정에서 빼놓을 수 없는 기본적인 부분이다. 파티는 참여자가 요구 사항에 부합하는 정신건강을 가졌는지 확인하기 위해 세밀하게 감시된다. 톰의 말에 따르면, 로봇 "문지기"는 "내가 성중독 대본을 실행에 옮기지 않고, 전뇌와 후뇌의 균형을 적절하게 유지하는 것을 확인할" 때까지 파티에 들이지 않았다고 한다. 따라서 파티는 관련된 모든 사람에게 치료적 방출로서 작용한다. 파티는 감정적인 헌신을 요구하지 않으면서 성욕을 탐닉할 수 있게 해준다. 그렇다면 놀랍지 않게도 이 파티는 광란적인 것이 아니라 전적으로 예의를 지키는 점잖은 것이며, 상당히 절제되어 있다. "조명은 흐릿한 질감을 내며 때때로 반사되었다. 부드러운 손길이 내 옷을 벗겼다." 사람들은 "조용히" 이름을 말했다. 얼마 후, 톰은 단지 "시간이 지났다"고만 언급한다.

톰이 헬렌을 처음 알아차린 것은 "헬렌이 아름다웠기 때문이 아니라 — 누가 최초의 한 시간이 지난 후에, 아름다움에 주의를 기울이겠는가? — 헬렌이 방출하는 데 너무 오래 걸렸기 때문이었다." 이는 이상하게 역기능적인 것처럼 보인다. 톰은 일거에 헬렌이 최적화되었음을 깨닫는다. 또한 톰은 "그녀는 감정을 잘 드러내지 않는 싸늘한 스칸디나비아 사람의 특징을 가지고 있었다"고 말한다. 그런데 헬렌은 "신경 매개체 상태가 이상해져서" 최적화를 벗어나기 힘들며, 강제로 "오프라인" 상태로 만들 수밖에 없었다고 톰에게 설명한다. 또한 헬렌은 "업그레이드"를 받으려면 며칠을 기다려야 했다. 한편, 헬렌은 자제력을 잃고 감정적으로 변하는 것을 멈출 수 없었다. 헬렌은 이를 매우 부끄럽게 여겼다. 그녀는 말했다. "매개체 없이 기능하는 것에 익숙하지 않습니다."

헬렌은 — 하필이면 매개체가 기능하지 않을 때이기에 더욱더 — 자기 아이들을 만나러 가야 하는 번거로운 일을 걱정하고도 있다. 헬렌은 아이들을 만나기를 원하지 않으며, 헬렌에 따르면 아이들 또한 만남을 원하지 않는다. 사람들이 최적화될 때, 그들은 종교적 믿음을 거부하는 방식과 똑같은 방식을 가지고 아이를 갖기를 거부하는 경향이 있다. 일단 여러 환상이 사라지고, 어떤 노력과 희생이 요구될지가 분명히 보이게 되면, 아이를 갖는다는 발상은 호소력을 잃는다. 최적화된 사람들이 아이를 갖는 것에 동의하게 하는 유일한 방법은 신고전주의 경제학자들이 인센티브라고 부르는 것을 그들에게 제공하는 것이다.

최적화된 사람들이 아이를 낳지 않는다는 사실이 밝혀지면서, 그들은 아이를 가진 사람들에게 엄청난 직업 우선권을 주는 규정을 만들었다.

그래서 헬렌은 특별히 아이를 원하지는 않지만, 아이를 갖기로 한다. 헬렌은 그녀의 번거로움에 대한 보상을 받는다. 그것은 간단한 경제적 계산의 문제이다. 최적화되지 않은 인간은 그렇지 않은 반면에, 최적화된 사람은 합리적인 선택 이론의 지시대로 기능하는 것처럼 보인다. 헬렌은 아이들이 올바른 지위와 올바른 기회를 가질 수 있도록 "8살 때 아이들을 완벽하게 최적화해주는 스털링 인터내셔널과 계약을 체결했다." 그리고 — 더 많은 인센티브다! — 헬렌은 톰에게 알려준다.

한 달에 적어도 두 번 아이들을 보지 않으면 심각한 벌금을 내야 합니다. 올해 들어 벌써 세 번이나 벌금을 내야 했는데, 솔직히 말해서 제 은행 계좌가 그걸 버틸 수 없어요.

이를 들으며 톰은 헬렌이 "나쁜 엄마"라고 생각한다. 그러나 헬렌은 톰의 판단을 개의치 않는다. 헬렌에게 그것은 단지 톰이 얼마나 구식의 인간인지를 보여주는 또 다른 징표였을 뿐이었다.

헬렌은 톰이 왜 지금까지 최적화하지 않았는지 이해할 수 없다. 헬렌이 말한다. "당신은 충분히 지적인 남자처럼 보이는데, 왜 뇌의 작용에 관해 과학이 밝혀낸 것을 거부하죠?" 톰은 그녀에게 가톨릭교회에서 "〔최적화를〕 대죄로 간주"하는데 이는 파티 참석 정도의 일과는 전혀 다른 방식으로 문제가 된다고 말한다. "성찬식에 참석하기 전에 고해하러 가는 한" 후자는 가능하다. 그런데 최적화는 도리를 벗어난다. 톰은 "자아"라는 개념이 처음부터 환상일 뿐이라는 것을 인정하면서도 헬렌에게 "자신을 잃는 것이 두렵다"고 말한다. 헬렌은 이런 톰의 반박에 설득되지 않는다. 헬렌은 톰에게 말한다. "저는 모호한 것을 좋아하지 않습니다. 그건 오래된 세계의 인위적인 산물일 뿐이니까요." 반면, 톰은 헬렌의 최적화된 통찰력에 관해 "그녀는 전혀 이해하지 못했다"고 결론을 내릴 수밖에 없었다.

헬렌은 톰이 최적화를 받도록 설득하기 위해 열심히 애쓴다. 톰이 느끼기에 헬렌은 "말이 매끄럽고, 정제되어 있었다." 그렇기에 톰은 헬렌이 그런 말들을 정석적인 모집 연설에 사용해온 것이라고 인식할 수 있었다. 마지막으로, 헬렌은 톰에게 "원형 모집 기계"를 사용해보도록 제안한다. "자기공명 시뮬라크르"를 통해, 그것은 "15초 동안…최적화되는 느낌이 어떠한 것인지"를 보여준다. 즉, 최적화가 내부에서 어떠한 것인지를 느끼게 해준다. 헬렌은 15초가 지나면 이전의 정신 상태로 돌아갈 것이라는 점을 약속한다. 헬렌은 이 경험을 통한 시연이 최적화에 "두려워할 것은 아무것도 없다"는 점을 톰에게 납득시킬 것이라고 확신한다.

톰은 헬렌의 제안을 수락한다. 그러나 톰은 헬렌에게 제안을 수락하는 대신 일요일 아침 미사에 동행할 것을 부탁한다. 만약 자신이 그녀의 존재 양태를 짧게나마 경험한다면, 그녀 또한 그녀 자신은 거부하지만 톰 자신은 집착하는 종교적 경험의 감각을 느껴보기를 원한다. 톰은 이미 헬렌에게 자신이 명상을 한다고 말했다. 헬렌은 헬렌답게 "최적화된다면 명상은 필요 없을 것"이라고 대답한다. 그가 추구하는 마음의 평화는 그저 자동으로 찾아올 것이다. 헬렌은 묻는다. "명상 속에서 어떤 걸 보죠?" 톰은 대답한다. "때로는 평안을, 아니면 고통을 봅니다." 최적화는 아마도 후자를 완전히 제거해서 모호성을 해결할 수 있을 것이다. 그러나 당연하게도, 톰의 관점에서 볼 때는 바로 그 점이 최적화의 문제이다.

톰은 명상을 위한 "초점"으로서 애드 라인하르트의 그림 복제품을 사용한다. 톰이 가진 그림 복사본은 "인간의 기술이 할 수 있는 최대한의 정확성을 발휘하여 복제된 것이다. 인간의 지각이 식별할 수 있는 것보다 더 정확한" 것이다. 이 그림은 〈T.M.을 위하여〉라고 불린다. 그것은 1957년에 그려진 추상표현주의 작품이며, 라인하르트의 "검은 그림" 중 하나이다.

처음에는 한결같이 색이 없어 보인다. 검은 색상 속의 오묘한 차이, 그 두꺼운 십자가가 빛이 없는 작은 우주를 사 등분 하고 지배하고 있는 것을 보기 위해서는 한동안 그림을 응시하고 있어야 한다. 라인하르트는 수도승이었던 토머스 머튼을 위해 그림을 그렸다.

그림은 수수하고 감산적인 작품이다. 라인하르트는 그림에서 가능한 한 많은 것을 제거하려고 했다. 전경-배경 관계가 여전히 존재하지만 거의 알아차릴 수 없다. 질감, 색상, 빛과 같은 시각적 이미지의 다른 일반적 성질은 완전히 배제된다.

톰은 또한 [스코틀랜드 건축가이자 디자이너인] 찰스 레니 매킨토시 의자를 가지고 있다는 것을 자랑스럽게 여긴다. 톰은 의자가 "그의 지시에 따라 만들어진 원본"이라고 말한다. 다른 말로 하자면, 의자 또한 복제품이다. 그러나 그림의 경우와 마찬가지로 의자의 경우에도 실제 원본과 다른 점을 인간의 지각으로 구별하기에는 너무 오묘하다. 톰은 그림 맞은편에 의자를 놓는다.

"한쪽에 앉아 다른 한곳을 응시하고는 해요." 톰은 계속해서 말한다. "구별성, 본래성, 이중성에 관해 생각해보면서 말입니다."

라인하르트 그림의 환원주의적 수수함과 매킨토시 의자의 장식적인 아르누보 감성은 모두 새롭고 최적화된 사람들의 "밝고 빠른" 미학과는 상충한다. 그림은 최적화 과정만큼 극단적이고 환원적이다. 그러나 그림의 음침한 부정성은 반대 방향으로 나아가며, 활기찬 표면 대신 어두운 "깊이"를 제공한다. "직선형 등받이" 의자는 최적화된 사람들이 훌쩍 뛰어넘어버린 그 비율, 즉 인간의 신체에 적합한 비율로 제작되었다.

톰은 자신의 가치를 완전히 확신하지 못한다. 그리고 그 불확신은 이 예술 작품들에서 나타난다. 만약 최적화되지 않았다면, 의심에서 벗어날 수는 없다. 톰은 자신의 복고적 근대주의 미학이 사실 의심을 해결하려고 하기보다는 그것에 집착함을 의미한다는 것을 알고 있다. 다른 방법이 있을까? 어느 날 저녁 무렵, 톰이 말한다. "경작된 들판과 늑대가 출몰하는 숲 사이에 있는 불가사의한 땅 위에 서서, 둘 중 하나를 선택할 수 없는 야생아가 된 것만 같았다." 비록 거부하지만, 톰은 헬렌의 논증에 유혹된다. 그리고 톰은 헬렌 자체에게도 끌린다. 아마도 "그녀가 전 부인 소피아를 떠올리게 하기" 때문일 것이다.

헬렌이 제안한 시뮬레이션 장치를 사용함으로써, 톰은 자신이 두려워하는 관점을 가져본다. 최적화는 톰의 이전 취향, 가치, 그리고 선호와 완전히 어긋나는 것일 수 있다. 그러나 톰은 최소한 짧게나마 체험해 보지 않는 한 자신이 도대체 무엇을 거절하고 있는 것인지는 정말로 알 수 없다는 헬렌의 주장을 받아들인다. 정신적 명석함은 그림이나 의자의 경우와 마찬가지로 완전하고 강력하게 시뮬레이트될 수 있다.

헬렌의 장치를 사용한 결과는 거의 기적과도 같은 것이었다. 톰이 말하길,

> 그것은 마치 엄청난 짐을 떨쳐버린 것만 같았다. 나 자신이 정리된 것처럼 느껴졌다. 맥박은 빨라졌고 나는 내 아파트의 냄새를 음미하면서 숨을 깊이 들이마셨다. 그것들은 내가 무시하거나 억압했던 정보, 단조와 장조로 된 교향곡이었다⋯.
> 경험은 환상적이었다. 마치 산꼭대기에 서서 가늘고 서늘한 바람을 맞는 것처럼. 마치 새벽에 벌거벗고 얼음처럼 차가운 호수에 뛰어든 것처럼. 나는 눈을 감고 내 존재를 채워주는 축복 같은 명석함을 음미했다.
> 내가 기억할 수 있는 한 처음으로, 나는 딱 괜찮다고 느꼈다.

그리고 이것 자체가 문제이다. 톰은 괜찮다고 느끼길 원하지 않는다. 톰은 자신이 그렇게 느낄 자격이 없다고 믿는다. 정확히 이것이 톰이 최적화를 싫어하는 이유이다. 이 지점에서야 톰은 자신의 뒷이야기를 들려주며, 기술을 거부하는 이유(원인이 아닌)를 설명한다. 톰이 아내를 살해했다는 것이 밝혀진다. 그들

부부는 오랫동안 다투어 왔었다. "우리는 매일 같이 밤이면 밤마다 때론 물건도 부수어가면서 서로에게 소리를 질러댔어요." 그런데 결정적인 계기는 톰의 반대에도 불구하고 소피아가 기어코 최적화를 받았을 때 일어났다. 톰은 혐오와 분노에 차 소피아를 살해했다.

톰은 자신의 행위에 대한 상황 맥락에 관해서 이것밖에 말하지 않는다. 그러나 톰의 죄의식은 그의 성격의 근본을 이룬다. 그래서 톰은 최적화로 얻을 수 있는 가벼움과 평화의 느낌에 경악한다. 그리고 톰은 소피아 또한 "최적화가 이런 것인 줄 알았다면 결코 최적화를 받지 않았을" 것이라고 확신한다. 만약 소피아가 알았더라면, 그녀는 이런 것을 받지 않았을 것이고, 만약 그녀가 이런 것을 받지 않았다면, 톰은 결코 그녀를 죽이지 않았을 것이고, 소피아는 "지금 나와 함께 여기 있을" 터였다. 문제는 일단 최적화라는 문턱을 지나가면, 이전의 그러했던 나로 되돌아갈 수 없다는 것이다. 일단 최적화 상태를 성취하게 되면, 나는 더 이상 그것을 싫어하고 거절할 내가 아니다.

최적화되면 (니체가 말한 바와 같이, 그리고 베커의 『뉴로패스』 속 논증A와 같이) "자유의지" 같은 건 없다는 것을 깨닫게 되고, 따라서 책임도 없다는 것을 깨닫게 된다. 이 점을 단지 추상적으로만 생각하는 것이 아니다. 이것이 참이라는 것을 아는 것이다. 15초 동안의 시뮬레이션을 통해 톰은 다음과 같은 자신을 발견한다.

어떤 것도 후회하지 않는다. 내 잘못이 아니라는 것을 안다. 아무것도 내 잘못이 아니었고, 만약 그랬다면 나 또한 괴롭지 않았을 것이다. 만일 누군가에게서 내가 자연사하고 5초 후에 인류 전체가 죽는다는 말을 듣는다면, 마치 자연 다큐멘터리를 보는 것처럼, 나는 그게 막연하게 흥미로울 뿐일 것이다. 그러나 그것이 나를 곤란하게 만들지는 않을 것이다.

뇌에 관한 완전한 이해는 작인이나 책임의 관념뿐만 아니라 죄의식, 범죄, 처벌에 대한 전통적인 개념도 무관하게 만든다. 톰은 또한 살인 사건 이후를 회상하는데,

신경분석가들로 구성된 위원회가 잘못된 전이 기능을 근거로 무죄임을 밝혀냈고, 사소한 화학적 조절과 이틀간의 분노 조절 기술 교육 과정 끝에 편견에 찬 눈초리를 받지 않고 풀려났다.

그의 범죄에 관한 이러한 합리적인 이해는 톰을 절망에 빠뜨렸고, "종교의 위로"를 절실히 찾게 했다. 톰은 자신이 과거에는 말로만 지지했던 가톨릭 정체성을 포용한다. "교회는 내가 죄를 지었다고 말하거든요. 죄를 지었으므로 회개하고 고해하고 속죄해야 한다고." "참된 회개를 행하였으니" 그는 이제 "하나님이 나를 용서해 주셨다"고 믿는다. 그런데 그는 스스로 자신을 용

서할 수는 없었다. 톰은 말한다. 이것이 "내가 절대 최적화를 받지 않는 이유입니다." "실리콘 도프된 바이오칩이 소피아의 죽음을 단순히 운이 안 좋았을 뿐인 신경화학적 사고로 받아들이게 할 수 있다는 생각에 속이 뒤집히거든요." 최적화는 톰을 자신이 혐오하는 상황에 놓이게 할 뿐만이 아니다. 더 이상 혐오감을 느낄 수 없게 만드는 것이다.

그래서 톰은 새로운 뇌 최적화 사회 속에서 양심적 거부자로 살아간다. 아니면, 어쩌면 동어 반복일지도 모르지만, 톰은 아이러니스트ironist이다. 톰은 모호함을 거부하기보다는 그것과 함께 살아가기를 원한다. 톰은 "인간답게 있는 것"이 더는 "본질적인 것"이 아님을 인정한다. 그런데도 그는 "어쩌면 향수를 느끼기 때문에, 혹은 어쩌면, 어쩌면 그것이 진실한 가치를 담고 있기 때문에 인간의 조건에 집착"한다.

이것은 구시대적이고 퇴행적인 휴머니즘에 지나지 않을까? 「야생 정신」은 "포스트휴먼"에 대항해서 "인간"을 옹호하며 미묘한 뉘앙스와 아이러니로 점철된 이야기로 작용한다. 이 이야기가 인간의 조건에 관한 영원불변한 진리를 흔한 거만하고 고상한 말로 설파했다면, 조금도 설득력이 없었을 것이다. 톰은 인간의 조건을 들먹이는 것이 아닌 소피아를 죽였다는 이유에서 우리의 동정을 구한다. 톰이 최적화에 반대하는 근원적 이유는 최적화에 일종의 결함이 있다는 것이 아니라, 오히려 결함이 없다는 것이다.

스완윅은 전통적인 휴머니즘적 논증을 가능한 한 어렵게 만든다 — 자신뿐만 아니라 우리에게도 말이다. 톰이 자신의 "향수"를 신경 쓰기는 하지만, 그는 과학과 기술이 사실상 인간의 정신에 관해 알아야 할 모든 것을 알 수 있고 동원할 수 있다는 전제에는 결코 이의를 제기하지 않는다. 우리가 본질적인 내적 존재와 영혼으로 가정하는 것에 호소하는 행위는 우리의 뇌가 작용하는 실제 방식에 관한 끊임없이 가속하는 과학적 발견을 약화하기는커녕 심지어 일시적으로도 지연시킬 수 없다. 사고의 물질적(생화학적 또는 신경학적) 기반 너머에는 아무것도 없다. 이런 식으로 「야생 정신」은 인간 의식에 관한 수축주의적 설명의 모든 함의를 인정함으로써 베커의 이의 제기에 (미리) 응수한다. 이야기는 환원주의적 신경과학과 제거주의적 심리철학이 정확히 휴머니즘 속에서 발견할 수 있는 모든 결함을 통해서(그럼에도 불구하고가 아닌) 휴머니즘적 주장을 지지한다.

다시 말해, 「야생 정신」은 이야기가 기술하는 최적화가 불가능하다거나 최적화가 약속하는 것을 이행하지 못한다는 주장을 결코 제시하지 않는다. 만약 이야기에서 기술된 과정이 미학과 종료를 역사의 뒤안길로 몰아낸다면, 이것은 그러한 경험 양태가 내적으로 망상적이고 기만적이며, 그러므로 최적화에 수용될 수 없기 때문이다. 그러한 경험의 양태는 특이하고 비합리적인 것으로 남는다. 그것들은 신경과학으로 "부드럽게 환원"

될 수 없다. 오히려 그것들은 "대체"될 것이며 완전히 버려질 것이다. 「야생 정신」은 신빙성이 떨어지고 버림받아온 것 — 혹은 그렇게 되는 중인 것 — 의 편에 선다. 그럼에도 불구하고 인류의 오래된 현시적 이미지가 "어떤 진실한 가치를 포함"하고 있다면, 그것은 정확히 "가치" 자체가 정신적으로 최적화된 새로운 세계에는 설 자리가 없고 단지 "낡아빠진" 세계에만 설 자리가 있기 때문이다.

따라서 「야생 정신」은 지난 수십 년 동안 많은 사람이 상상했던 포스트휴머니티가 대체로 통제에 대한 기업의 판타지라는 통찰을 우리에게 남긴다. 포스트휴먼 프로젝트는 신자유주의적 자본주의의 요구에 따라 "인간 본성"을 재설계하는 것을 마음속에 그린다. 이것은 신경과학의 발견들 — 오늘날 실제로 발견되고 있는 것과 이야기에서 외삽되는 것을 포함해서 — 이 본질적이거나 토대적인 것이 아니라 실용적이고 작동적인 것임을 의미한다. 그런 본질이란 없기 때문이다. 신경과학은 권력과 효율성을 지향하며, 뇌를 변형하고 조작하고 통제하는 방식을 지향한다. 최적화를 거부하면서도 톰은 (의문을 품기보다는) 그러한 절차가 갖는 힘을 인정한다. 그렇기에, 톰은 — 비록 스스로는 할 수 없더라도 — 우리가 단순히 자본의 의제나 "도구적 이성"이라고 불러오던 것을 섬기는 형태가 아닌, 다른 형태의 포스트휴먼적 변혁을 상상하도록 촉구한다.

6장

외계인처럼 생각하기

"고향에 도착할 때쯤이면, 우주에서 유일하게 감각적 존재자는 나뿐일지도 모른다." 피터 와츠의 소설 『블라인드 사이트』(2006)의 서술자 시리 키튼은 이렇게 말한다. 시리는 농담을 하는 것이 아니다. 시리는 오르트 구름에서 지구로 돌아가고 있는 작은 우주선에 혼자 있다. 수십 년의 항해가 될 것이다. 시리는 다른 항성계의 지적이고 기술적으로 발달한 외계 종족과의 "참담한 조우"에서 살아남은 유일한 생존자이다. 인간 탐험가들은 그 외계 종족을 훼방꾼scramblers이라고 부른다. 지구에서는 훼방꾼을 조사하고, 가능하다면 그들과 접촉하기 위해 우주선 테세우스를 보냈다. 모든 것은 외계인들이 어떻게 생각하는지, 무엇을 원하는지, 그리고 우리가 그들과 소통할 방법을 찾을 수 있는지에 달려있다. 우리가 공유할 수 있는 공통 기반이 있는가? 소설이 끝날 무렵, 외계인과 접촉하거나 심지어 그들을 이해하려는 인간의 모든 노력은 실패로 끝난다. 비록 훼방꾼은 전략적인 능력이나 기술 면에서 인간보다 우월하지만, 우리가 이해할 수 있는 어떤 방식으로도 의식적이지 않은 것으로 밝혀진다. 결국 전쟁이 발발하고 테세우스와 외계인의 선박 로르샤흐는 둘 다 파괴된다. 시리의 마지막 임무는 이 대재앙을 "증언"하여 나머지 인류에게 외계인과 그들의 위협에 관해 알리는 것이다. 지구에 있는 사람들은 "이야기가 어떻게 끝났는지 모른다." 시리는 말한다. "결말을 알 수 없다는 것이 틀림없이 그들을 미치게 했을 것이다."

혹은 그렇지 않을 수도 있다. 시리가 우주선에서 무선통신을 감시하며 판단해 볼 때, 지구에서 이상한 일이 일어난 것 같기 때문이다. 한때는 "수백만 개의 목소리가" 농담을 하고, 수다를 떨고, 논쟁을 벌이며 방송을 포화 상태로 만들었었다. 하지만 이제 시리가 듣는 것은 "교통통제 신호와 원격조종 신호"뿐이다. 한가한 잡담이 단순한 데이터 전송으로 대체된다는 것은 무엇을 의미하는가? 어쩌면 인간 존재자는 더 이상 서사에 몰두하지 않는 것일지도 모른다. 어쩌면 우리는 레이 브라시에가 경멸하며 기술하는 "처음부터 위기를 거쳐 궁극적인 해결에 이르기까지 펼쳐지는 이야기를 향한 우리의 심리적 필요"를 마침내 극복한 걸지도 모른다. 어쩌면 사람들은 철학자들이 말하는 "통속심리학"을 마침내 없애버린 것일지도 모른다. 어쩌면 윌프리드 셀러스가 말하는 "세계-속-인간의 현시적 이미지"는 더 이상 쓸모가 없을지도 모른다. 어쨌든, 시리는 지구상에 자신의 말에 "귀를 기울일" 사람이 아무도 남아있지 않을까 두려워한다. 아무도 그 긴장감에 사로잡히지 않고, 어떤 일이 일어날지 신경조차 쓰지 않는다. "어쩌면 이 모든 것이 애초부터 무의미했던 걸지도 모른다." 시리는 생각한다. "듣는 사람이 없을지도 모르기 때문이다." 지금으로서 시리는 그의 이야기 ─ 그가 방송하며 내뿜고 있는 말들이자 우리가 읽고 있는 소설 ─ 가 그저 "자신에게 들려주는 이야기"라고 인식한다. 혹은 차라리, 시리는 "고깃덩어리가 기계에 전하는 회상록," 디지털 저장과 전송을 위해 지시된 말들이라고 인식한다.

『블라인드 사이트』는 21세기 후반을 배경으로 한 첫 접촉 First Contact 서사이다. 인류가 파이어폴Firefall이라고 부르게 되는 것은 "2082년 2월 13일, 그리니치 표준시로 1035시"에 일어난다. "경도와 위도로 나뉜 격자를 따라 1미터 단위로 균등하게 분포된 65,536개의 탐사장치"가 지구를 조사한다. (물론, 이 숫자는 2의 16승이다. 이진법을 사용하는 것은 계산 정밀도의 논리를 함의하고 있다.) 탐사장치들은 데이터를 먼 우주로 전송한 후 모두 동시에 불타버린다. 처음으로 인류는 이 코스모스에서 자신들만이 지적이고 기술적으로 진보된 종이 아니라는 것을 인식하도록 강요받는다. 지구는 무엇이 탐사장치를 보냈는지를 알아내기 위해 태양계의 먼 곳까지 테세우스를 파견한다.

소설이 시작되는 2082년, 지구의 사람들은 "빈곤 시대를 지나 영광을 되찾은 새로운 경제"의 축복을 받았다. 그럼에도 불구하고, 세계는 여전히 국가가 제공하는 국방과 보안, 그리고 대기업에 의해 통제되어 있다. 여전히 최적화와 물 흐르는 듯한 효율성이 최상의 가치인 것처럼 보인다. 과학자들은 심지어, 비록 성공하지는 못했지만 인간 존재자에게서 수면의 필요성을 없애기 위해 수년 동안 노력해왔다.

그런 낭비는 외설적인 것에 지나지 않았다. 모든 인간은 삶의 삼 분의 일에 해당하는 시간 동안 의식의 실을 끊고 무감각한 상태에서 지낸다. 그동안 육체는 연료를 소모할 뿐 아무것도 생산하지 않는다. 약 열다섯 시간마다 한 번씩 무의식 상태에 빠지지 않는다면, 혹은 요람에서부터 120년 뒤 삶의 마지막에 이르기까지 정신이 항상 깨어 있고 기민하다면 어떤 것들을 달성할 수 있겠는지 생각해보라.

인간은 일정 지점을 넘어서는 최적화될 수 없기에, 점점 일회용품의 지위로 밀려나고 있다. "인간 본성은 일괄 작업으로 조립될 수 있는 물건이 되었고," 시리가 말하기를, "인류 자체도 점점 수공품에서 공산품으로 전락해갔다." 디지털 기계가 업무 대부분을 우리보다 잘 수행해내는 한, 인간 존재자는 "전례 없이 많은 수가 잉여물로 전락했다." 현존하는 직업은 거의 없다. 누구나 할 수 있는 일은 더 없다. 대부분의 사람에게 그에 따르는 결과는 권태와 압도적인 허무함이었다. 한 등장인물은 스스로를 "신체 경제 속 기생충"이라고 비꼬아 표현한다.

사람들이 자신들의 미래에 관한 빈곤한 전망을 덜어내기 위해 찾는 한 가지 방법은 포스트휴먼 증강요법이다. 사람들은 자신들의 몸을 조정하고 온갖 "개선요법과 강화의식"으로 감각을 확장한다. 이러한 조정은 유전자 변경, 신경화학적 변형, 그리고 마이크로칩과 여타 디지털 기계들을 신체에 이식하는 것을 포함한다. 이러한 극단적인 재설계는 사람들이 전문화된 기술 작업을 수행할 수 있게 해준다. 그러한 전문화된 기술 작업은 기계만으로는 아직 충분히 정확하게 수행될 수 없는 희귀한 활동이다. 시리가 자신을 포함한 테세우스의 승무원들에게 말하듯이, "우리가 여기 있는 유일한 이유는 아직 최적화된 '첫 접촉'용 소프트웨어가 없기 때문"인 것이다.

소설의 세계에서 기술은 (한 번이라도 그랬던 적이 있다면) 더 이상 베르나르 스티글레르가 묘사한 방식으로는 작용하지 않는다. 기술은 더는 인간의 능력을 확장하거나, 인간의 원초적인 결함을 보충하기 위한 인공 기관이 아니다. 『블라인드 사이트』의 세계에서, 상황은 정확히 그 반대이다. 인간의 신체와 정신 그 자체는 기계의 힘과 지능을 확장하기 위해서만 작동한다. 마셜 매클루언의 예언자적 말을 빌리자면, "인간은 지금까지 그랬던 것처럼, 기계 세계의 생식기관이 되어, 마치 식물 세계의 벌처럼, 기계가 번식하고 새로운 형태로 진화할 수 있게 한다." 디지털 장치의 부속품으로서 고도로 복잡하고 섬세한 업무를 수행하기 위해 스스로를 재정비함으로써, 소수의 사람은 여전히 "자신들의 생명에 효용이 있는 척"을 할 수 있다. 기계를 생식하기 위한 현존은 그다지 만족스럽지는 않다. 그러나 시리가 말하듯, "기생충의 삶"을 사는 것보다는 "덜 나쁜 것"이다.

시리는 테세우스를 "변종 인간의 한 무리"라고 묘사한다. 승무원들은 모두 생물학적 "기준선"을 극단적으로 뛰어넘어 더 이상 인간으로 보기가 힘들다. 『블라인드 사이트』와 그것의 후속작 『에코프라시아』에서, 와츠는 인간의 정신적 기능을 방해하고 왜곡시키는 병리학적 상태들과 잠재적 포스트휴먼 증강요법에 관한 목록을 제공한다. 병리학적 역기능과 초인적인 능력 사이의 경계선은 항상 긋기 쉬운 것은 아니다. 하나는 다른 하나를 수반할 수 있다. 실제로, 포스트휴먼의 신체에 특별한 힘을 주는 증강요법은 가장 단순한 일상적인 업무를 수행할 수 없게 만들 수도 있다.

예를 들어, 테세우스에 탑승한 생물학자들, 아이작 스핀델과 로버트 커닝햄을 고려해보라. 그들 둘 다 자신을 사이보그 메커니즘으로 변형시켰고, 그들의 "의식은… 원격 감지기에 달라붙어 있었다." 그들은 더 이상 디지털 장치의 판독값을 해석할 필요가 없다. 대신, 그들은 데이터를 "뼛속까지" 직접적으로 느낄 수 있다. 이런 식으로, 그들은 그들의 알아차림을 일반적인 인간 지각중추에서 훨씬 더 확장한다. 스핀델과 커닝햄은 각자 자신들의 "몸을 토막 내서 단체로 도망 다니는 이주민이 됐다." 스핀델은 "재조립된 인간이었고, 심하게 불안에 떨고 있었으며 몸은 바짝 말라서 스스로의 피부조차 느끼지 못했다." 커닝햄은

기계와 너무 견고하게 접속되어 있어서, 적절한 보살핌과 영양 공급의 부족으로 인해 자신의 운동기능이 퇴화했다. 커닝햄은 엑스레이를 들었고 초음파를 매개해서 보았다. 재조절로 인해 너무도 변질해 버린 그는 도움 없이는 자신의 손가락 끝조차 더는 느낄 수 없었다.

시리는 스핀델과 커닝햄을 완전한 인간 존재자로 여기는 데 어려움을 겪고 있었다. 너무도 많은 "〔그들의〕 조각이 기계 속에 숨어 있었기" 때문이다.

『블라인드 사이트』에서 우리는 명백한 정신 이상과도 조우하게 된다. 이는 뇌의 병변에 의해 유발될 수 있지만, 소설의 전개에서 일어나는 것처럼, 강력한 자기장과 방사선에 노출됨으로써도 유발될 수 있다. 이러한 이상 중 하나는 피질상으로 시각 장애인인 사람이 그럼에도 불구하고 의식적 알아차림의 외부에 있는 시각 단서에 반응할 수 있는 상태, 소설 제목과 공명하는 맹시blindsight의 상태이다.

> 당신의 머릿속 무언가가 아직도 그것을 다 받아들이고 있다. 뇌 속의 무언가가 여전히 보고 있고, 듣고 있다. 설령 당신이 알아차리지 못하더라도.

다른 하나는 자신이 죽었다고 망상적으로 확신하게 되는 코타드 장애이다. 또 다른 하나는 다른 어떤 곳으로 주의가 가해져 있어서, 바로 앞에 있는 것을 볼 수 없게 되는 무주의 맹시이다.

와츠는 소설에 대한 "설명과 참고 문헌"에서 "『블라인드 사이트』에서 묘사한 여러 장애를 〔토머스〕 메칭거의 저서에서 처음 접했다"라고 언급한다. 여기서 언급하는 메칭거의 저서는

『아무도 아닌 자로 있기』이다. 이는 완벽하게 말이 된다. 그레이엄 하먼이 메칭거를 논하듯이,

> 메칭거는 우리가 단순한 자아로 추정하는 것에서 얼마나 많은 복잡성이 움직이고 있는지를 보여주면서 '오! 그럼, 자아는 결국 단순한 가짜나 허구일 뿐'이라고 결론을 내리게 하는 것이 아닌, '우리가 얼마나 다양하고 기묘한 자아들을 창조할 수 있는지, 혹은 그런 다양하고 기묘한 자아가 다양한 동물들 사이에서, 혹은 다른 행성들에 이미 존재하고 있는지 생각해보라'라고 결론을 내리게 한다.
>
> 요컨대, 그는 자아를 허구적인 비실재로 바꾸기보다는 과학소설적 실재로 바꾸어 놓는데, 이 실재에서 인간은 파충류, 곤충, 외계인들이 지금 이 순간 우리와 다른 삶을 살고 있을 수 있는 것처럼 특정한 제약들constraints에 의해 생성되는 경험을 가지는 또 다른 기묘한 종에 지나지 않는다 … 메칭거는 가능세계를 엄청난 수의 현상적 종들로 채우는데, 이는 심지어 내가 '사변적 심리학'이라고 부르는 과학소설적 형태와도 인접해 있다.

『블라인드 사이트』는 정확히 이런 방식에서 메칭거주의적 사변소설이다. 메칭거 자신은 그런 망상적 사례로부터 "우리의 소박한 통속심리학적 개념 '의식'"은 틀림없이 잘못되었다고 결론짓는다. 우리의 평범한 정신 상태는 그런 극단적인 상태들이 그러

한 것처럼 전적으로 매개되고 구성된 것이다. 병리학적인 상황에서 그러하듯 평범한 일상에서도, 우리는 메칭거가 말하는 "소박한 실재론의 환상: 자기-생성적 표상을 표상으로 인식하지 못하는 무능력"으로 눈이 멀었다.

그러나 이러한 기묘한 정신 상태가 객관적으로 망상적이라는 사실이 그런 정신 상태가 실제로 느껴지고 경험되는 것을 막지는 못한다. 그리고 이 점이 우리가 『블라인드 사이트』에서 보게 되는 것이다. 소설은 정확히 그런 기묘한 정신적 망상의 현상적 느낌 – 혹은 어떠함 – 을 탐구한다. 우리는 그런 장애를 직접적인 방식으로 실제로 "알 수는" 없다. 그런 장애 중 하나에 걸리는 것은 정확히 그것을 장애나 정신적 구성으로서 포착할 수 없다는 것을 의미하기 때문이다. 실제로, 그런 극단적 상태들은 "인간"이 되는 것이 무엇을 의미하는지에 관한 우리의 통상적인 이해 범위 내에 포함될 수 없는 것들이다. 소설은 데이비드 로덴의 단절의 테제를 구체적으로 예시하고 있다. 로덴의 말에 따르면, 포스트휴먼 존재자는 "우리와는 너무나 다른 경험을 가지고 있을 수 있어, 우리는 포스트휴먼의 삶이 어떠한 것일지 헤아릴 수조차 없을 것이다." 와츠의 소설은 주관적으로나 객관적으로나 우리가 소통할 수 없는 정확히 그런 상태들을 상상하고 서사한다.

예를 들어 테세우스의 승무원이자 언어학자인 수전 제임스를 고려해보라. 수전은 외계인들과 의사소통하는 방법을 알아내는 일을 맡고 있다. 수전은 "자신의 정신에 의도적으로 폭력을 행사한" 사람 중 한 명이다. "동시에 일을 하는 완전히 의식적인 중심 인격 넷과 무의식 수준의 기호학 모듈 수십 개가 한 덩어리의 회색 세포 덩어리에 정교하게 새겨지도록" 자신의 뇌를 분열시켰다. 수전과 그녀의 다른 인격들 — 사샤, 미셸, 계산가 — 은 20세기에 다중인격 장애라고 알려진 상태를 예시한다. 시리가 상기시키듯, 그 당시에 이 상태는 병리학적인 것으로 간주되거나 진정으로 존재하지는 않는 것으로 여겨졌다. "그 당시의 사람들은 멀티코어에 관해서 존나 야만적이었거든. 그걸 무질서라고 부르면서, 마치 질병 상태인 것처럼 취급했지. 그리고 그에 대한 치료법이랍시고 생각한 게 고작 하나를 뺀 나머지를 죽이는 거였어."

반면, 21세기 후반에는 선택적인 수술을 통해 다중인격을 "의도적으로 유발"할 수 있게 된다. 이 수술이 실제로 수전이 받은 것이며, 그녀는 다음과 같이 말한다. "현대식 뇌는 감각적 코어를 열 개 정도 운영해도 남는 자리가 있지. 게다가 코어를 동시에 여러 개 작동시키는 건 생존이라는 면에서 아주 유리해." 수전은 심지어 인류의 조상이 여러 개의 코어를 가지고 있었을지도 모른다고 사변하고, 진화론적인 관점에서 "통일이 실제로 일어난 것은 상당히 최근일 것"이라고 말한다. 그리고 수전은 수술이 없이도 "몇몇 전문가는 적절한 환경만 주어지면 아직도 여러 인격으로 되돌아갈 수 있다고 생각"한다고 말한다.

테세우스의 군사 고문 아만다 베이츠에게서 또 다른 형태의 포스트휴먼 파편을 발견할 수 있다. 아만다의 신체는 "극대화된 반사신경과 탄소백금 증강장치"로 짜여 있었다. 또한, 아만다는 그녀의 지휘하에 있는 수많은 드론(전투 로봇)을 가지고 있다. 드론들은 아만다 자신의 신경계의 물리적으로 분리된 확장으로서 작동한다. 베이츠는 강화의식을 통해,

> 지휘하에 있는 모든 것의 지각중추로 즉시 들어가, 무수히 많은 일인칭 관점에서 전장을 경험할 수 있다. 모든 병사는 죽음도 불사할 만큼 충성스럽고, 의문을 품지 않는다. 단순한 육신을 가지곤 결코 열망할 수 없을 정도로 모든 명령에 성실하고 헌신적으로 복종한다.

그러나 대부분의 경우, "아만다는 로봇을 그저 작동시킬 뿐이었다. 그 안에 들어가 살지는 않았다." 드론들은 그녀의 더 높은 차원의 의식이라기보다는 자율적인 감각 운동 체계의 확장이기 때문이었다. 우리가 걷기의 역학에 관해 의식적으로 고려하지 않고 걷는 것처럼, 드론 또한 의식 밖에서 스스로 작동하며, 자신의 순간순간의 움직임을 처리해낸다. 걷기와 마찬가지로, 그 모든 자율적인 과정은 그것들이 어떤 종류의 의식적 주의를 받지 않을 때 훨씬 더 빠르고 효율적으로 진행된다. 그러므로 아만다의 의식적 정신은 대체로 "병목 현상"으로 기능한다. 아만다

의 일은 드론들이 야생마처럼 날뛰지 못하게 드론들을 철저히 통제하는 것이었다. 드론들의 "전자반사신경"이 아만다의 훨씬 느린 "고깃덩어리의 반사신경"에 "종속되어 있다." 이것이 아만다로 하여금 드론들의 진취적인 행위를 지연시키거나 취소할 수 있게 해준다.

아만다 베이츠가 자신의 드론과 가지는 관계는, 좀 더 일반적으로, 의식이 좀 더 기본적인 비의식적인 과정과 관련되는 방식을 모방하고 확대하고 있다. 시리가 논하듯,

> 의식적으로 결정을 내려보자. 검지를 움직이겠다고 결심해보자. 아니, 너무도 늦지 않은가! 전기신호는 벌써 팔의 중간 지점까지 내려가 있다. 신체는 의식적인 자아가 '결정'을 내리기도 전에, 0.5초 만에 움직이기 시작한다. 자아가 아무것도 결정하지 않았다. 다른 무언가가 일단 신체를 움직이게 한 다음에, 마치 뒤늦게 생각난 것처럼 두 눈 뒤에 있는 호문쿨루스homunculus에게 명령 요약본을 보내는 것이다. 그 작은 인간이, 자신을 인격이라고 생각하는 그 오만방자한 하위 프로그램이 인과관계를 혼동하는 것이다. 그 작은 인간은 요약된 명령을 읽고 손이 움직이는 것을 보면서 자신이 다른 것들을 부리고 있다고 생각하는 것이다.

이 구절은 벤저민 리벳에 의해 처음 행해진 유명한 실험을 참조

하고 있다. 리벳은 우리가 결정을 내린다는 것을 깨닫기도 전에 결정된 행위를 위한 "준비 전위"가 우리의 운동 뉴런에 구축된다는 것을 발견했다. 다르게 말해서, 우리는 먼저 결정이 내려지고 0.5초가 지난 후에야 결정에 관해 의식적으로 깨닫게 된다. 실제로 결정을 내리는 "작용 중인 정신"은 "다른 무언가"이다. 그것은 뇌의 일부이지만 의식적인 "나"와는 동일시될 수 없다. 내가 특수한 행동 방침을 결정하고 있다고 생각할 때, 나는 이미 비의식적인 수준에서 내려진 결정을 승인하고 있는 것에 지나지 않는다. 리벳에 따르면 의식적인 정신인 "호문쿨루스"는 사실 그 무엇도 결정하지 않는다. 기껏해야 호문쿨루스는 이미 정해진 행위의 물리적 실행을 막음으로써 이미 정해진 행위에 대한 거부권을 행사할 힘을 가질 뿐이다.

테세우스에는 또 한 명의 "별종"이 있다. 팀의 리더이자 흡혈귀인 주카 사라스티이다. 생물학적 근거를 제시하며 주카를 기술하면서, 와츠는 흡혈귀라는 친숙한 대중문화의 모티브를 영리하게 재해석한다. 흡혈귀는 은신에 타고난 습성과 날카로운 인지력을 가진 초기 호모 사피엔스의 아종이다. 흡혈귀들이 "인류의 혈통에서 분화된 지는 50만 년이 채 안 되었지만, 역사적으로 처음부터 (비록 소수지만) 계속 존속해 왔다." 흡혈귀는 초인적인 재능을 가지고 있는데, 이것은 원래 인간이라는 먹잇감, 즉 우리를 앞서기 위해 진화한 것이다. 무엇보다도, 흡혈귀들은 "학자증후군omnisavantic 수준의 패턴 비교와 분석 기술"을 드러낸다. 예를 들어, 오리-토끼나 네커 큐브와 같은 모호한 시각적 이미지에 직면했을 때, 흡혈귀는 "두 가지 방식으로 동시에 볼 수 있다." 그러므로 우리와 달리 "그들은 다중적 세계관을 동시에 가질 수 있다." 이는 무엇보다도, "흡혈귀들이 양자 물리학을 뼛속까지 이해한다"는 것을 의미한다. "흡혈귀들에게 양자 물리학은 타당하다." 흡혈귀는 믿음직한 해결사이다. 왜냐하면 "이러한 해결책을 '떠올리는' 과정이 없기 때문이다. 즉, 이러한 해결책을 완전히 형성되고 즉각적으로 배치된 것으로서 단순히 보는 것이다. 흡혈귀들은 심지어 그것에 관해 의식적으로 생각할 필요조차 없다."

다중적 관점을 동시에 가질 수 있는 흡혈귀의 능력이 가진 다른 측면은 가상현실 시뮬레이션에 속지 않는다는 것이다. 진보된 시각적 능력을 통해 가상 이미지의 내용물을 즉시 건너뛰어 버리고, 대신에 "픽셀들을 본다." 메칭거에 따르면, 평범한 인간의 정신은 정신적 표상이 마치 투명한 것인 양 여긴다. 우리는 표상들이 표상해야 하는 것으로 추정되는 사물들을 그 표상들을 통해 꿰뚫어 본다. 이것이 우리가 착시현상과 관점을 속이는 여타의 속임수에 그토록 쉽게 속는 이유이다. 그러나 흡혈귀는 이런 오류에 사로잡히지 않는다. 그들은 시각적 표상을 표상으로서 본다. 표상을 그것이 가리키는 사물로 착각하지 않는다. 우리는 이를 이렇게 말해볼 수도 있다. 우리가 "소박한 실재론자"일 때, 흡혈귀는 타고난 해체주의자이다.

그런데 흡혈귀에게는 한 가지 치명적인 결함이 있다. 그것은 그들의 극단적인 시각적 예민함에 따르는 아이러니한 부작용이다. 그들의 시각적 뉴런이 교차적으로 연결된 방식으로 인해, 직각을 볼 때마다 그들은 "대발작 같은 반응"을 겪는다. 이것은 전통문화에서 주장하는 것처럼 흡혈귀가 십자가를 두려워하는 이유를 (기독교에 관한 언급 없이) 설명한다. 선사시대에는 십자가 결함이 문제가 되지 않았다. "자연 속에는 직각이 거의 없기 때문이다." 그러나 일단 기준적 인간이 직각으로 된 집과 그 외의 구조물들을 짓기 시작하자, 흡혈귀들은 대처할 수 없었다. "고리 하나가 멍청하게 연결되어서 생긴 변이" 덕분에, 그들은 빠르게 멸종했다.

흡혈귀들은 인간 역사 기록이 시작되기 전에 사라졌지만, 그들의 유전자는 사라지지 않았다. 오히려 이 유전자는 "인간들 사이에 널리 퍼져있다. 단지 대부분의 경우 휴면하고 있을 뿐이다." 이러한 사정은 21세기 후반 생의학 기업들이 흡혈귀를 복원할 수 있게 한다. 흡혈귀의 우월한 인지 능력을 이용하는 것이 계획이었다. 소생된 포스트휴먼 흡혈귀들은 십자가 결함을 억제하기 위한 "비유클리드 반응 유발" 약물을 투여받는다. 이 약물에 대한 그들의 의존성이 그들로 하여금 우리에게 반항하지 못하게 만든다고 알려졌다.

물론, 평범한 인간의 기준으로 볼 때 흡혈귀는 완전히 반사회적이다. 심지어 인간이 제공하는 약물에 의존하며 "매우 짧고 끊을 수 없는 목줄"에 매달려 있을 때도 그렇다. 결국, "네가 먹을 수 있는 음식이 딱 한 가지인데 그게 동족이라면, 공감을 가장 먼저 없애야 해." 그러나 기업들은 이 점이 문제가 아니라고 주장한다.

반사회적 인격 장애인이야말로 사업, 산업, 의학 분야에서 가장 성공적인 사람들이었다. 무자비한 실용주의, 양심의 결여, 그리고 공감과 같은 흐릿한 감정으로부터의 자유는 오늘날의 기업 환경에서도 성공의 전제조건이다. 사실, DSM-IV[1]에 따를 때, 법적 실체로서의 기업 자체가 임상 반사회적 인격 장애에 대한 모든 진단 기준을 충족한다.

요컨대, 흡혈귀의 행동은 기업의 행동과 별반 다르지 않다. 그리고 기업은 이미 법률상 "인격"으로 인정된다. 흡혈귀를 부활시킨 유전적 왜곡은 포스트휴먼 기술을 만들어내는 증강요법처럼, 무엇보다도 이윤을 내고 효용을 극대화하며 인지 과정을 최적화하는 것에 끈질기게 집착하는 사회의 논리적 도약이다.

아직 시리 키튼 자신의 포스트휴먼 강화의식에 관해서는 아무것도 언급되지 않았다. 사실, 시리가 가장 기이한 인물, 소

---

1. * Diagnostic and Statistical Manual of Mental Disorders의 약자. 정신질환 진단 및 통계 편람을 뜻한다.

설에서 가장 극단적으로 인위적인 인간 등장인물이다. 어린 시절에 시리는 전간양 경련을 앓았고, 대뇌 반구 하나를 완전히 제거함으로써 치료되었다. 남아있는 뇌는 다행히 "제대로 작동했다." 적어도 인지적 작동을 고려하는 한 그렇다. 그러나 인지가 모든 것을 설명해주지는 않는다. 다른 모든 측면에서, 시리는 "이 신체를 차지하고 있던 인물과는 다른 사람"이 되었다. 결과적으로 원래의 시리는 "살해당했다." 다른 존재가 "남은 찌꺼기에서 다시 자라났다."

새로운 시리는 시리의 정서적인 삶이 파괴되었다는 것을 깨달았다. 시리는 예전에 느끼던 대로 더는 느끼지 못한다. 그 무엇도 더는 직관적인 느낌을 주지 못한다. 대신 그는 세계, 특히 인간 사회에 관한 이해를 처음부터 다시 구축해야 했다.

나는 그런 자신으로 돌아가기 위해 알고리즘을 손보고, 관찰을 통해 배우고 있었다… 적응하는 법을 배웠다. 나는 관찰하고 기억하고 알고리즘을 뽑아내고 적절한 행동을 흉내 냈다.

자기 삶에 대한 시리의 접근 방식은 비디오 게임 플레이어들이 게임 엔진을 구동하는 알고리즘을 알아내어 게임에 숙달하는 방법을 배우는 것과 유사하다.

시리는 자폐 스펙트럼의 극단에 위치한, 섬뜩한 습관을 가지고 있고 사교성이라고는 전혀 없는 괴짜의 흔한 캐리커처를 직서하는 인물이다. 시리가 소설의 유일한 서술자인 한, 그가 목격하고 기술하는 사건들에 대한 그의 해석이 종종 이상하게 어긋나 있는 것은 물론, 다른 승무원들이 시리를 얼마나 싫어하고 신뢰하지 않는지를 깨닫기까지는 오랜 시간이 걸린다. 다른 사람들이 볼 때 시리는 좋게 말해서 좀 "단절된" 인물이다. 시리는 때때로 정신적으로 마비되어서, 사회적 기대치로 알고 있는 것을 이행하지 못하기도 한다. 왜냐하면, "거기서 적합한 알고리즘을 찾을 수가 없었기 때문이다." 스스로 인정하듯이, 그의 행동 중 어느 것도 "가슴에서 우러나오는 게" 아니다. 가장 성공적인 순간에조차도, 그저 동작만 지나가고 있을 뿐이다. 그는 거짓되지도, 멍청하지도 않다. 그의 행동에 진절머리가 난 그의 몇 안 되는 친구 중 한 명이 그에게 이렇게 말한다. "당신이 거짓말을 했다는 게 아니에요. 당신은 그 말들이 무엇을 의미하는지 몰랐던 거예요."

시리가 자신에게 무엇보다도 결여되었다고 여기는 것은 어떤 공감의 감각이다. 이것이 시리를 — 스스로 점차 깨닫게 되듯이 — 놀랄 만큼 흡혈귀에 가까운 존재로 만든다. "비뚤어진 초현실적인 눈으로 볼 때," 시리의 말에 따르면, "나는 인간보다 주카와 공통점이 더 많았다." 시리는 포식자가 아니지만, 그럼에도 그는 흡혈귀처럼 "거리(동족 사이에서 소외되어 있다는 그 만성적 느낌)"를 가지고 작동한다. 시리가 수술로 인해 공감능력을 빼앗긴 후, 어느 날 시리의 친구는 시리가 "거의 처음부터 공감

능력을 다시 창출해냈다"고 칭찬한다. 그러자 시리는 자신이 하는 것은 공감이 아니며, 이입이 아니라고 대답한다.

> "나는 그저 관찰할 뿐이야, 그게 다야. 사람들이 뭘 하는지 보고 무엇이 그걸 하게 하는지 상상하는 거지."
> "그게 공감 아냐?"
> "그렇지 않아. 공감은 다른 사람이 어떻게 느끼는지 상상하는 게 아냐. 내가 그런 상황에 처했다면 어떤 느낌일지를 상상하는 거에 더 가깝지."
> 로버트는 인상을 찡그렸다. "그래서?"
> "자신이 어떻게 느끼는지 알지 못하는 게 뭐가 어때서?"

공감이란 다른 사람의 처지를 자신의 처지로 생각해보는 것을 의미하며, 그렇게 타인의 상황을 내부에서 느낄 수 있게 하는 것이다. 그런데 시리는 정확히 이것을 할 수 없었다. 시리는 결코 정서적 상황을 내적으로 느끼지 못하며, 심지어 자신의 상황조차도 느끼지 못한다. 시리는 정동적 반응을 외부에서, 순수하게 형식적인 과정으로 이해한다. 공감능력이 없기 때문에, 시리는 모델을 적용하고 알고리즘을 연역할 수밖에 없었다. 시리는 사람, 사물, 그리고 상황을 그들의 표면만을 기반으로 외부에서 상상하려고 안간힘을 쓴다. 이것이 소설의 모티브로서 반복된다.

1. "당신이 기계라고 상상해보라."

2. "당신이 다른 종류의 기계라고 상상해보라."

3. "고문이라는 관념을 체화한 인공 구조물을 상상해보라."

4. "당신이 전쟁포로라고 상상해보라."

5. "당신이 아만다 베이츠라고 상상해보라."

6. "당신이 종합가synthesist라고 상상해보라."

7. "당신이 훼방꾼이라고 상상해보라."

8. "어떤 신호와 맞닥뜨렸다고 상상해보라."

그리고 심지어 소설의 시작 부분에서 중간을 거쳐 다시 한번, 맨 마지막에 이르러서도 "당신이 시리 키튼이라고 상상해보라"는 말이 등장한다.

시리의 상상은 박쥐가 되는 것이 어떠한 것인지 궁금해하는 토머스 네이글의 가설적 관찰자와 거의 같은 상황에 놓여 있다. 네이글은 이 물음에 공감을 통해 답할 수 없다고 주장한다. 박쥐가 "근본적으로 이질적인 형태의 생명"인 한, 인간 존재자는 자신을 박쥐의 처지에 둘 수 없다. 네이글은 "박쥐가 행동하는 것처럼 행동하는 것이 나에게 있어서 어떠한 것인지"를 알아내는 전략을 범주적으로 거부한다. 박쥐의 지각 경험은 우리와 너무도 달라서 "우리가 경험하거나 상상할 수 있는 어떤 것과도 주관적으로 일치한다고 가정할 이유가 없다." 요점은 오히려 "박쥐에게 있어서 박쥐가 되는 것이 어떠한 것인지"를 결정하려고 시도하는 것이다. 우리는 박쥐가 우리와 정확히 똑같다고 가정해서는 안 되며, 박쥐가 우리와는 너무도 달라서 내적 삶이 전혀 없다고 주장해서도 안 된다.

박쥐가 되는 것이 어떠한 것인지를 발견하기 위해서 네이글은 다음과 같은 것에 기대야 한다고 제안한다.

어떤 새로운 방법, 즉 공감이나 상상에 의존하지 않는 객관적 현상학이 필요하다 … 그것의 목표는 그러한 경험을 가질 수 없는 존재가 이해할 수 있는 형태로 경험의 주관적인 성격을 적어도 부분적으로 기술해내는 것이다.

물론, 네이글의 "새로운 방법"이 지닌 문제는 그가 그 방법이 어떻게 작용하는지 전혀 설명하지 않는다는 것이다. 표면적으로 볼 때, 객관적 현상학은 모순어법이다. "객관적"이라는 말은 외부에서 탐구된 삼인칭 설명을 함의한다. 반면, "현상학"은 내부에서 생생한 일인칭 경험을 함의한다. 난점은 이 둘을 어떻게 조화시키느냐에 있다. 이언 보고스트는 네이글의 프로젝트를 그가 에일리언 현상학이라고 부르는 것으로 수정함으로써 이 딜레마에 대답하려고 한다. 보고스트에 따르면, 우리의 가능성은 제한되어 있다. "경험의 주관적 특징은 그것이 완전히 실재적인 것으로 남아있더라도 온전히 객관적으로 재구성될 수 없다." 그러므로, 보고스트의 말에 따르면 "문자 그대로의 의미에서, 에일

리언 현상학을 수행하는 유일한 방법은 유비|analogy를 통해서이다." 이와 유사하게, 그레이엄 하먼은 외계 존재자에 대한 유일한 실행 가능한 접근법이 "내적 삶을 직접적으로 현재하는 것으로 만들지 않고 그 객체를 암시하는 것"이라고 제시한다.

보고스트와 하먼은 둘 다 네이글의 딜레마에 미적으로 응답한다. 보고스트의 유비와 하먼의 암시는 일인칭의 현상학적 내관과 삼인칭의 객관적 관찰 및 과학 실험을 조화시킨다고 주장하지 않는다. 오히려 그들은 그러한 조화가 불가능하다고 제시한다. 대신, 보고스트와 하먼은 일인칭 식별과 삼인칭 검증으로 마찬가지로 환원될 수 없는 접근법을 제공한다. 유비와 암시는 경험론적으로 시험될 수 없지만, 이성, 직관, 또는 형상적 환원을 통해 결정될 수도 없다. 오히려 그것들은 미적 차원 속에서 펼쳐진다. 미적 차원은 과학적이지 않으며 엄격하게 철학적이지도 않고, 주관성과 객관성 양쪽에서 모두 불투명하다. 그러한 미적 접근은 과학소설이 추구하는 것이다.

보고스트와 하먼의 접근법은 시리의 "상상"의 방법과도 밀접한 관련이 있다. 내가 위에서 인용했듯이, 네이글은 "상상"을 "공감"의 동의어로 사용한다. 그러나 시리는 정확히 그가 공감할 수 없기에 그 대신 어쩔 수 없이 해야만 하는 것을 의미하고자 "상상"이라는 단어를 사용한다. 시리는 사람들의 실제 내적 느낌과 욕망이 어떠한 것인지 스스로 가지고 있지도 않고 어떠한 것인지 말할 수도 없기에, 사람들이 하는 것에 대해서 "무엇이 (사람들에게) 그걸 하게 하는지 상상"해야만 한다. 요컨대, 시리가 다른 존재자를 "상상"하는 것은 바로 그가 그들에게 친밀하게 접근할 수 없을 때이고, 그가 친밀하게 접근할 수 없다는 바로 그 이유 때문이다. 공감이 일인칭("박쥐가 행동하는 것처럼 행동하는 것이 나에게 있어서 어떠한 것인지")이고 과학적 관찰은 삼인칭(박쥐의 행동에 대한 객관적 측정)이라면, 시리의 방법은 문자 그대로 이인칭("당신이 ~ 라고 상상해보라")이다. 시리는 사람들의 경험을 알고리즘적으로 재구성하는데, 정확히 자신이 "그런 경험을 가질 수 없는" 사람이기 때문이다.

유비, 암시, 그리고 알고리즘적 재구성은 모두 미적 작동이다. 이는 그러한 것들이 거리를 두고 발생한다는 것을 의미한다. 그러한 과정은 필연적으로 무관심적(칸트)이며, 대리적(하먼)이고, 그리고 아마 단절된(로덴) 것이기도 하다. 사변적 외삽은 그 자체의 신빙성에 대해서 어떠한 보장도 제공할 수 없기에 위험이 뒤따르는 실천이다. 그러나 그런 외삽이 완전히 자의적인 것은 아니다. 사변적 외삽은 설득력 있는 근거로부터 시작해야 하며, 그것의 전개는 일정한 일관성을 가져야 한다. 그럼에도 불구하고, 그것의 정확도는 보장될 수 없다. 사변적 외삽은 칸트의 지성의 제한 또는 셀러스의 "논리적인 이성의 공간"에 온전히 포함될 수 없다. 미적 판단은 칸트가 말하듯, "인지적 판단(이론적이든 실천적이든)이 아니며, 그러므로 개념에 근거를 두고 있지 않고 개념을 지향하지도 않는다." 이는 사변적 외삽이 환원될 수 없이 허구적이며 미적인 것임을 의미한다. 그것이 비개념적이기 때문에, 그것은 경험과 관찰 가능한 사실에서 유추된 명제에 포함될 수도, 개념적 분석을 통해 연역될 수도 없다. 칸트가 제1비판에서 불법으로 만들었던 사변의 과정은 제3비판에서 몰래 되돌아온다.

네이글은 박쥐의 내적 경험은 우리의 것과는 너무도 달라서 나는 박쥐에게 공감할 수 없으며, 나를 박쥐의 처지에 둘 수 없다고 말한다. 로덴은 우리가 앞서 본 것처럼 이와 유사하게 포스트휴먼 존재자가 우리와 너무 달라서 우리는 그들과 공감할 수 없을 것임을 시사한다. 그런데 시리에게 그것은 차이나 유사성의 문제가 아니다. 시리는 외계 생명체는커녕 다른 사람과도 공감할 수 없다. 시리가 애초에 자신에게도 "공감"하지 못하기 때문이다. 다른 말로 하자면, 시리는 자기 스스로 무엇을 느끼고 생각하는지 모른다. 시리는 자신의 이인칭 모델 방법을 사용하여 시리가 되는 것이 어떠한 것인지 알아내야 한다. 시리는 자신의 내적 경험에 대한 특권적 접근권을 가지고 있지 않다. 시리는 직접적 직관을 통해 자신의 마음을 알지 못한다.

그런 상황은 분명 상당히 극단적이다. 그러나 그런 상황은 일견하기에 그런 것보다 훨씬 흔하다. 고통, 섬광적 통찰, 분노의 폭발 순간을 갖는 것과 그것들을 안다는 것은 다른 문제다. 비트겐슈타인은 그의 악명 높은 아포리즘을 통해 이 구별을 세운다. "'나는 네가 무엇을 생각하고 있는지 안다'고 말하는 것은 맞지만, '나는 내가 무엇을 생각하고 있는지 안다'고 말하는 것은 틀렸다." 여기서 이인칭이 일인칭보다 우선시된다. 나는 정확히 당신이 할 수 있는 것처럼 객관적인 사실을 알 수 있다. 그러나 나는 내가 무언가를 생각하기 위해 내가 무엇을 생각하고 있는지 — 혹은 심지어 내가 생각하고 있는지도 — 알 필요가 없다. 나는 많은 방식 중 어느 한 가지 방식으로 먼저 생각한다. 내가 무엇을 생각하고 있는지, 심지어 내가 생각하고 있는지는 — 그러한 것을 알아차릴 순간이 온다 하더라도 — 그 후에 온다. 종종, 생각이 깊은 심층에 묻혀 있을 때(생각이 자율적이거나 정신분석학적 의미에서 "억압"되거나, 혹은 그저 그 생각에 주의를 기울이지 않을 때), 나는 내가 그것을 생각하고 있음을 결코 알지 못할지도 모른다.

길버트 라일은 비슷하게 자기-지식[자기 인식]은 다른 사람에 관한 지식과 그 종류가 전혀 다르지 않다고 주장한다. "나 자신에 관해 알아낼 수 있는 종류의 것들은 내가 다른 사람들에 관해 알아낼 수 있는 종류의 것들과 같으며, 그것들을 알아내는 방법 또한 같다." 감정과 느낌은 눈치 못 채게 몰래 다가오는 경향이 있다. 나는 내가 화가 났거나, 자기중심적이라거나, 고통스럽다는 것을 나 자신의 신체 상태와 행위를 관찰함으로써 깨닫게 된다. 이는 내가 당신이 화가 났거나, 자기중심적이라거나, 고통스럽다는 것을 깨닫게 되는 것과 마찬가지이다. (윌리엄 제임스가 최초로 제시했듯이) "우리는 우리가 울기 때문에 미안해지고, 우리가 가격하기 때문에 화가 나기 시작하고, 떨리기 때문에 두려움을 느끼는" 것이지, 그 반대가 아니다. 이것은 정도의 차이는 있어도 모두에게 적용된다. 체화된 반응이 먼저 오며, 무엇을 느끼고 있는지에 대한 의식은 그러한 순간이 오기는 한다면 오직 뒤늦게 찾아올 뿐이다. 하지만 시리는 이런 상태를 우리보다 더 집중되고 가중된 형태로 가지며 살아간다. 시리는 자신의 감정을 결코 진정으로 느끼지 못한다. 시리는 오직 자신의 감정을 추론하고 상상할 수 있을 뿐이다.

『블라인드 사이트』의 세계에서, 시리의 극단적 자기-소외는 그것이 장애인만큼 특별한 재능이기도 하다. 실제로, 그것이 시리를 권태와 실업이라는 피할 수 없는 기본적인 인간의 조건으로부터 구해내고, 테세우스의 승무원으로 배치한다. 시리는 종합가이기 때문이다. 이것은 시리가 극도로 복잡한 과학 분야의 전문 언어들을 다른 사람들이 접근할 수 있는 용어로 "번역"할 수 있다는 것을 의미한다. 과학적 연구는 정기적으로 "단순한 인간 이해력의 한계를 넘어선 영역을 탐구한다." 기계와 증강된 인간 지능은 기준적인 인간에게는 사실상 직서적으로 이해할 수 없는 과학적 결과를 내놓는다. 과학자와 AI가 말할 때, 판단은커녕 우리는 그들이 말하는 것을 이해할 수도 없다. 우리는 단지 "믿음을 가지고 그들의 말을 받아들일 뿐이다."

바로 여기서 시리 같은 사람이 개입한다. 종합가는 우리가 스스로 이해할 수 없는 복잡하고 다차원적인 담론에 대해서

"정보 이론을 이용해서 그것을 우리 수준에 맞추고, 4차원 정육면체를 두들겨서 2차원으로 만들며, 클라인 병을 3차원으로 바꿔놓는다." 다른 말로 하자면, 시리의 역할은 "전달자"였다. 시리는 과학을 단순화하고 환원하여 간접적인 것으로 만들었다. 시리는 다른 사람이나 자신의 마음을 이해할 때 사용하는 도구와 같은 도구, 유비, 암시, 그리고 알고리즘적 모델 구축을 사용했다. 시리는 엄밀한 의미에서 이해 불가한 담론에 대해서 당황하지 않는다. 왜냐하면 이미 "시리는 대부분의 타인을 이해 불가한 것으로서 마주하기" 때문이다. 사실, 이런 복잡한 담론을 이해하지 못할수록 그것을 번역하는 데 더 낫다. "사람들의 동기를 연역하기 위해서 동기를 느낄 필요는 없다고. 느끼지 못하면 오히려 더 좋지."

시리는 그의 특수한 소외가 "진짜 외계인들이 호출했을 때 특히 유용하게 쓰였다"라고도 말한다. 시리와 테세우스의 나머지 포스트휴먼 "변종 인간의 한 무리"가 얼마나 이상하게 보이든, 그들의 이상함은 훼방꾼들에 비하면 하찮은 것이 되어버린다. 다른 항성계에서 온 이 외계인들은 기술적으로 우리보다 훨씬 진보했을 뿐만 아니라 우리와는 근본적으로 다르다. 우리는 그들의 기원을 모른다. 우리가 그들과 만났을 때, 그들은 오르트 구름에서 멀리 떨어진 곳에 정거하고 있었는데, 그곳에서 그들의 우주선 로르샤흐는 가스거성과 갈색왜성의 사이에 있는 거대한 "어두운" 행성체 주위를 돌고 있었다. 시리는 훼방꾼에 비하면 그와 그의 승무원 동료들이 근본적으로 인간으로 남아있다는 점을 인정한다. "외부 집단의 현현이 좋든 싫든 나를 강제로 동종군에 밀어 넣은 것 같았다. 나와 세계의 거리는 갑자기 압력을 받았고 약간 우스꽝스러운 상태가 되었다." 기묘한 포스트휴먼 변형에 관한 『블라인드 사이트』의 비전은 "진짜 외계인"과의 첫 접촉이라는 더 이상한 이야기에 대한 배경이자 예고편 같은 것일 뿐이다.

훼방꾼들은 정말로 외계인이다. 와츠가 소설의 「주석과 참고문헌」에서 말하듯, "나는 이마가 울퉁불퉁한 인간형 외계인이나 컴퓨터 그래픽으로 만든 거대 곤충형 외계인이 지긋지긋하다. 그런 외계인은 외계인처럼 보이기만 할 뿐, 기껏해야 키틴질 옷을 입은 미친개처럼 행동할 뿐이다." 대신 와츠는 "생물학적으로 설득력 있는" 것으로 남아 있는 외계인을 고안한다. 와츠는 진화론적으로는 설명될 수 있지만, 생리학·신진대사·심리학은 우리가 지구상에서 알고 있는 것과는 근본적으로 다른 외계인을 고안해낸다. 예를 들어, 훼방꾼은 거시적인 혐기성 (메탄-호흡) 유기체이지만, 지구에서 혐기성 생물은 단세포 정도이다. 또한, 훼방꾼은 명백하게 그들의 살아있지 않은 우주선과 공생하며 무성적인 방식으로 번식한다. 로르샤흐는 그들에게 "방사능과 전자기력의 복잡한 지형"을 제공하며, "훼방꾼 신진대사의 상당 부분을 매개하고 통제한다." 그들이 기능하기 위해서는 실제로 어떤 형태의 지구 생명체도 순식간에 죽일 수 있는 수준의 방사선이 필요하다. 이 모든 것 외에도, 훼방꾼의 신경계는 "시간에 따라 기능이 나뉘어 있어. 그들의 감각기와 운동신경망은 쉬는 동안에 두 배로 결합해. 다른 때에는 연동되지 않는 체계의 모든 부분이 쉴 때는 모두 인지에 쓰이는 거야. 지구에는 이런 식으로 진화한 생물이 없어." 그래서 훼방꾼들은 우리보다 훨씬 뛰어난 엄청난 인지력을 갖게 되었다.

훼방꾼은 (대부분의 과학소설 속 외계인들과는 달리) 너무나 이질적이어서, 우리와 그들 사이의 차이는 인간들 사이의 인종, 젠더, 성적 차이들로 정리될 수 없다. 그들은 막연히 거대 불가사리와 닮았지만, "더 자세히 관찰할수록 더 이질적이다." 그것들은 이전부터 존재해온 범주에는 들어맞지 않는다. 테세우스의 포스트휴먼 승무원들이 그들을 이해하는 데 그렇게 힘든 시간을 보낸 것은 놀랍지 않다. 그것은 노력이 부족해서가 아니었다. 첫째, 승무원은 외계인들과 무선통신을 개시해 본다. 그러고 나서, 로르샤흐에 탑승하여 주위를 둘러본다. 최후에는 두 마리의 훼방꾼을 납치해서 심화 연구를 위해 테세우스로 데려간다. 그러나 이 모든 시도는 수포로 돌아간다. 승무원들이 훼방꾼의 보안을 뚫으려 할수록 훼방꾼이 오히려 그들의 보안을 더 많이 뚫는다는 것을 깨닫기까지는 오랜 시간이 걸린다.

수전과 그녀의 다른 인격들은 통신을 통해 로르샤흐와 몇 시간 동안 대화를 나눈다. 외계인들은 영어와 다른 인간의 언어를 말할 수 있을 만큼 지구의 방송을 충분히 감시한 것 같다.

그들은 심지어 "이웃이 된 걸 환영해!"와 "친구 사이니까 언제든지 괜찮지?" 같은 구어체도 사용한다. 그러나 대화는 결코 구체적으로 흘러가지 못한다. 수전이 정보를 요구할 때면, 그들은 발뺌한다. "〔로르샤흐는〕네 시간 동안 근접 접촉을 절대로 권하지 않는다고만 할 뿐, 그 외의 주제에 관해서는 단 하나도 즉답을 주지 않았다." 외계인의 담론은 대부분 우호적인 것처럼 보인다. 그러나 수전이 강하게 밀어붙일 때면, 그들은 위협으로 응답한다. 궁극적으로, 수전과 그녀의 인격들은 **로르샤흐**의 대화상대가 "내가 무슨 말을 하고 있는지 모르고 있으며," 실제로 "자기가 무슨 말을 하고 있는지도 **모른**"다고 알아차린다. **로르샤흐**로부터 흘러오는 말은 실제로 어딘가 챗봇 같다. 혹은 차라리, **중국어 방**에 가깝다.

여기서 중국어 방은 존 설의 유명한 사고 실험을 참조하고 있다. 설은 자신이 중국어를 말하거나 읽지 못한다고 말한다. 설은 그런 자신이 방 안에 갇혔다고 상상해보기를 권한다. 문틈으로 설은 중국어로 쓰인 종이를 받는다. 설은 규칙들의 데이터베이스를 사용하여 응답지에 쓸 중국어 표의문자를 결정하고 자신의 응답지를 문밖으로 넘긴다. 외부의 관점에서 볼 때, 문법적으로 옳고 의미 있는 중국어 대화가 이루어지고 있다. 그러나 설 자신은 그게 무엇을 의미하는지 전혀 모른다. 시리가 논증을 요약하듯이,

패턴은 문자라는 표면에 달라붙는 의미론적 내용과는 좀 별 개로 패턴 자신의 지능을 가지고 있다. 위상학을 올바르게 조 작하면 해당 내용이 그저 따라온다…기본적인 패턴 비교 알 고리즘을 사용하여 자기가 무엇을 말하는지 모르면서도 대화에 참 여할 수 있다.

중국어 방 시나리오는 심리분석철학자들에 의해 폭넓게 논의 되어왔다. 메리의 이야기와 아주 유사하게, 중국어 방은 위장 된 과학소설 서사와 다름 없다. 설이 갇힌 방은 전적으로 알고 리즘을 바탕으로 작동하는 컴퓨터와 정확히 같다. 이런 방식으 로, 중국어 방은 튜링 시험에 대한 반격, 또는 반례이다. 후자의 경우, 인간 관찰자는 인간인지 기계인지 볼 수 없는 대화자에게 질문한다. 기계가 관찰자에게 자신이 인간임을 납득시킬 수 있 다면, 우리는 기계가 인간 지능의 수준에서 의도와 목적을 가지 고 있다고 결론 내릴 수 있다. 튜링이 이 방법을 제안하는 이유 는 정확히 기계가 생각할 수 있냐는 일반적인 물음이 "너무도 논 의할 가치가 없기 때문이다." 구체적인 시험은 튜링이 의식의 "미 스터리"(또는 오늘날 더 일반적으로 "어려운 문제"라고 부르는 것)라고 부르는 것을 고려할 필요성을 배제한다. 행동만이 문제 가 되며, 내적 지향성은 무관하다. 튜링의 말에 따르면, 기계 지 능에 관한 "질문에 답하기 전에 이러한 〔의식의〕 미스터리가 반 드시 풀려야만 한다고는 생각하지 않는다."

설은 튜링 시험을 통과하는 대화 시나리오를 구상하고 있지만, 대화 파트너 중 한 명은 현재 말하고 있는 내용을 전혀 이해하지 못하고 있다. 그러므로 튜링 시험은 진정한 지능에 대한 적합한 증거를 제공하지 않는다. 설이 방 안에서 해야 할 일은 데이터베이스에서 문자 중국어로 된 "낙서"(설이 원문이라 부르는 것)를 찾아내고, 자신이 이해하지 못하는 다른 "낙서"로 응답하는 것이다. 마치 디지털 컴퓨터처럼, 설은 중국어에 관한 의미론적 지식 없이 오로지 "패턴 비교 알고리즘" – 통사론적 규칙 – 을 가지고 있을 뿐이다. 설은 이 사고 실험을 가지고 통사론은 의미론적 내용을 생성시킬 수도, 설명할 수도 없다고 결론짓는다. 중국어 방이 대표하고 있는 알고리즘 계산 기계가 설령 외부에서 볼 때 의미 있는 것처럼 보이는 대화에 참여할 수 있다 하더라도, 그것들은 진정으로 인지적인 것이나 지능적인 것이 아니며, 결코 그런 것이 될 수도 없다.

그런데 다른 철학자들은 소설에서 시리가 말하는 것처럼 설의 사고 실험은 하나의 "오류"를 수반한다고 주장했다. 이는 방 안의 남자가 중국어를 이해하지 못하더라도,

체계가 이해하거든요. 방 안의 모든 부분을 전부 합한 것이, 그러니까 방 자체가 이해해요. 규칙에 따라 옮겨 적는 사람은 그저 하나의 구성 요소예요. 우리 머릿속에 있는 뉴런 하나가 영어를 이해할 거라고 기대하진 않잖아요?

요컨대 중국어를 이해하는 지능적 존재자는 설 자신이 아니라 "체계"로 이해되는 방 전체이다. 그런데 이런 방식으로 질문을 설정하는 것은 초점의 전환으로 이어진다. 전체로서의 방은 중국어를 "이해한다." 그러나 대부분의 사람은 그렇다고 그 방이 의식적이라고 주장하지는 않을 것이다. 다른 한편, 우리는 설령 중국어를 이해하지 못하더라도 설은 의식적이라고 추정한다. 중국어 방 논증은 이러한 차이에 관해서는 말끝을 흐린다. 하나의 뉴런은 영어를 이해하지 못한다. 그러나 우리가 알고 있는 한, 뉴런은 의식적이지도 않다. 그런데 한 명의 인간 전체를 뉴런으로 대체하는 것은 우리의 직관을 왜곡시키는데, 왜냐하면 우리는 설이 의식적인 한에서 중국어를 이해하는 것도 설이어야만 할 것이라고 자동으로 전제하기 때문이다.

그런데 의식이 과연 지능, 지식, 그리고 언어 능력에 대한 필요조건일까? 『블라인드 사이트』는 아마도 그렇지 않을 것임을 암시한다. 시리는 자신을 중국어 방으로 기술하며 처음으로 이 점을 시사했다. 종합가로서 일하면서 시리는 의미론 없이 완전히 통사론(혹은 "패턴 비교 알고리즘")을 기반으로 작동한다. 그것이 시리가 스스로 조금도 이해하지 못하는 담론을 번역하고 다른 사람들에게 전달할 수 있었던 방법이다. 시리는 자신의 일을 거의 자동으로 수행한다. 그리고 이는 우리가 습관적 업무를 수행하는 방식과 같다. 시리가 또한 의식적이라는 사실은 여기에 전혀 개입하지 않는다. 실제로 시리는 이런 방식이 더 낫다고 주장한다. 왜냐하면 시리는 관점이라는 것을 가져서는 안 되었기 때문이다. "종합가는 일하면서 개인적인 의견을 가지지 않는다." 시리의 말에 따르면, "관찰자가 미치는 영향은 최소화되어야 하기 때문이다." 시리는 관찰하고자 하는 체계에 자신이 얽히면 번역 작업에 실패하리라는 것을 알고 있다.

실용주의자나 행동주의자의 관점에서 볼 때, 방(혹은 방 안의 남자)이 진짜로 중국어를 이해하고 있는지는 문제가 아니다. 그와 상관없이 대화는 흘러간다. 그러나 설은 방이 의식적 물질인지, 혹은 차이를 만드는 것인지에 상관없이 의식의 문제를 그냥 "블랙박스"로 둘 수 없다고 주장한다. 어느 지점부터 (그리고 그 언어적 정확성에도 불구하고) 중국어 방은 감각적 대화자와 다르게 행동할 것이다. 설은 관찰할 수 있는 차이가 무엇일지에 관해 말하지 않지만, 여기서 『블라인드 사이트』가 몇 가지를 시사한다.

『블라인드 사이트』를 명석하고 면밀하게 분석하면서, 아담 글라즈는 로르샤흐를 성공적인 챗봇이나 중국어 방으로 묘사한 소설의 묘사는 신빙성이 떨어진다고 주장한다. 이는 로르샤흐가 "정확히 언어의 핵심을 구성하는 요소들을 결여하고 있기 때문이다. 그것은 개념화, 인지, 그리고 (인간 같은) 경험을 결여하고 있다." "언어의 의미론적이고 상징적인 본성"을 볼 때, 훼방꾼들은 소설에서처럼 통사론이나 패턴 비교 알고리즘만을 가지고 말하는 법을 배울 수 없다. 다른 말로 하자면, 글라즈는 설의 논증 기저에 있는 것과 동일한 논증을 펼친다. 통사론은 그 자체로 의미를 생성할 수 없다. 혹은, 소설 속 수전의 말을 빌리 자면, "패턴 비교와 이해는 같지 않아." 그런데 설은 이로부터 알 고리즘적 기계는 설령 그것이 튜링 시험을 통과하더라도 지능적 인 것으로 여겨질 수 없다고 결론을 내린다. 글라즈는 대신 그 런 기계가 애초에 튜링 시험을 실제로 통과하지 못할 것이라고 결론 내린다.

요컨대 글라즈는 『블라인드 사이트』의 핵심에 있는 사고 실험이 선험적으로 불가능하다는 이유에서 그것을 거부한다. 그 러나 나는 글라즈가 틀렸고, 이 소설은 사변적 소설로서 유효 하다고 생각한다. 여기에는 몇 가지 이유가 있다. 우선, 우리가 비지능적인 소프트웨어로 어디까지 할 수 있을지를 모른다는 단순한 사실이다. 통사론과 알고리즘적 수단만으로 얼마나 많 은 언어적 복잡성을 생성할 수 있는가? 비의식적인 말 시뮬레이 션이 어디까지 나아갈 수 있는지에 관한 문제는 경험론적으로 만 해결될 것이다. 물론, 현재 시점에서 인공 지능은 그렇게까지 발달하지 않았다. 현재로서는 알바 노에가 지적하듯이 "아메바 와 같은 가장 단순한 형태의 생명체조차도 가장 강력한 컴퓨터 를 능가하는 지능, 자율성, 독창성을 보여준다." 그러나 자신의 행위에 대한 인지의 결여에도 불구하고 우리는 여전히 체스 게 임에서 이기고, 차를 운전하고, 구두로 연구 질문에 답하고, 수 학적 이론을 증명할 수 있는 기계들을 가지고 있다. 기계가 진정으로 감각적 존재자가 될 수 없다고 말하는 설, 글라즈, 노에가 옳더라도, 챗봇과 디지털 어시스턴트를 개선할 수 있는 여지는 많다.

둘째로, 글라즈의 선험적 주장은 로덴의 단절 테제와 충돌한다. 글라즈가 근본적으로 가정하는 것은 다른 어떤 지능적 종도 우리에게 부여된 것과 같은 종류의, 가능성에 대한 초월론적 조건의 제약을 받을 수밖에 없다는 것이다. "로르샤흐의 통사론적 명령은 그것이 전형적인 인간의 인지력을 갖추고 있거나 지구상의 다른 유기체가 진화한 특징적 방식으로 진화했다는 것을 의미한다." 그러나 로덴은 인간적 규범에 근거하여 지능적인 포스트휴먼 존재자의 본성을 제약할 수 없다고 주장한다. "초월론적 철학이 포스트휴먼의 가능성에 대한 한계를 설정한다고 간주되어서는 안 된다." 사실, 지능적 비인간 존재자를 위한 가능성의 공간은 완전히 "인간학적으로 제한되지 않은" 공간이다. 우리는 우리 자신과 가설적인 지능적 외계인 사이에 있는 "공통 세계, 즉 공유된 지평선으로서의 세계"를 가정할 수 없다. 이것이 로덴이 "폭넓은 인간 후손"이라 부른 것에 적용된다면, 인간 전조precursor가 전혀 없는 지능적 존재자에게는 더 강력한 이유를 근거로 적용될 수 있을 것이다. 훼방꾼이 우리와 같지 않은 한, 그들이 우리가 말하는 방식으로 말할 수 없으리라고 주장하는 글라즈는 옳다. 그러나 이로부터 훼방꾼이 인간 언어를 이해하지 않고는 다른 수단을 통해 인간의 언어를 시뮬레이트할 수 없을 것이라고 추론했을 때 글라즈는 틀렸다. 그러한 가능성은 선험적으로 배제되기보다는 경험론적으로 시험될 수 있을 뿐이다.

셋째로, 글라즈는 로르샤흐가 가짜 언어 능력을 구현할 수 없다고 주장하는 데 너무 많은 시간을 허비하고 있어서 훼방꾼들의 언어 사기가 궁극적으로 실패한다는 점은 전혀 주목하지 않았다. 시간이 좀 걸리지만, 수전과 그녀의 인격들은 결국 알게 된다. 그들은 로르샤흐의 말이 지나치게 회피적이라는 점을 포착한다. "저것들은 그저 약삭빠른 게 아냐. 어떨 때는 완전히 난독증 환자 수준이라고 … 게다가 인칭대명사를 혼동하고." 오늘날의 챗봇과 마찬가지로, 그것은 모호한 일반론을 반복하고 자의적인 논점을 고집하며, 그들의 대화자들의 질문에 대답하는 대신 그들에게 질문을 되돌려줌으로써 자신의 이해 결여를 은폐하려고 한다. 또한 "계산된 모호성" 및 너무 많은 재귀 수준과 함께 말이 제공될 때 로르샤흐는 혼란에 빠지는 것처럼 보인다. 다시 말해서, 처음 나타났을 때와 달리, 훼방꾼은 무한한 언어 능력을 갖추고 있지 않다. 인간 언어에는 훼방꾼들이 적절하게 흉내 내거나 반응할 수 없는 수많은 오묘함이 있다.

이것이 이 소설의 논증의 핵심이다. 언어에 적용되는 것은 의식 일반에도 적용된다. 테세우스의 과학자들은 궁극적으로 훼방꾼들의 언어 사용이 가짜일 뿐만 아니라, 더 일반적으로는 그들이 — 놀랄 만큼 높은 수준의 지능을 가졌음에도 불구하고 — 전혀 의식적이지 않다는 것을 발견한다. 간단히 말해서 훼방꾼들은 자신들을 자아나 주체로서 인지하지 못한다. 수전은 훼방꾼들의 정신이 어떻게 작용하는지를 알아내기 위해 포획한 훼방꾼을 시험할 때 이 점을 발견한다. 수전은 훼방꾼들이 이해하는 것처럼 보이는 도상적 의사소통 체계를 창안한다. 그러나 수전이 훼방꾼에게 도상 목록에서 객실에 있는 모든 것을 고르라고 할 때, 훼방꾼은 틀린 대답을 한다. 훼방꾼은 자신을 목록 속에 포함하지 못한다. 훼방꾼이 알고 있는 것과 훼방꾼이 "알아차리고" 있는 것 사이에는 차이가 있는 것처럼 보인다. 훼방꾼은 방에 있는 다양한 사물을 볼 수 있는 것과 마찬가지로 자신이 방에 있다는 것을 객관적으로 안다. 그러나 훼방꾼은 다른 사물을 깨닫는 방식이나 우리가 자신의 현전을 깨닫는 방식으로는 자기 자신의 현전을 깨닫지 못한다.

수전이 시리에게 설명하듯,

> 저 훼방꾼들은⋯ 답을 알고 있어, 시리. 그들은 지능적인 존재자야, 그들이 그렇다는 걸 우리도 알아. 하지만 그들은 고통을 주지 않는 한 자신들이 안다는 것을 모르는 것만 같아. 마치 모든 감각에 걸쳐서 맹시를 겪는 것처럼.

"고통을 주지 않는 한"이라는 조건은 수전이 훼방꾼을 심문하는 방식을 가리킨다. 수전은 훼방꾼들이 질문에 틀리게 대답하거나 아예 대답을 거부할 때마다 고전압 마이크로파로 사정없이 고문한다. 시리가 냉소적으로 말하듯, "이것이 바로 다른 지적 생명체와 소통하는 방법이다. 비명과 말을 구별할 수 있을 때까지 고통을, 그리고 또 고통을 주는 것이다." 그럼에도 불구하고, 수전과 시리는 자신들이 하는 행위가 용납할 만하다는 것을 스스로에게 납득시키려고 한다. 훼방꾼은 사실 고통을 느끼지 않기 때문이다. "감각적이지 않은 존재자를 고문할 순 없어." 그러나 이건 편리한 알리바이에 불과하다. "전통적인 고문 전문가의 교과서는 … 희생자를 인도적으로 여기는 것을 금기시한다." 훼방꾼들은 의식적인 유기체들과 마찬가지로 고통에 대한 반응으로서 혐오 행동을 보이기 때문이다. 사실, 만약 그렇지 않았다면 훼방꾼들을 고문하는 것은 그렇게 효과적이지 않았을 것이다. 이것이 아무리 모순적으로 보이더라도, 아마 훼방꾼은 사실 고통을 느낀다고 말하는 것이 최선일 것 같다. 그저 고통을 느낀다는 것을 깨닫지 못할 뿐이다.

훼방꾼들은 토머스 메칭거와 레이 브라시에가 선호하는 용어를 사용하자면 효과적으로 네모중심적nemocentric("아무도 아닌 자 중심화")이다. 메칭거에 따르면, 네모중심적 체계는 "여전히 기능적으로는 표상적 구조를 중심화하고 있지만, 누군가로 있음의 현상적 경험을 수반하지는 않을 것이다." 또는, 메칭거의 말을 다르게 표현하며 확장하는 브라시에에 따르면, 네모중심적인 지능은 현상적 자아성을 예시하지 않고도 의식적 경험을 위한 충분한 제약의 집합을 충족시킬 수 있을 것이다. 기능적으로는 자기중심적이겠지만 … 그러나 현상학적으로는 무아 상태로 남아있을 것이다 … 그러한 체계의 실재-모델은 우리 자신의 정보적 내용보다 풍부할 것이다. 왜냐하면, 모든 처리과정 단계에 있어서, 이전의 처리과정 단계에 관한 더 많은 정보가 전체로서의 체계에게 광범위하게 접근 가능한 것이기 때문이다.

이러한 기술은 훼방꾼의 존재 양태를 적절하게 기술하고 있다. "모든 감각에 걸쳐서 맹시를 겪으며," 훼방꾼들은 현상적이고 의식적인 경험의 모든 데이터에 효과적으로 접근할 수 있지만, 거기에 경험 자체가 끼어들지는 않는다. 훼방꾼들의 현존이 어떠한 주체적 차원도 결여하고 있는 한, 그들은 내적 갈등이나 감상에 의해 고통받지 않는다. (우리에게는 불가피한 것과 달리) 훼방꾼들은 자신들의 주체성이 어떤 의미에서도 실체적이라는 상상에 속지 않는다. 그리고 우리가 결코 포착할 수 없는 정신적인 "처리과정 단계"에 대한 그들의 접근은 기준적인 인간은 물론 "학자증후군 수준의" 흡혈귀들을 손쉽게 앞지를 수 있게 한다.

훼방꾼 무리가 훼방꾼 개체 하나를 찢어서 게걸스럽게 먹고 있는 것을 테세우스의 승무원들이 보게 되는 장면에서 이 모든 것이 잘 드러난다. 처음에 인간 관찰자들은 훼방꾼들 사이에

"일종의 내전이 벌어지고 있다"고 추측한다. 그러나 궁극적으로 그들은 그것이 "내전이 아니라," 오히려 "데이터를 떠넘기기, 정보 전달"임을 깨닫는다. 어떤 경쟁심이나 적대감도 개입되어 있지 않다. 훼방꾼의 지식과 기억은 자신의 뉴런에 코드화되어 있다. 평상시에는 "훼방꾼 각자가 분산된 네트워크의 접점으로서 행위하며," 정보만을 전달한다. 그러나 네트워크가 중단되면 앞에서 본 것과 같은 "스니커넷" 즉 물리적 정보 전송에 의존한다. 훼방꾼의 모든 행위는 실용적이고 전략적이다. 훼방꾼들은 감상이나 개인적인 관심에 의해 결코 주춤하지 않는다.

포유류의 자의식으로부터 자유롭다는 점에서 훼방꾼은 사실상 브라시에가 말하는 "개념이 지배하는 이성의 공간 속에서 작동하는 합리적 동인"이다. 우리와 달리, 훼방꾼들은 "의식적 경험의 현상학적 영역에서 주관적 합리성의 규범적 영역을 구별해야" 할 필요성을 고려하지 않아도 된다. 진화가 전자의 상태를 애초에 부과하지 않았기 때문이다. 훼방꾼들은 통속심리학의 환상으로부터 완전히 자유롭다. 훼방꾼들은 감수성에 의해서 방해받을 수 없다. 그 결과 훼방꾼들은 대단히 높은 수준의 지성을 갖게 되었는데, 그 수준이란 우리가 우리 자신의 정신 작용에 관해서 완전한 통찰력을 얻게 된다는 개연성 없는 일이 있은 후에야 다다를 수 있을 그러한 것이다. 브라시에가 말하듯,

표상적 상태의 모든 가능한 신경적 상관항이 식별된, 신경과학의 완성된 상태를 가정한다면, 그처럼 가설적으로 완성된 신경과학이 상정하는 네모중심적 주체는, 소진적으로 객관적인 '아무 곳도 아닌 곳에서 보는 관점'을 경험적으로 설정하고 생물학적으로 체화하는 그러한 존재일 것이다.

『블라인드 사이트』는 첫째로는 포스트휴먼의 기묘한 변화들을 설명함으로써, 그리고 더 나아가서는 훼방꾼과 그들의 네모중심적인 지능에 관해 설명함으로써, 우리가 의식의 중심성과 가치에 관해 갖고 있는 인간중심적인 가정들을 뒤흔들어 놓는다. 훼방꾼의 전략적 능력과 비교해서, "자기 뜻대로 하도록 내버려 두었을 때 의식이 할 수 있는 최선"은 실로 하찮다. 너무도 오랫동안, 우리는 우리의 의식이 우리를 창조의 정점으로 만든다고 가정해 왔다. 그럼에도 시리가 어느 지점에서 말하는 것처럼, 의식에 관한 우리의 모든 과학적 연구와 철학적인 논증은

한마디로 요점을 벗어났다. 그 모든 이론, 도취적인 꿈, 실험, 그리고 모델은 의식이 무엇인지를 증명하려고 노력한다. 그중 어떤 것도 의식의 쓸모가 무엇인지 설명하지 않는다.

후자의 물음에 대한 대답은 다음과 같은 것처럼 보인다 : 별로 쓸모없다. 소설은 현상적 의식이 생존을 위한 투쟁에 있어서 궁

극적으로 약점이며, 우리의 성공이 진화론적인 사고accident일 수도 있다는 점을 시사한다. 우리는 (지금까지) 충분할 정도로 운이 좋아서 진화론적으로 후미진 곳에서 살아왔는데, 그 속에서 지금까지 우리는 비의식적인 지능적 유기체와의 경쟁에 직면할 필요가 없었다. 그런데 우리가 일단 우리의 행성을 벗어나게 되면, 다음을 발견하게 된다.

> 우주 전체에 걸친 진화는 자동적이고 조직적인 복잡성, 자신의 현존을 영원히 알지 못한 채 자기-복제 메커니즘으로 가득 찬 거대하고 무미건조한 튜링 기계의 끝없는 증식에 불과하다.

아마도 우리는 "독사와 육식 동물이 해안가로 밀려오는 동안 외딴섬을 지배했다고 자화자찬하고 있는 날지 못하는 새"일 것이다.

사실, 여기 지구에서도 의식적 알아차림은 이미 도태되는 과정에 있을지도 모른다. 테세우스 승무원들의 포스트휴먼 변조는 이미 이러한 방향으로 흘러가고 있다. 시리는 뇌의 반을 제거했던 수술 전에 가지고 있었던 "생동적" 느낌을 반쯤 기억한다. 한때 그러했던 그 "다르고 또 더 어린 인물"과 비교해서, 지금의 시리는, 스스로 말하듯 "거의 아무것도 느낄 수 없다." 시리는 또한 흡혈귀들이 "어느 정도 감각적"이더라도, 그들의 "반각성적 몽환상태는 인간의 자기 강박과 비슷하게 미성숙함의 징표"일

것이라고 사변한다.

그러나 이에 관해 사변한 것은 시리뿐만이 아니다. 생물학자들 또한 의심한다. 스핀델의 말에 따르면, 인간의 기준을 사용할 경우 "로르샤흐를 임상적인 반사회적 이상 성격자로 부를 수 있으며," 정확히 같은 것을 기업에 관해서도 말할 수 있다. 그리고 커닝햄이 성찰하길,

> 상류층에 반사회성 이상 성격자가 얼마나 많은지를 알아보면 재밌는 결과가 나오겠지 … 무자비하고 자기 이익만 찾는 이기적인 인간들이 성층권 속에서는 그렇게 칭송을 받고 있는데, 지상에서 그렇게 살면 끌려가 구금된단 말이야.

결국, 기업의 간부들은 공감, 후회, 또는 자의식에 의해 방해받지 않을 때 경쟁력을 최대로 올릴 수 있다. "자연선택은 동기를 상관하지 않기" 때문이다. 적당히 흉내만 내도 잘 넘어갈 것이다. 기업의 간부들은 그들이 섬기는 회사의 특징들을 점차 흡수하게 될 것이다. 커닝햄이 말하듯,

> 적어도 로봇이 결여하고 있는 한 가지가 있다면 그건 공감이야. 느끼지 못하니까, 느끼는 것과 진정으로 관계를 맺을 수 없는 거야. 그러는 것처럼 행동할 수 있을 뿐이지.

"전 세계의 기업을 이끄는 엘리트들은 감각 능력이 없다는 거야?"라고 직설적으로 질문을 받자, 커닝햄은 조금 얼버무린다. "어쩌면 이제 막 그렇게 되기 시작한 걸지도." 그러나 기업들의 발전 방향은 명확하다.

이것이 바로 소설의 맨 마지막에 시리가 훼방꾼에 관한 자신의 소식에 귀를 기울일 사람이 아무도 남아있지 않을지도 모른다고 걱정하는 이유이다. 시리가 듣는 유일한 방송이 "교통통제 신호와 원격조종 신호"이고, 음악이 흡혈귀들이 "익숙한 잡음"을 내며 배회하는 소리로 대체되었다면, 이는 이미 인간 사회 속에서 의식의 근절이 잘 진행되고 있다는 것을 암시한다. 로르샤흐는 파괴되었다. 그리고 "만약 게임 이론가들이 수 세대에 걸쳐서 훼방꾼들을 위해 남겨놓은 법칙들을 따라서 그들이 움직인다면, 그들은 돌아오지 않을 것이다." 그런데 훼방꾼들의 위협은 애초부터 불필요했던 것으로 밝혀진다. 인간 존재자는 스스로 의식을 제거하는 일에 착수하고 있다. 지구의 인간 사회가 비감각적인 것이 될 때, 시리의 말에 따르면 "서로 갈등이 일어날 이유가 없을 것이다."

이는 참으로 아이러니하다. 테세우스에서 시리가 경험한 것은 끔찍하고 트라우마적이다. 그 귀결로, 시리는 종합가로서의 객관성에 관한 모든 허상을 상실하고 결국에는 "관점이 중요하다"는 것을 배우게 된다. 마침내 시리는 알도록 강요받고, 느끼도록 강요받는다. 시리는 다음과 같이 인식하게 된다.

사람들은 **합리적이지 않아**. 너는 합리적이지 않아. 우리는 생각
하는 기계가 아냐. 우리는… 어쩌다 생각하는 법도 알게 된 느
끼는 기계지.

결론에 이르러서 시리는 그의 극단적인 수술로 원래의 자기를
"살해당한" 이래 처음으로 "다시 인간Human"이 된다고 말할 수
있다. 그리고 이는 "인간"Human이라는 범주가 네모중심적 지능
으로 대체되면서 절멸되고 있는 바로 그 와중에 일어나는 일이
다. 이것이 시리가 이야기의 끝에서 두려움에 몸을 떨고 자신이
시대착오적일 수 있음을 의심하는 이유이다. "우주에 유일하게
남은 감각적 존재자는 나뿐일지도 모른다."

물론 진정으로 던져봐야 하는 물음은 감수성과 비감수성
사이의 차이가 애초에 중요한 문제냐는 것, 그리고 만약 그렇다
면 어떤 이유에서 중요한 문제가 되느냐이다. 중국어 방이 번역
업무를 정확하게 수행한다면, 방 안에 실제로 의식이 있는지가
중요할 수 있는가? 만약 의식이 "병목 현상"이라면, 우리의 지능
은 "자각에 구애받지 않을 때" 훨씬 더 잘 작동하지 않을까? 만
약 감각적인 사람들의 모든 활동이 "자신의 현존조차 깨닫지
못하는… 똑똑한 로봇"을 통해 위화감 없이 시뮬레이트될 수
있다면, 이것은 현상적 경험 자체를 완전히 쓸모없는 것으로 만
들지 않는가? 감각질을 가지고 하는 일이 무엇이 되었든, 그것에
방해받지 않는다면 더 잘할 수 있지 않을까?

인지주의 철학자들은 의식이 적응적인 것이어야 한다고 주장한다. 그렇지 않았다면 의식이 진화하지 않았을 것이기 때문이다. 그들은 의식의 용도나 목적이 무엇인지에 대해 많은 것을 시사하지만, 그중 무엇도 특히 설득력이 있거나 그럴듯하지 않다. 그러나 아마도 그들은－"의식은 기능과 분리될 수 없다"(미카엘 코헨과 대니얼 데닛의 논문명을 인용하자면)라고 주장하는 것은 물론－애초에 의식이 유용한 기능을 가지고 있다고 생각하는 점에서 착각하고 있다.

그러나 『블라인드 사이트』는 이와는 대조적으로 의식이 역기능적이라는 것, "삐걱거리는 신경학적 관료 조직"이 언제나 방해가 된다는 것을 시사한다. 생존을 위한 투쟁에서 의식은 그렇게 도움이 되지 않는다. 실제로, 의식은 그것을 가지고 있는 유기체에게 무거운 대가를 부여한다. 위험한 시기에 "세련된 자각은 용납될 수 없는 사치이다." 그리고 가장 좋을 때조차도, "나는 에너지와 처리 능력을 낭비하고 정신병 수준으로 자기에게 집착한다."

그러므로 의식은 필수적인 것이 아니라 일종의 사치품, "수익 없는 지출"(바타유) 또는 "생물학적 과잉"(배지밀)의 표현이다. 그것은 효용이 아니라 미학의 문제이다. 시리가 시사하듯,

피드백 고리가 진화해서 안정적인 심장박동이 생겨나고 그러고 나선 리듬과 음악의 유혹에 걸려 휘청거리게 된다. 프랙탈

심상이 흥분을 일으키고, 알고리즘을 통해 거주지를 고르자, 그런 고리가 예술의 탄생으로 전이된다. 적응성이 증가하는 것에서 얻었던 황홀함은 이제는 쓸데없는 내관에서나 얻을 수 있다. 1조 개의 도파민 수용체가 원치 않은 미학을 만들어내더니 체계 전체가 유기체를 설계하는 데서 그치지 않고 그 너머로 나아간다. 설계 과정 자체를 설계하기 시작한다. 체계는 계산하기 위해 점점 더 많은 자원을 소모하고, 끝없는 재귀와 하찮은 시뮬레이션을 돌리는 악순환에 빠진다. 마치 자연적인 게놈 하나하나에 달라붙은 기생성 DNA처럼, 체계는 존속하고 증식하고 오로지 자기 자신만을 생산한다. 이와 같은 메타과정이 암처럼 퍼져나가고, 눈을 뜨자, 스스로를 '나'라고 부른다.

의식은 다윈이 성적 선택에 귀속시키는 몇몇 동물들의 사치스러운 특징들과 좀 유사하다. 공작의 화려한 꼬리는 공작의 생존 가능성을 줄이지만, 미성숙한 상태로 포식자에게 찢겨 죽기 전에 짝을 유혹하여 자손을 남길 확률을 높인다. 공작의 경우처럼, 성적 선택은 종종 그것을 더욱 극단으로 몰아가는 피드백 고리의 폭주에 의해 주도된다. 의식은 성적 차이와는 관련이 없지만, 성적 선택과 유사하게 자기-증폭 과정이다. "적응성이 증가하는 것에서" 얻을 수 없었던 미적 쾌락은 그럼에도 즉발적인 위협을 받지 않을 때 번창할 수 있다. 칸트가 말하듯, 굶주린 인간은 무엇이든 먹을 것이다. 사람들이 요리 취향을 표현하며 맛을 구별하는 것은 "(음식을 향한) 욕구가 충족될 때" 뿐이다.

그러므로 미학에 관한 시리의 설명은 칸트의 것과 공명한다. 그러나 시리의 설명은 칸트의 논증에 대한 전도도 포함한다. 칸트에게 있어서 우리가 미적 경험을 즐길 수 있는 것은 오직 의식적이고 합리적인 정신을 갖추고 있기 때문이다. 그런데 시리의 사변에 따르면, 비합리적인 미적 경험이 먼저 오고, 미적 경험이 결국 그것의 부산물로서 의식을 생성해낸다. 와츠가 소설에 관한 「주석과 참고문헌」에서 논하듯,

> 미학은 사실상 일정 수준의 자각을 요구하는 것 같다. 어쩌면 미학의 진화 때문에 감수성이라는 공 자체가 굴러가기 시작한 걸지도 모른다.

미학은 지성보다는 감수성의 문제에 가깝다. 다른 한편, 알고리즘적, 계산적 체계는 미적 감각력을 필요로 하지 않는다. 실제로 그런 체계는 정확히 시리가 다시 인간이 되기 전에 그러했듯 미적 감각력이 없을 때 더 잘 기능한다. 만약 빅 블루가 카스파로프처럼 재귀적인 자의식과 아름다운 체스 수에 대한 미적 전유에 치우쳐 있었다면, 빅 블루는 결코 카스파로프를 이기지 못했을 것이다. 네모중심적 합리성을 이상화하고 현상적인 자아성으로부터 작인을 분리하는 브라시에가 "'미학'을 매우 경계해야" 하며, "그 용어가 '경험'이라는 깊이 문제적인 용어로 오염

되어 있기 때문"이라고 말하는 것은 놀라운 일이 아니다.

(훼방꾼이나 여기서 그려진 포스트휴먼처럼) 네모중심적인 지능은 미적이고 정동적인 표현을 기껏해야 무의미한 횡설수설, 최악의 경우 공격적인 도발로밖에 보지 못한다. 이것이 시리가 '어떠함' 자체를 결여한 훼방꾼이 되는 것이 어떠한 것인지를 상상했을 때 깨달은 것이다.

당신이 훼방꾼이라고 상상해보라.

지능은 있지만 통찰력이 없으며, 의도는 있지만 알아차림은 없다고 상상해보라. 회로는 생존과 존속, 유연성과 지능, 심지어 기술을 위한 전략을 실행하느라 윙윙거리며 돌아간다. 하지만 그 회로를 감시하는 회로가 없다. 뭐든지 생각할 수 있지만, 아무것도 의식하지 못한다.

어떤 신호와 맞닥뜨렸다고 상상해보라. 그 신호는 구조적이고 정보로 꽉 차 있다. 어떤 기준으로 검사해도 그 신호는 지적인 존재가 전송한 게 틀림없다. 진화와 경험은 그러한 입력을 받았을 때 어떻게 대응할지 정해진 절차도를 제공한다. 그 절차도에는 아주 다양한 선택지와 분기가 존재한다. 동종의 생물이 신호를 보낼 때가 있다. 동종의 생물은 공유할 만한 유용한 정보를 가지고 있을 것이다. 그 경우 혈연선택의 규칙에 따라 그들의 목숨을 지켜줄 것이다. 경쟁자, 포식자, 피하거나 쳐부숴야 하는 적대적 존재들이 신호를 보내는 경우도 있다. 그 경우

그 정보는 전략적으로 중요한 가치를 지닐 것이다. 혈연은 아니지만, 협력자나 상호 간의 이익을 추구하는 공생자가 될 수 있는 존재들이 신호를 보내는 경우도 있다. 당신은 다양한 사태별로 그에 맞는 적절한 반응을 끌어낼 수 있다.

그래서 신호를 해독해본다. 그리고 당황한다.

정말 즐거웠어. 아주 좋은 남자였어. 물론 돔에 있는 다른 남자들보다는 몸값이 두 배는 걸렸지만…

케시의 사중주의 진가를 완전히 이해하려면…

우리가 자유롭기 때문에 증오하는 것이다…

자, 주목해라…

이해해.

이런 문구에 의미 있는 번역은 없다. 쓸데없이 재귀적이다. 유용한 정보도 없지만, 구조에는 여전히 지성이 담겨있다. 그런 신호가 단순히 우연히 만들어질 리 없다.

유일한 설명 방법은 무언가가 유용한 메시지를 가장해서 무의미한 것들을 코드화했다는 것이다. 시간과 체력을 낭비하고 난 후에야 사기가 명백하게 드러난다. 그 신호는 아무런 보상도 없이 적응도만 떨어뜨리게 수신자가 자원을 낭비하도록 기능한다. 그 신호는 바이러스다.

동족이나 공생자나 협력자는 바이러스를 보내지 않는다.

그 신호는 공격 행위다.

바로 거기에서 그 신호가 날아왔다.

그러므로 시리는 아는 법 없이 그저 깨닫게 된다. "테세우스가 출발하기 전에 우리가 선공했다는 거야. 심지어 파이어폴 사건 이전에 말이야." 칸트는 미적 아름다움이 "목적 없는 합목적성," 혹은 "개념 없는 합목적성"을 요구한다고 말한다. 그런데 목적이 없는 메시지 및 신호는 "구조에는 여전히 지성이 담겨 있고," 그러면서 목적적이지만, 전혀 쓸데없는 것이다. 따라서 "아무런 보상도 없이 적응도만 떨어뜨리게 수신자가 자원을 낭비하도록 기능한다." 즉, 오늘날의 용어를 사용하자면, 이 메시지는 우리가 스팸 메일이라고 부르는 것에 불과하다. 미적 표현과 스팸 메일을 구별하는 것은 궁극적으로 불가능하다.

켄 맥로드는 그의 스페이스 오페라 삼부작 『빛의 엔진』에서 아주 유사한 주장을 한다. 이 소설에서 은하계의 지배적인 생명체는 초지능형 소행성들로, 그들은 각각 사실상 막강한 정보처리 능력을 갖춘 실리콘 컴퓨터이다. 이 존재자들은 마치 루크레티우스의 신들처럼 묘사되는데, 침착하게 자신의 이익을 추구하고 대부분의 경우 인간과 다른 감각적인 종들이 하는 일에 조금도 관심을 두지 않는다. "신들"은 무수히 많지만, 그들은 "한 가지에 대해서 거의 만장일치의 견해를 가지고 있다. 신들은 스팸을 좋아하지 않는다."

신들에게 있어서, 인간은 손상된 서버를 가진 답답한 거대 스팸봇이었다. 그게 몇백만 년이 되었든 어느 지점이 되었든, 무의미하게 조금씩만 다른 자신의 수많은 복제품을 만들어내기 시작하는 스팸봇이었다. 우리가 본격적으로 우주로의 확장을 하게 되었을 때 우리가 하고 싶어 할 것은 대부분 스팸 보내기다. 우주 산업…스팸이다. 모라벡의 업로드…접시에 놓인 스팸이다. 폰 노이만 기계…스팸과 칩이다. 우주 거주지…스팸, 스팸, 스팸. 계란과 스팸이다.

다른 말로 하자면, 맥로드의 "신들"에게, 그리고 와츠의 훼방꾼들에게, 우리의 유적존재(맑스가 그렇게 부르듯)는 도발이다. 미학은 스팸이다. 스팸은 마치 바이러스 같으며, 우리가 그 바이러스다. 우리의 사고, 우리의 신체, 그리고 우리의 심장에 흐르는 생명은 "쓸데없이 재귀적"이고 낭비적이다. 다윈주의적인 "전쟁우주"에서 감각력, 알아차림, 그리고 미적 향유는 값비싼 사치품이다. 의식, 미학, 부적응성 및 역기능성은 함께 간다. 그리고 이 사태는 지성의 어떠한 추정된 성취보다도 우리 자신을 포함한 이 땅의 생명을 구별하고 정의하는 것처럼 보인다.

7장

점균처럼 생각하기

원형질성 점균이 되는 것은 어떠한 것일까? 그런 존재자는 어떻게 생각하고 느끼며 세계와 조우할까? 황색망사점균으로 알려진 유기체는 너무도 이상해서 과학소설에나 나올 법한 외계 생명체처럼 보인다. 그럼에도 불구하고 그것은 온 세계에 걸쳐 생식한다. 원형질성 점균 — "참된" 또는 "무세포" 점균으로도 알려진 변형균류Myxomycetes 또는 변형균강Myxogastria — 은 단세포 생명체와 다세포 생명체 간의 차이를 분열시킨다. 생애 주기의 초기 국면에서 볼 때, 원형질성 점균은 수백만 개의 핵을 가지고 있다. 그러나 그것들은 모두 하나의 거대한 세포막 안에 포함되어 있다. 유기체가 성장함에 따라, 모든 진핵생물이 그러하듯 유사분열이 일어난다. 핵은 염색체를 가지고, 분열하고 스스로를 복제한다. 그러나 점균의 경우 — 단세포 또는 다세포 유기체와는 달리 — 핵의 증식이 세포분열을 동반하지 않는다. 하나의 세포체가 단지 확장될 뿐이다. 모든 핵은 서로 맞물려 기이하게 갈라진다.

이 단계에서 황색망사점균은 육안으로 볼 수 있을 만큼 충분히 큰 다채로운 원형질 덩어리이다. 황색망사점균은 SF [영화 속] 괴물 〈블롭〉The Blob의 축소판이라 할 수 있다. 그것은 어둡고, 따뜻하고, 습한 곳에서 번창한다. 덩굴을 뻗으며 그와 함께 스스로 흐르면서 시속 1센티미터 정도의 속도로 움직인다. 이런 방식으로 황색망사점균은 식량을 찾아 자신의 환경을 탐색한다. 그것은 박테리아, 곰팡이, 그리고 부패하는 유기물을 먹는다. 식량원을 발견하면, 그것은 간편하게 세포질 내로 식량을 끌어당긴다. 리드미컬한 맥동이 지속적으로 점균을 가로지른 다. 이것이 영양분과 화학적 신호가 세포의 한 부분에서 다른 부분으로 전달되는 방법이다.

생식기에 들어갈 준비가 되면 점균은 빛에 더 잘 노출된 밝은 곳으로 이동한다. 그러고 나서 작은 줄기 끝에 맺힌 방울 같은 포자형성체를 여럿 자라게 한다. 포자형성체는 포자를 세계에 널리 퍼뜨린다. 포자는 주위의 즉각적 상황에 따라 두 가지 형태 중 하나를 취한다. 건조한 곳에서 그것은 이리저리 흘러나오며 움직이는 아메바가 된다. 그러나 주위에 물이 충분하면 그것은 유주세포나 편모세포가 된다. 각 세포는 작은 편모나 "꼬리"를 한쪽 끝에 가지고 있어 물속에서 휙 하고 스스로 나아갈 수 있다. 이 두 종류 사이에는 유전적인 차이가 없다. 환경이 변화함에 따라, 각각의 세포는 두 종류 사이를 쉽게 왔다 갔다 할 수 있다.

이 포자들은 감수분열, 즉 복제 없는 세포 분열의 산물이다. 포자들은 ─ 보통의 경우에서처럼 두 개가 아니라 ─ 한 개의 염색체를 가진 반수체이다. 즉, 그것들은 생식세포 및 성세포이다. 그러나 그것들은 동물 및 식물과 같은 방식으로 두 성별, 즉 정자와 난자로 나뉘지 않는다. 오히려, 그것들은 여러 교배형 중 하나 ─ 이 체계는 여러 곰팡이류에도 사용되는 것이다 ─ 에 속하게 된다. 황색망사점균에는 최소한 네 가지 교배형이 있다. 정자나 난자 세포와는 달리 교배형은 전문화되지 않는다. 그것들은 거의 다 똑같이 생겼고 똑같이 행위한다. 이계교배를 촉진하는 것이 그것들의 유일한 기능인 것처럼 보인다. 각각의 교배형 세포는 다른 교배형 세포와 결합할 수 있지만, 같은 교배형의 다른 세포와는 결합할 수 없다. 서로 다른 교배형의 두 개의 반수체 세포가 서로 융합할 때, 그것들은 완전한 유기체, 이배성 핵을 가진 접합체를 재구성한다. 일단 이것이 일어나면, 점균은 원형질성 형태를 취하게 된다. 점균은 섭취하고 자란다. 또다시 세포 분리 없이 핵분열(유사분열)이 발생한다. 순환이 계속된다.

황색망사점균의 가장 이상한 점 중 하나는 그것의 원형질성 형태에 있어서 그것은 (대부분의 단세포 유기체와 마찬가지로) 단일 개체로도, 여러 개체로 구성된 (산호초, 개미총, 벌집의 경우처럼) 초유기체로도 정의될 수 없다는 것이다. 그것은 또한 대부분의 다세포 유기체를 특징짓는 것 중 하나인 조직과 장기로의 분화도 결여하고 있다. 대신, 점균은 이상하게 탈중심화된 존재자이다. 즉, 그것은 개체 없고 전문화된 부분도 없으며, 어떤 종류의 분절화된 (또는 위계적) 구조도 없는 집합체이다. 연구자 타냐 레이티와 마들린 비크먼이 설명하듯이 "집합체로서의 〔점균의〕 행동이 그것의 기저에 있는 부분들의 행동의 결과"라고 할지라도, 이러한 부분들은 분리된 현존을 가지고 있지 않다.

각각의 점균은 다수의 미세한 점균 조각으로 구성되어 있으며, 각각의 조각은 부분적으로는 지역 환경에 의해 결정되고, 부분적으로는 각각의 진동자가 인접한 진동자와 혼입하는 방식으로 일어나는 상호작용에 의해 결정되는 빈도로 진동한다.

실제로, 점균을 분할하면 "원형질성 조각들이 주세포에서 분리된 지 단 몇 분 이내에" 그 자체로 "완전한 기능을 갖춘 개체가 된다"는 것을 발견할 수 있다. 요컨대, 집합체의 부분을 분리할 때 얻는 것은 또 다른 집합체이다. 황색망사점균Physarum poly-cephalum은 본질적으로 (poly[여러]+cephalum[머리]라는 낱말이 보여주듯이) 여러 개의 핵이 응집된 것이다. 결과적으로 "무세포 점균의 점액질적 본성으로 인해" 그것은 개체군으로서만 이해될 수 있다. 아마도 우리는 그것을 들뢰즈주의적 다양체로 여길 수 있을 것이다.

다자와 일자의 조합이 아니라, 체계를 형성하기 위해 어떤 통일성도 필요로 하지 않는 다자 자체에 속하는 조직으로 간주하여야 한다.

황색망사점균은 (초파리, 쥐, 꼬마선충C. elegans nematode worms, 혹은 대장균 박테리아E. coli bacteria보다는 작은 규모로일지라도) 생물학 연구의 모범적인 유기체 중 하나가 되었다. 20세기 후반에는 주로 점균의 생애주기와 생식방식에 관한 세부사항에 연구의 초점이 맞춰져 있었다. 그러나 2000년경을 시작으로 보다 최근의 연구들은 원형질성 단계에서 유기체의 행동, 특히 학습과 계산 능력의 특징에 초점을 맞추고 있다. 황색망사점균은 뇌나 신경계를 가지고 있지 않다. 그럼에도 불구하고 그것은 놀라운 인지력을 보여준다. 예를 들어, 그것은 미로를 푸는 데 탁월하다. 미로의 한쪽 끝에 점균을 놓고, 다른 쪽 끝에 먹음직스러운 식량원(보통 오트밀)을 놓으면, 점균은 미로를 탐색하고 식량으로 향하는 가장 짧은 경로를 발견한다.

어떻게 이것이 가능한가? 점균은 시행착오를 통해 작용한다. 그것은 미로의 모든 통로에 덩굴손을 보낸다. 그러나 어떤 막다른 골목에서도 빠져나온다. 그 과정의 끝에서, 그것의 여러 가느다란 덩굴손은 미로를 통과하는 가장 직접적인 경로만을 추적한다. 점균은 어디로 갔는지를 기억하기 위해 "세포외적 점액 흔적을 남겨 외재화된 공간 기억 체계를 사용한다." 이 흔적들은 식량이 없는 경로를 지시한다. 점균은 그 경로를 다시 탐색하는 데 시간과 에너지를 낭비하지 않기 위해 아는 것이다. 황색망사점균의 공간 기억은 내적 표상에 의해서가 아니라 오히려 기억된 공간에 물리적 표시를 남기는 것에 의해서 작용한다. 이 경우 지도는 영역과 실제로 일치한 것이 된다.

황색망사점균은 그러므로 인간 존재자들이 **확장된 정신**이라고 불러온 것에 대한 단순한 사례를 제공한다. 확장된 정신 이론에 따르면, 인지는 뇌에서만 일어나는 것이 아니며 "생물학적 유기체와 외적 자원의 결합"을 수반한다. 나의 정신적 행위 또한 나의 뇌와 신체의 제한을 넘어 확장될 것이다. 나는 당신의 전화번호를 내 정신 속에 기억해둘 수 있다. 그러나 나는 아이폰으로 전화를 걸어서 "기억"할 수도 있다. 아이폰에는 그 번호가 아이폰 자체의 "메모리" 속에 기록된다. 사실상, 내 핸드폰은 나를 위해 기억을 해준다. 나의 주의 환기용 인용부호의 사용에도 불구하고 이 두 가지 대안 사이에는 궁극적인 차이가 없다. 두 경우 모두 내가 원하는 대로 손쉽게 검색할 수 있도록 정보가 물리적으로 저장된다. 나의 인지력은 계산적 작업의 일부를 외부 장치 또는 환경에 떠넘길 수 있을 때 강화된다.

베르나르 스티글레르는 이런 노선을 따라 기술이 인간 특유의 "존재 부족"을 위한 보철적prosthetic 대체물(또는 데리다주의적 대리보충supplement)로 가장 잘 이해된다고 오랫동안 주장해왔다. 우리는 원초적인 결함을 가진 나약하고 무력한 존재자로 태어났다. 발명과 기계의 도움으로 이러한 결함을 극복할 뿐이다. 이것은 우리가 불을 길들인 것, 옷을 만들고 무기를 제조한 것, 최신의 정보 기술에 이르기까지 모든 것을 포함한다. 스티글레르에 의하면, 우리의 공통적 결함, 그리고 그것을 극복하려는 공통적 노력은 인간 사회성의 기반이다.

그러나 뮤리엘 콤베스는 스티글레르를 비판하면서, 그가 "인간이 부족하거나 결여한 것보다 더 많은 것을 공유하고 있을 가능성"

을 무시하고 있다고 시사한다. 희소성은 강제된 조건이다. 우리의 기본적인 사회적 경험은 (맑스와 바타유가 각자의 방식으로 주장하듯이) 넘쳐흐르는 잉여이다. 그러므로 보철 기술은 없는 것에 대한 보충으로서 부정적으로가 아니라, 오히려 기본적인 생명의 표현으로서, 그리고 창안·확장·변혁의 무성한 형태로서 실증적이고 긍정적으로 가장 잘 이해될 수 있다.

어쨌든 그러한 보철적 확장은 어떤 의미에서도 인간 존재자에게만 한정되지 않는다. 황색망사점균조차 이를 보여준다. 외적 자원과의 결합이나 외적 자원의 활용은 모든 생물학의 심장에 위치한다. 유기체는 오로지 자신의 신체 밖에서 자신의 환경을 통해 확장되는 회로를 매개해서만 생존하고, 번창하며, 도달 범위를 넓힐 수 있다. 이런 의미에서, 기억과 인지를 포함한 사고 활동은 먹고, 숨 쉬고, 번식하는 것 같은 다른 생명 활동과 크게 다르지 않다. 존 설이 말하듯,

의식은 생물학적 현상이다. 의식을 소화, 성장, 유사분열 및 감수분열과 나란히 놓고 평범한 생물학적 역사의 일부로 생각해야 한다.

이러한 생명 과정 중 어느 것도 순수하게 내적이고 자족적이지 않다. 이러한 과정 모두 일정 정도의 재귀성을 필요로 한다. 그리고 이러한 과정 모두 유기체가 물리적 환경으로 뻗어나가 그

것과 협력하는 것을 필요로 한다.

황색망사점균이 외적인 기억 흔적을 보철적인 것으로서 사용하는 방식은 (추정컨대) 내가 내 컴퓨터의 메모리를 보철적인 것으로서 사용하는 방식보다는 훨씬 덜 복잡한 것이겠지만 여전히 그 자체로 정교한 것이다. 그것은 무엇보다도 재인지의 과정과 구분을 만들어내는 일정한 능력을 수반한다. 일반적인 상황에서 점균은 스스로 표시한 흔적뿐만 아니라 동종이 표시한 흔적도 피한다. 동시에, 다른 종이 표시한 점액 흔적에는 주의를 기울이지 않는다. 그러나 "만약 그 유기체가"(아마도 화학적 구배를 감지함으로써) "식량의 현전을 지각한다면, … 세포 외적 점액 흔적이 현재하더라도 그 영역에 들어갈 것이다."

이 모든 것은 연구자들이 말하는 것처럼 "세포 외적 점액이 퇴치제가 아니라, 식량원이 없을 것 같은 영역에 대한 신호로서 작용한다"는 것을 시사한다. 다른 말로 하자면, 점액 흔적은 보호용 방어막이 아닌 정보의 원천으로 작용한다. 황색망사점균은 "규칙의 계층구조를 사용한다." 그것은 고착된 신호에 똑같이 고착된 반사작용을 가지고 반응하는 것이 아니라, 하나의 사례를 다른 사례로부터 분화한다. 그것은 수집한 정보를 평가하는 방식에서도 뉘앙스를 드러낸다.

외적 공간 기억 외에도, 황색망사점균은 내적 시간 감각, 즉 "유기체가 주기적인 사건을 예기할 수 있게 해주는 세포 내적 기억력"을 가지고 있다. 이 능력을 시험하기 위해, 연구자들은 우선 황색망사점균을 그것이 선호하는 따뜻하고 습한 상태로 두었다. 그런 다음 일정한 간격으로 잠깐 시원하고 건조한 공기에 노출하고, 그러한 실험이 끝날 때마다 다시 호의적 상태로 되돌려 놓았다. 황색망사점균은 추위와 건조 상태에 반응해서 활동 속도를 늦춘다. 습기와 온기가 회복되면 다시 활동 속도가 빨라진다. 세 번 정도의 실험 이후, 점균은 차갑고 건조한 공기가 주기적으로 되돌아옴을 예기할 수 있게 된다. 적당한 시간이 지나면 점균은 자발적으로 활동 속도를 늦춘다. 이것은 파블로프의 개와 아주 유사한 조건반사이다. 여기서 다시 황색망사점균은 뉴런이나 어떠한 세포 분화 없이 그것을 드러낸다.

이 실험을 수행한 연구자들은 뇌가 부재하더라도 "황색망사점균의 다재다능한 리듬 감각은 여러 다른 생화학적 진동자에서 비롯되며 … 그것은 연속적인 빈도 범위에서 작동"한다는 가설을 세운다. 다시 말해, 황색망사점균의 세포질에서 대조적 리듬을 동시적으로 사용하면서 계속해서 흐르는 맥동들은 일종의 내적 시계로서 작용한다. 여기서 "리듬"은 그저 화려한 비유가 아니다. 실제로 한 연구자 집단은 점균의 "여러 생리적 상태에 상응하는 전기적 활동"을 음악으로 변환하는 데 성공했다. 연구자들은 심지어 유기체의 행동을 조작하여 자신들이 원하는 특수한 소리를 내게 할 수 있었다.

이 실험은 실용적인 것이 아니라 단지 개념을 증명하는 것이었다. 점균 자체는 추정컨대 듣지 못했을 것이고, 자신의 행동에서 추출된 음악에는 전혀 흥미를 보이지 않았다. 그러나 이종 간 신호전달의 가능성은 리듬 있는 맥동이라는 공통성(또는 칸트가 말하는 미적 "보편적 소통 가능성")이 있다는 것을 시사한다. 모든 생명체는 스티브 굿맨이 "진동력의 존재론"이라 부르는 것에 참여하는 것 같다. 이 "진동력의 존재론"은 화이트헤드가 "정서적 에너지의 약동"이라 부르는 것으로 특징지어진다. 이런 측면에서, 비록 외적으로만 공간의 배치를 기억할 수 있지만 황색망사점균이 내적으로 시간의 흐름을 느낀다는 것은 아마도 우연이 아닐 것이다. 만약 칸트(그리고 베르그손)가 처음부터 점균이 감각적 존재자라는 것을 알았다면, 정확히 이 사태를 예상했을 것이다.

이러한 모든 인지력을 가지고, 점균은 미로 해결뿐만 아니라 네트워크 설계와 다른 영양소와의 균형 잡기를 포함한 더 복잡한 계산적 문제를 해결할 수 있다. 황색망사점균은 실제로 "네트워크의 전송 용량을 최대화하고 네트워크 크기와 길이를 최소화"하면서 네트워크 패턴을 매우 견고(고장 및 장애에 대한 내성을 갖는 방식)하게 최적화할 수 있다. 한 유명한 실험에서, 황색망사점균은 도쿄 지하철의 설계를 재현하도록 유도되었다. 연구자들이 열차의 정류장에 상응하는 모든 지점에 식량을 배치하자, 점균은 여러 흩어진 식량원 사이에서 가장 효율적인 경로를 만들어냈다.

전반적으로, 우리는 황색망사점균의 네트워크가 비용, 운송 효율성, 그리고 결함허용 능력의 측면에서 철도 네트워크와 유사한 특징을 보인다고 결론 내려야 한다. 그러나 황색망사점균의 네트워크는 중앙집권화된 통제나 명시적인 전체적 정보 없이 선호된 경로의 선택적 강화와 불필요한 연결의 제거를 동시에 처리하는 과정에 의해 자기-조직화한다.

이후의 연구들은 실제로 세계에 걸쳐 존재하는 여러 교통망과 심지어는 발칸 반도의 고대 로마식 도로망을 포함하여, 점균으로 하여금 그 외의 경로와 연결의 복잡한 구조를 시뮬레이트하게 하는 데서 이러한 성공을 반복해서 거두어 왔다. 중요한 점은 황색망사점균이 중앙집권화된 방향성 없이, 그리고 사전 계획 없이 이것을 달성한다는 것이다. 연구자들이 지적한 바와 같이, 인간 구축자들은 네트워크 구조를 설계하는 데 있어서, 적어도 초기에는 일반적으로 "하향식 설계 패러다임"을 사용한다. 그러나 물론, 상태가 변화하고 네트워크가 성장함에 따라, "필요에 따른 수정이 애드혹[즉석에서 마련된]ad-hoc 방식으로 이루어진다." 그러나 황색망사점균은 이와 대조적으로 일반적이고 분산적이며, 그리고 "견고한 네트워크의 자기-회집을 위해서" 완전한 상향식 패러다임을 제공한다.

"복잡한 영양상의 고난"에 대한 황색망사점균의 반응에 관한 연구는 덜 행해졌지만, 그러나 여기서도 그 유기체는 신중하고 복잡한 선택을 내릴 수 있는 것처럼 보인다. 점균은 "탄수화물보다 단백질로 2배 많이 구성된 식단에서" 가장 잘 자란다. 다양한 식량원을 제공할 때, 점균은 이상적인 2:1 비율에 가장 근접한 조합을 선택한다. 점균은 또한 더 넓은 수렵 채집 지역에 뻗어나가 질적인 측면에서 부족한 것을 양적으로 보충함으로써 식량원의 희석효과에도 대응한다. 연구자들은 이 행동을 온전히 설명할 수 없다. 그러나 그들은 몇 가지를 시사한다.

> 황색망사점균의 세포간질 내에서 영양 신호가 어떻게 통합되는지는 알려지지 않았지만, 국소적 영양분 감지 메커니즘, 운동, 그리고 성장 반응을 포함하여 온전히 분산된 것처럼 보인다.

"비관습적 계산[대체 컴퓨팅]"unconventional computing 분야의 앤드루 아다만스키를 비롯한 연구자들은, 분산된 상향식 과정을 통한 네트워크 최적화와 영양 섭취에 대한 황색망사점균의 능력을 바탕으로 점균을 보다 일반적인 계산 장치로 사용하는 실험을 수행한다. 점균의 조직적 효율성으로 인해,

> 점균은 입력(빛, 화학적 구배, 온도 등), 동시 의사 결정, 그리고 분산 작용을 동시에 처리할 수 있다. 이에 뒤따르는 행동 패턴 — 이는 본질적으로 유전적으로 코드화된 (본유적인) 채집 행동인데 — 은 계산의 한 형태로 해석될 수 있다.

계산이 정확히 무엇을 의미하는지, 그리고 어떻게 그것이 살아 있는 유기체에 의해 달성되는지에 관해서는 아직 일반적으로 합의된 것이 없다 — 어떻게, 그리고 어느 정도까지 그러한 생물학적 활동이 인간이 구축한 전자 컴퓨터가 작용하는 방식과 비교될 수 있는지에 관한 문제는 말할 것도 없다. 이는 이론적으로 중대한 문제이기는 하지만, 그렇다고 반드시 어떤 실용적인 난점으로 이어지는 것은 아니다. 황색망사점균의 "유전적으로 코드화된 (본유적인) 채집 행동"은 우리가 이러한 행동들이 어떻게 그리고 왜 작용하는지를 완전히 이해하지 못하더라도 문제를 해결하는 데 사용될 수 있다. 점균의 행동을 계산의 형태로 해석하는 것에서, 이러한 행동에 기초한 "대규모–병렬 무정형 계산기"를 구현해내는 것으로 나아가기 위해서는 단 한 걸음만 더 내디디면 된다. 이러한 방식으로 점균 자체의 특수한 문제나 관심을 넘어서는 일반화가 가능해진다.

황색망사점균에 기반한 계산은 다양한 방식으로 시행될 수 있다. 한 가지 접근법은 관찰된 점균의 행동에 대한 성공적 모델로 만들어낸 알고리즘으로 계산기를 프로그래밍하는 것이다. 그 예로는 테로와 그의 동료들의 "점균 해결사"가 있는데, 이 모델은 유기체 자체와 마찬가지로 "현실 세계 네트워크 체계에서 많은 지점(정류장) 사이의 최단 경로를 발견할 수 있는" 수학적 모델이다. 이 알고리즘은 추상적인 수학적 추론에서 유래한 것이 아닌 황색망사점균의 실제 "관 형성의 생리학적 메커니즘"

을 관찰함으로써 도출된 것이다.

원형질의 왕복 흐름이 일정 시간 동안 정해진 방향으로 지속하면 관이 지정된 방향으로 두꺼워진다. 이는 보다 두꺼운 채널에서 졸sol의 전도성이 더 큰 것과 마찬가지로, 유동과 관 두께 사이에 긍정적인 피드백이 있음을 함의한다.

알고리즘은 ─ 흐름과 두께, 그리고 그것들 사이의 피드백 측면에서 ─ 황색망사점균의 실제 행동을 정확하게 모델링하는 한, 그 유기체가 성취하는 것과 동일한 계산 결과를 도출할 것이다. 그러나 "채집 행동"이 사실 먼저 온다는 점을 인식하는 것은 중요하다. 점균은 사전에 주어진 수학적 구조를 구현하지 않는다. 오히려, 구조 자체는 유기체의 구체적인 습관과 활동으로부터 우리가 추상화하는 것, 즉 과거로 소급하여ex post facto 우리가 추상화하는 것이다.

황색망사점균에 기반한 계산에 대한 또 다른 접근법으로는 살아있는 점균 기질을 "전기적 입력/출력"에 실제로 연결하여 "점균이 계산 장치와 전기 전도체의 이중적 역할을 수행하는 광결합"을 구현하는 것이 있다. 아다만스키와 연구자들은 "장애물 없는 경로 계획하기"와 그 외의 계산적으로 어려운 작업을 수행할 수 있는 "NOT과 NAND 논리게이트"에 대한 원형질성 등가물을 구축했다. 이것은 단순히 개념을 증명하는 것 이상의

것이다. 점균에 기반한 계산의 경우,

> 인간적으로 편향된 개념에 기반한 관습적인 계상 생성 모델로
> 는 발견하거나 드러낼 수 없는 패턴을 탐지하거나 요인을 고려
> 할 수 있으리라는 것은… 선험적으로 명백한 것이다… 점균 기
> 계는 실제로 관습적인 계산 방법에서는 감지되지 않는 다양한
> 방식으로 생성한 현상을 모델링할 수 있다. 이 방법의 휴리스틱
> 적인 역동성은 사실 점균이 단순히 계산하지 않는다는 사실에
> 놓여 있다. 그것은 계산적 언어로 번역될 수 있는 편향되지 않
> 은 물리적, 화학적, 생물학적 법칙을 따른다.

다른 말로 하자면, "관습적" 계산은 인간적, 너무도 인간적이다.
그것의 효율성은 그것의 불가피한 인간중심주의적 편향에 한
정되어 있다. 우리는 계산 절차를 당연한 것으로 여기는 경향
이 있다. 우리는 그것을 객관적이고 결정론적인 것이라고 가정
한다. 왜냐하면, 동일한 알고리즘이 동일한 데이터에 실행될 때
마다, 동일한 결과가 나오기 때문이다. 그러나 우리는 해커의 이
오래된 격언을 기억해야 한다. "무가치한 데이터를 넣으면 무가
치한 결과가 나온다." 어떤 계산도 그것의 최초 입력보다 더 낫
거나 정확할 수 없다. 그리고 실제로, 이것은 제한적이고 부정확
한 입력만의 문제가 아니다. 그것은 알고리즘적인 절차들 자체
에도 적용된다. 모든 알고리즘은 특수한 가정의 집합을 코드화

한다. 우리 자신의 알고리즘(또는 우리의 진리 절차, 또는 "이유를 제시하고 요구하는 게임"에서 우리가 두는 수)이 포괄적이기는커녕 아무튼 완전히 객관적이라고 가정할 근거도 전혀 없다. 점균 기반의 계산이 지닌 가치는 정확히 그 유기체가 인간적 편향과 가정을 공유하지 않는다는 것에 있다. 그것이 반드시 우리보다 "객관적"이라고 여길 필요는 없다. 그러나 그것은 우리의 것과는 다른 편향과 가정을 가지고 있다. 그러므로 그것은 우리가 우리의 것 속에서는 결코 생각할 수 없을 구분과 심지어 알고리즘적 절차까지도 시사할 수 있다.

또한, 연구자들이 말하듯이 "점균은 단순히 계산하는 것이 아니다"라는 점을 유념하는 것이 중요하다. 그것은 엄격한 선험적 규칙을 따르는 것이 아니라 "편향되지 않은 물리적, 화학적, 생물학적 법칙"에 의존하여 "휴리스틱적인 역동성"에 따라 작동한다. 이것이 의미하는 바는 점균이 다른 유기체들과 마찬가지로 자신의 환경에 이미 존재하는 행동 유발성과 인과관계의 기회주의적 이점을 이용한다는 것이다. 단순한 물리적 과정이 그것들의 적응적 결과로 이어질 때, 조직된 행동은 유전자에 정교하게 코드화되거나 명시적 계산에 의해 유도될 필요가 없다. 예를 들어, 벌들은 육각형 벌집을 만들도록 유전적으로 프로그래밍되어 있지 않다. 그리고 그들은 일반 육각형이 가장 효율적인 포장 구조라는 것을 드러내는 알고리즘을 풀지 못한다. 벌들은 그저 밀랍을 나란히 포장하며 구조 지을 뿐이고, 표면장력은 자동으로 육각형 모양을 만들어낼 뿐이다.

이는 황색망사점균에 관해서도 참이다. 그것은 이미 존재하는 물질적 행동 유발성(여기에는 점액 흔적과 맥동의 물리적 특성이 포함된다)에 의해 제공되는 지름길을 활용하여 인지 기능을 달성한다. 우리가 사고를 특별한 것이 아니라 다른 모든 것과 나란히 특정한 생리학적 생명의 과정으로 간주해야 하는 또 하나의 이유가 여기에 있다. 정신적 활동은 다른 생명 활동 못지않게 언제나 체화된 것이고, 언제나 특정 매개체에 근거한다. 물론, 우리가 소프트웨어에서 살아있는 과정을 시뮬레이트할 때 그러는 것처럼, 이러한 특수성으로부터 추상화할 수 있다. 그러나 우리는 항상 그러한 외삽의 제한성을 깨닫고 있어야 하며, 계산과 인지의 추상적이고 이상화된 관점으로 그러한 활동을 기술하는 데 주의해야 한다.

이것이 아마도 비크먼과 레이티가 황색망사점균의 인지적이고 계산적 성취를 열거한 후에, 이 유기체가 "심지어 비합리적으로 행동하기까지 한다"고 덧붙이는 이유일 것이다. 인지과학은 통상적으로 (효율성, 최적화, 그리고 효용성의 극대화를 의미하는 것으로 이해되는) 합리성을 기반 또는 핵심으로 가정한다. 물론, 이는 행위자들(인간이든 아니든)이 어떤 의미에서든 그 자체로 합리적이기 때문이 아니다. 그러나 자연선택의 과정은 (그리고 아마도 이것을 모방하여 소위 "자유 시장"의 "보이지 않는 손"이라고 불리는 것은) 열등한 결과들을 자동으로 그리고 심지어는 반복적으로 제거하도록 이끌게 된다고 가정된다. 효율적인 알고리즘은 그렇지 않은 알고리즘보다 성능이 우수하고 복제성이 우수하다는 것이다. 그 귀결로 개체적 의도와 알아차림에 상관없이 가장 합리적인 행위와 절차만이 살아남는다.

물론, 이런 견해는 극단적인 이상화이다. 이런 견해는 행위자들이 직면하는 각각의 상황이 나머지 모든 상황으로부터 완전히 독립적일 때, 과거가 현재에 영향을 미치지 않을 때, 그리고 모든 행위자가 자신을 둘러싼 환경에 관한 "완전한 정보"를 가지고 있을 때만 통용될 수 있다. 이 모든 조건이 터무니없이 반사실적이라는 것을 볼 때, 합리성에 관한 인지주의적 가정은 그 자체로 (대부분의 이론적 가정과 마찬가지로) 기묘한 우화, 감수성의 허구에 다름 아니다.

그럼에도 불구하고, 본격적인 "비합리적 의사결정"은 세계 속에서 상대적으로 드문 현상이다. 그것은 가장 복잡하고 정교한 체계(일반적으로 살아있는 체계)만이 드러낼 수 있는 것이다. 레이티와 비크먼의 "다소 놀라운 발견" 뒤에 숨어있는 진정으로 놀라운 점은 마치 뇌를 가진 유기체와 마찬가지로 황색망사점균이 그것의 식량원들 사이에서 불완전한 대안이 제시되었을 때 잘못된 "경제적" 결정을 내린다는 것이다. 즉, 점균은 (소비 사회에서 인간 쇼핑객들이 그런 것처럼) 신고전주의 경제학이 가정하는 방식에서 "경제적으로 합리적인 선택"을 내리지 않는다. 대신 무엇을 할지 결정하는 데 있어서 빠르고 투박한

quick and dirty "비교 가치평가의 규칙"을 사용한다. 그러한 규칙은 효용이나 만족도를 아주 엄격하게 최대화하는 것이 아니라 주어진 순간에 이용 가능한 다양한 대안을 적당히 비교한다.

경제적 합리성은 엄밀하게 정의해서 "선택 집합에 가치가 더 적은 새로운 선택지가 추가되었을 때, 의사결정자의 특정 선택지에 대한 선호도가 변하지 않아야 한다"라는 것을 수반한다. 그러나 비교적 최근의 행동경제학은 인간이 보통 이런 식으로 행동하지 않는다고 지적한다. 비교 가치평가 규칙이 사용될 때 우리는 바람직하지 않은 "미끼," 즉 이전 선택지 중 하나보다는 명백하게 나쁘지만 다른 선택지들과 비교해볼 때는 평가하기가 애매한 "비대칭적으로 지배적인 대안"의 추가에 의해 현혹될 수 있다. 그런 미끼가 가능성의 목록에 추가되면 소비자들은 그 미끼보다 더 나은 것이 분명한 대안을 과대평가하는 경향이 있다. 그 귀결로 우리의 의사결정 전략은 "공리적 합리성에서 이탈한다."

레이티와 비크먼은 황색망사점균이 우리가 미끼 효과에 현혹되는 것과 같은 방식으로 현혹된다는 것을 발견했다. 그들은 점균에게 "영양분(오트밀)의 농도와 빛에 노출되는 정도가 다른 식품 원반들" 사이에 있는 일련의 극악한 대안을 제시하였다. 풍부하고 영양분이 충분한 식량원은 밝게 조명되었고(이는 점균에게 위험하다), 희석되고 영양분이 적은 식량원은 어둠 속에서 안전하게 접근할 수 있게 되어 있었다. 잘 먹은 점균과 굶주린 점균은 모두 제공된 식량원에서 같은 거리만큼 떨어져 배치된다. 이러한 두 선택지가 주어질 때, "점균은 빛에 노출되는 것과 식량의 질 사이를 저울질했다." 그런데 그러한 저울질은 미끼가 등장하면서 "비합리적으로" 왜곡되었다.

왜 이런 일이 일어나는가? 연구자들은 다양한 가능성을 제시한다. 빠르고 투박한 휴리스틱은 비록 그것이 때때로 열등한 결과를 초래한다고 하더라도 합리적 규칙보다 전반적으로 더 유리할 수 있다. 그 이유는 합리성이 "계산적으로 비용이 많이 들기" 때문이다. 그 유기체는 최적화된 선택을 행한 결과로서 절약할 에너지보다 완전히 최적화된 선택을 하기 위해 더 많은 에너지를 소비해야 할 것이다. 따라서

> 자연선택은 정확하지만 더 강도적인 절대적 의사결정 전략보다 계산적으로 효율적인 비교 전략을 선호할 수 있다… 비합리적 행동은 일정한 환경 조건에서 유기체의 기대이익을 극대화하는 것과 일관될 수 있다.

게다가, "초기 조건"은 유기체의 "최종 선택"에 강력한 영향을 미친다. 일단 점균이 한 접근법에 자원을 투자하면, 다른 접근법으로 전환하는 것은 그 접근법이 궁극적으로 더 나을지라도 그럴 만한 가치가 없을 수도 있다. 또 한편, 레이티와 비크먼은 자신들의 실험 조건이 지나치게 인위적이었을지도 모른다고 시사한다. 유기체의 행동은

실험의 맥락에서는 부적응적인 것으로 보일 수도 있지만, 점균이 진화했던 환경에서는 잘 통용되었을 것이다.

가장 흥미로운 점은 레이티와 비크먼이 "살아있는 체계가 정보를 처리하는 방식의 필연적인 결과로서 비교 의사결정 전략이 발생할 수 있다"라고 말한다는 점이다. 다른 말로 하자면, 생물학적 정보처리과정은 현재의 계산 이론에 의해 이해되지 않는 "내적 제약"intrinsic constraints에 의존하는 것일 수도 있다. 주어진 알고리즘의 논리는 추정적으로 (또는 이상적으로) 어떤 매개체에서든 구체화될 수 있다. 그러나 사실, 한 매개체 또는 다른 매개체(이 경우에는 생물학적 세포라는 매개체)의 물질적 특성은 어떤 절차가 효과적인지 또는 심지어 가능한지를 제한할 수 있다. 비교 변동 규칙이 제공하는 빠르고 투박한 지름길은 근본적인 생물학적 특징들에 의해 강제된 것일 수 있다. 설령 우리가 그 특징들이 무엇인지 알지 못한다고 하더라도 말이다.

또한 점균의 "비합리적" 행동에 대해서 수학적 분석을 할 여지가 있다고 하더라도, 그 유기체는 여전히 어떤 특정한 사례에서도 예측할 수 없는 방식으로 행동한다는 것을 염두에 두어야 한다. 동일한 시험이 여러 번 실행될 때 반응이 항상 같지는 않다.

심지어 하나의 처치집단 내에서도 점균의 선택은 다양하다. 이러한 사태는 특히 우리가 체중, 영양 상태, 유전적 차이를 통제했다는 것을 고려할 때 놀랍다.

다른 말로 하자면, 점균이 비교 가치평가 규칙을 준수하는 것은 모든 사례에서 보편적으로 관찰되는 것이 아니라 통계적 평균이다. 저자들은 다음과 같이 쓴다.

우리가 관찰한 몇몇 가변성은 실험의 초기 조건에 있던 약간의 차이에서 발생한다⋯이러한 초기 조건상의 작은 차이와 생물량 결합 메커니즘을 통한 피드백이 결합하면 궁극적으로 관찰된 가변성을 초래할 수 있다.

그런데 이것은 모든 유기체에 의한 어떤 자발적인 결단에도 해당하는 것이 아닌가? 비요른 브렘브스가 그의 "생물학적 특징으로서의 자유 의지"에 관한 논의에서 주장하듯, "결정론 대^{vs} 비결정론이 잘못된 이분법"이 되는 지점이 있다. 생물학적 의사결정의 초기 조건에 대한 "불안정한 비선형성"과 민감성은 "완전한 (또는 양자의^{quantum}) 무작위성과 순수한 라플라스의 결정론"을 모두 불가능한 것으로 만든다. 초기 조건에 대한 민감성이 식별될 수 없는 지점에 가까워짐에 따라 "우연과 필연"을 구별하는 것은 무의미해진다. 오히려, "그러한 현상들은 법칙적이면서도 비결정적인 다수의 구성요소를 포함한다." 행동의 비합리적 가변성은 명확한 생존 가치를 가지고 있다. 왜냐하면, 비합리적 가변성은 포식자들이 그 유기체가 무엇을 하는지 예측하고 예기할 수 없게 만들기 때문이다. 실제로,

> 진화는 우리의 뇌가 "무질서도"stochasticity를 통제된 방식으로 시행하도록, "의지로" 가변성을 주입하도록 형성했다. 그러한 시행이 없다면, 우리는 존재하지 않을 것이다.

브렘브스는 동물 뇌와 신경계에 관해 말한다. 그런데 레이티와 비크먼은 브렘브스의 관찰이 뇌 없는 유기체에도 적용된다는 것을 보여준다. 모든 생물체에 있어서, 행동에는 비결정성의 여백이나 잔여가 있기 때문이다. 이 점이 자발적 결단 같은 것을 가능하게 만든다. 황색망사점균의 행동은 사전에 결정된 것이 아니며, 오히려 유연하고 상황적이다. 레이티와 비크먼이 요약하듯,

> 점균은 다양한 출처의 정보를 통합하는 복잡한 결단을 내릴 수 있다…이는 점균의 의사결정 메커니즘이 동물의 뉴런 기반 의사결정 체계와 실질적으로 다르다는 것이 분명하다는 점을 고려할 때 주목할 만하다. 실험 결과는 그러므로 뇌가 여러 형태의 의사결정을 위한 전제조건이 아니라는 것을 암시한다.

우리는 황색망사점균이 — 활동적으로 식량을 탐색하고 소비하는

것과 마찬가지로 ― 활동적으로 느끼고 생각하기도 한다고 정당하게 말할 수 있다. 이러한 작업에 특정하게 전념하는 조직과 장기가 부재함에도 말이다. 점균은 입이 필요하지 않은 것과 같은 의미에서 뇌가 필요하지 않다. 자신의 환경 속에서 유기체 전체가 이미 "뇌로서 행위한다."

비크먼과 레이티는 따라서 "생물학적 의사결정의 모델로서" 황색망사점균이 더 폭넓게 채택되어야 한다고 주장한다. 단순히 점균이 연구하기 쉬워서가 아니다. 점균이 더욱 복잡한 유기체의 경우보다 인지 메커니즘을 더 명료하게 보여주기 때문이다. 생물학자들은 대부분 한편으로는 포유류의 의사결정, 다른 한편으로는 곤충의 의사결정 ― 고독(초파리)과 사회성(벌과 개미) ― 에 초점을 맞춰왔다. 후자를 선택하는 부분적인 이유는 곤충 사회가 "척추동물의 뇌에 대한 좋은 유비를 제공하기 때문이다(개별적인 곤충은 뉴런과 동등하며, 그들의 무리는 완전한 뇌와 동등하다)." 그런데 그러한 접근법의 문제는

여전히 우리가 신경학적으로 다소 정교하고 인간 및 다른 동물들과 동일한 인지적 구조 ― 뇌와 뉴런 ― 를 공유하는 개체들을 사용하고 있다는 것이다.

이와는 대조적으로, 점균은 전문화된 신경세포를 가지는 것에서 유래하는 "정교함" 없이 동일한 과정을 수행한다. 점균은 "정

보가 처리되는 극단적으로 다른 메커니즘을 가지고 있으며," 그러므로 "뉴런 정보처리에 의존하지 않는 복잡한 의사결정을 설명하는 대안"을 제공한다.

대단히 상이한 생물학적 체계들이, 실제 의사결정 장치가 무엇인지, 즉 뇌 속의 뉴런인지 점균의 진동자인지 등과 무관하게, 동일한 근본적 의사결정 과정을 활용한다.

아마 뉴런과 진동자 모두 강도의 다양한 문턱을 넘어선 결과로 유발되는 것과 긍정적 피드백 고리를 기반으로 작동할 것이다. 동물의 신경 구조가 다른 유기체가 얻을 수 없는 방식으로 이러한 과정을 정교하게 만들고 증폭할 수 있게 해준다는 것은 진실이다. 그러나 이것은 양적 차이이지 질적 차이가 아니다. 그것이 뉴런을 가지지 않는 유기체가 경험을 가지지 못하고 결단을 내릴 능력이 없음을 함의하는 것으로서 받아들여져서는 안된다. 우리가 점균에서 발견한 일종의 정신적인 과정은 모든 세포 생명에 내재하여 있는 것처럼 보인다. 점균은 사고의 메커니즘을 일종의 원초적인 형태로 관찰할 수 있게 해준다.

신경계가 없다는 점에서 점균의 사고 과정은 분명 느리고, 분산되어 있다. 아마 이 점이 점균이 사고한다는 것을 인식하기 힘들게 만들 것이다. 우리는 어떤 의식(혹은 알아차림, 혹은 감수성)도 반드시 통일되어 있으리라는 것을 당연하게 받아들인다. 특히 칸트는 의식의 통일성(또는 그가 초월론적 통각이라고 부르는 것)을 필연적인 것, 경험의 초월론적 조건이라고 여긴다. 그러나 최근의 과학적 연구는 그러한 통일성은 구조적 필연성이 아니라 오히려 경험론적 문제임을 시사한다.

피터 와츠가 이 연구를 요약한 것처럼, 정신의 통일성은 "지연과 대역폭"의 기능임이 분명하다. 만약 신호가 뇌(혹은 그것의 등가물)를 통해 충분히 신속하게 전달되지 않는다면 통일성은 유지될 수 없다. 뇌들보가 절단된 사람들이 각각의 뇌 반구에 별도의 알아차림과 경험을 가지고 있는 것은 이 때문이다. 이후에 와츠는 문어의 뉴런이 8개의 팔과 수천 개의 개별적인 빨판들을 따라 위치하기 때문에 문어의 의식 또한 통일되지 않았을 것이라 시사한다. 한편, 수백만 개의 핵을 가지고 있으면서 뇌가 없는 황색망사점균은 너무도 넓게 분산되어 있어서 우리가 가지는 방식으로, 그리고 많은 동물이 가지는 방식으로 경험의 통일성을 가질 수 없다. 점균의 내적 맥동은 낮은 대역폭과 높은 지연을 가지고 있어, 동물 뇌의 시냅스를 가로지르는 전기화학적 자극보다 훨씬 느리다. 에너지, 정보, 혹은 영양이 점균의 한 부분에서 다른 부분으로 전달되려면 상당한 시간이 걸린다. 이것이 점균에게 허용된 행동의 정교함의 정도를 제한한다. 그러나 이 점은 또한 유기체의 덩굴들이 동시에 여러 가지 다른 방향으로 움직이면서 동시에 여러 식량원을 탐색할 수 있게 하는 등 여러 가지를 일거에 할 수 있게 해준다.

그렇다면 결국, 원형질성 점균이 되는 것은 어떠한 것인가? 황색망사점균은 우리에게 감수성과 의사결정의 영도 같은 것을 제공한다. 점균의 사고 양태는 개념, 표상, 지향적 객체, 자각, 심지어는 경험의 근본적인 통일성조차 포함하지 않는다. 그것은 철학자들이 전통적으로 사고에 필연적이거나 본질적이라고 여겨왔던 것 대부분을 빠져나간다. 그런데도 점균은 여전히 느끼고, 고민하고, 결단한다. 점균은 언제나 정형화되어 있지는 않으면서도 적어도 어느 정도는 자발적인 방식으로 행위한다.

황색망사점균은 계속해서 자신의 환경을 촉구하고, 자극하고, 도발한다. 그것은 탐사하고 탐색하며, 서서히 흐르며 나아가 자신을 둘러싼 주변으로 자신을 확장한다. 그리고 이 모든 조사와 운동에 대해서 감각과 진동의 형태를 취하는 반응을 수용한다. 점균은 자신의 환경이 부여하는 행동 유발성에 의지하는 — 그 행동 유발성을 당연한 것으로 받아들이거나 믿음을 가지는 — 방식으로 인해서 이러한 일을 수행할 수 있다. 그리고 그것은 "평가절상과 평가절하"에 대한 자신의 느낌을 통해 인도된다. 그러한 느낌들 그 자체는 주변의 객체, 장, 그리고 에너지 흐름과 조우하면서 생성된다. 그리고 그 느낌들은 더 복잡한 행동을 생성해내는데, 그중 일부는 계산 및 산출로 특징지어질 수 있다. 그럼에도 불구하고, 이러한 행동들은 환경이나 그것의 특수한 부분에 관한 지식 — 혹은 지향적 태도 — 과 같은 것을 요구하지 않는다.

여기에는 생존을 향상하는 인지 활동을 포함하는 (그러나 그것으로 환원될 수 없는) 감수성이 분명히 있다. 황색망사점균의 감수성은 아마 적어도 우리가 인식할 수 있는 방식으로 의식의 형태를 취하지 않을 것이다. 그러나 이것은 점균이 현상학, 혹은 어떠함을 가지지 못한다는 것을 의미하지 않는다. 오히려, 그것의 현상학은 데이비드 로덴이 정의한 의미에서 어둡다.

> 어떤 경험의 특징이 경험자에게 그것의 본성에 관한 명시적이거나 암묵적인 이해를 부여하지 않을 경우, 그러한 경험의 특징을 '어둡다'고 부르자… 암흑 현상학은 그러므로 직관-초월적이다… 따라서 어두운 측면을 향한 우리의 접근은 이론적으로나 기술적으로나, 인간이 관찰할 수 없는 우주를 향한 우리의 접근만큼 '매개'된 것이다. 암흑 현상학의 이론을 평가하는 기준은 추정컨대 경험론적 탐구의 다른 영역(도구적 효과성, 단순성, 더 포괄적인 과학 내에서 가지는 설명적 통일성)에 적용되는 기준과 같을 것이다.

황색망사점균의 경험은 풍부하지만, 점균은 이 경험을 알거나 이해하지 못한다. 우리 입장에서 볼 때, 우리는 점균이 남긴 증거 흔적(마치 점액 흔적처럼)과 실제 행동을 통해 부분적이고 간접적으로 점균의 경험을 포착할 수 있을 뿐이다. 그런데 이것은 궁극적으로 우리 자신의 경험을 향한 우리 자신의 통찰에 관한 물음에도 할 수 있는 말이다. 우리는 어떠한 형태의 기술적 매개에 호소하지 않고서는 "너 자신을 알 수" 없다. 그런데 이것은 내가 이 책을 통틀어 주장해 온 것처럼, 감수성(혹은 어떤 종류의 알아차림)이 본질적으로 허구와 우화의 문제라는 것을 의미한다.

1. 우리는 더 이상 자연을 이분법적 상충의 한 측면으로 생각할 수 없다. 빅 데이터, 세계를 아우르는 계산 및 통신 망은 물론 인간에 의한 지구 온난화와 유전자 변형 유기체의 시대에 자연과 문화, "자연 상태"와 인간 사회, 또는 자연적인 것과 인위적인 것을 대비시키는 것에는 의미가 없다. 인간 존재자와 그것의 생산물은 자연과 분리된 것이 아니다. 그것들은 다른 모든 것과 마찬가지로 하나같이 "자연적"이거나 하나같이 자연적이지 않은 것이다.

2. 우리는 인간중심주의를 한 치도 남겨둠이 없이 자연을 생각해야 한다. 즉, 우리 자신을 자연으로부터 제외하지 않고, 그러면서 또한 자연을 우리 자신의 이미지로 개작하지 않는 것이다. 인간 존재자는 자연의 일부이지만 자연은 인간 존재자의 일부가 아니며, 인간이나 인간적인 어떤 것에 집중되어 있지 않다.

3. 무엇보다도, 우리는 자연이 역사적이고 구성적인 사회적 영역과는 대립하는 것으로서, 단순히 "주어져" 있고, 그러므로 언제나 동일하다고 생각하지 말아야 한다. 오히려, 우리는 자연 그

자체가 항상 운동 중에 있고 과정이며, 구성 중에 있다는 것을 인식해야 한다. 우리는 다윈, 월리스, 그리고 그 외 많은 사람에 의해 실천된 19세기의 위대한 자연사natural history 전통을 되살릴 필요가 있다. 진화(계통발생)와 발달(개체발생)은 둘 다 역사적 과정이다. 그것들은 공시적 구조로서의 게놈 연구로 환원될 수 없다.

4. 자연은 모든 것을 아우르지만 전체는 아니다. 자연은 극단적으로 열려 있다. 우주에서 우리가 아무리 멀리 나아가더라도, 우리는 결코 가장자리나 경계를 찾을 수 없을 것이다. 모든 것을 합산해서 고정된 총합으로 자연을 구상하는 방법은 없다. 모든 것의 이론에 자연을 종속시키는 방법은 없다.

5. 자연은 공간적으로나 시간적으로나 극단적으로 열려 있다. 미래는 언제나 우연적이고 예측을 불허한다. 그것은 어떤 확률의 미적분으로 환원될 수 없다. 케인스와 메이야수가 보여주듯, 미래는 본질적으로 불가지론적이다. 그것은 어떤 가능성들의 닫힌 목록도 능가한다. 자연이 근본적으로 알 수 없다는 것은 인식론적 제약이 아니다. 그것은 자연 자체의 기본적이고 긍정적인 존재론적 특징이다.

6. 19세기에 셸링(자연철학)과 엥겔스(자연변증법)처럼 다른 사상

가들은 인간의 발전과 관심을 포함하지만 그것으로 환원될 수 없는 자연의 전체적인 "논리"를 정의하려고 시도하였다. 그러한 프로젝트는 20세기에 버려졌다. 대신, 인류는 특별한 초월론적 지위(현상학)를 부여받거나 비유기적 전제(과학주의)로 환원되었다. 오늘날 21세기, 이 두 대안은 모두 파산했다. 설령 셸링이나 엥겔스 같은 사상가들이 그들 자신의 시험을 위해 사용했던 특수한 구식 용어들을 거부하더라도, 우리는 자연을 직접적으로 생각하는 프로젝트로 돌아가야 한다.

7. 셸링과 엥겔스는 둘 다 자기 시대의 최선의 자연과학에 기반하면서도 그것으로 환원될 수 없는 방식으로 자연을 구상하고자 하였다. 오늘날 우리의 과제는 셸링과 엥겔스와 유사하게 최선의 현대과학에 기반하면서도 그것으로 환원될 수 없는 방식으로 자연을 구상하는 것이다.

8. 자연은 충만plenum도 아니고 공허void도 아니다. 오히려, 자연 속 조건이나 사태states of affairs는 풍요로움이나 공허함 어느 쪽으로도 기울 수 있다. 그러나 대개 이러한 경향의 양극단에는 도달하지 않는다. 일반적으로 사물은 풍만함과 공허함 사이의 중간 범위에서 요동한다.

9. 그러나 자연이 아무것도 아닌 것nothing보다는 어떤 것some-

thing으로 구성되어 있다고 생각하는 편이 좀 더 안전한 기반에서 있다고 볼 수 있다. 우리는 현대 물리학을 통해 양자 요동이 진공 상태에서도 일어난다는 것을 알고 있다. 이런 의미에서 자연은 적게less보다는 많이more, 결핍보다는 잉여로 가장 잘 이해될 수 있다. 자연은 결코 완성되어본 적이 없을 것이며, 결코 단한 번도 완전히 형태와 구조를 갖추지 않을 것이다. 그러나 자연은 동시에 "형상 없고 공허한" 적이 없다.

10. 자연은 형상이 없는 것이 아니고, 단순히 동질적이지도 않다. 자연은 질베르 시몽동에 의해 정의되는 의미에서 준안정적metastable이다. 가능태와 힘, 또는 에너지 구배와 내재적 경향들이 모든 것을 아우르는 자연을 가로지른다. 이러한 것들은 언제든지 활성화 및 현실화될 수 있다. 가장 미세한 불균형 혹은 가장 찰나적인 조우는 상황을 움직이게 하기에 충분할 수 있다. 그리고 일반적으로 원인보다 결과에 더 많은 것이 있다. 이러한 불균형과 조우의 결과는 그것을 일으킨 사건들보다 훨씬 더 거대한 경향이 있다.

11. 자연의 준안정성이 중단될 때, 그에 따르는 결과는 시몽동이 개체화라고 부르는 것, 자신을 둘러싼 환경과 함께 창발하고 구조화되는 개체이다. 이 과정의 예시로는 용액에서 결정이 침전되는 현상, 초기 미분화 배아에서 구별된 조직, 장기, 부분의

창발과 성장을 들 수 있다.

12. 따라서 자연은 다수의 개체화 과정으로 구성된다. 이 모든 것은 에너지론과 정보론이라는 두 가지 구별되는 방식으로 이해되어야 한다.

13. 자연은 에너지의 지속적인 흐름을 포함한다. 에너지(혹은 좀 더 정확히는 질량에너지)는 창조되거나 파괴될 수 없으며, 한 상태에서 다른 상태로 변환될 뿐이다(열역학 제1법칙). 그러나 이것은 또한 구배가 줄어들고 엔트로피가 최대로 증가하며, 에너지가 지속적으로 소모되거나 산화散化되고 있다는 것을 의미한다(열역학 제2법칙). 에릭 슈나이더의 주장처럼, 복잡하게 조직된 체계(허리케인에서 유기체까지)는 그들이 에너지를 여타의 방법보다 더 효율적으로, 그리고 더 큰 규모로 방출할 수 있어서 형성되는 경향이 있다. 그러한 "소산구조"는 내적으로 음엔트로피적negentropic이다. 하지만 정확히 이것이 그들에게 환경에 그렇게 많은 에너지를 방출할 수 있게 하여 엔트로피를 증가시키고 전반적 에너지 구배를 감소시킨다.

14. 오늘날, 우리의 계산 기술에 힘입어 우리는 에너지론보다는 정보론적인 용어로 더 많이 생각하는 경향이 있다. 물리학자들은 우주가 궁극적으로 정보로 구성되어 있다고 제시한다. 인지

과학자들은 생물학적 유기체를 정보처리 시스템으로 보는 경향이 있다. 나는 정보론을 향한 우리의 지나친 관심이 에너지론의 중요성에 관한 적절한 이해를 방해하지 않을까 우려한다.

15. 정보는 에너지와 달리 "그 자체"in itself가 없다. 정보는 정보를 어떤 방식으로든 해석하는 어떤 존재자(누군가 또는 어떤 것)에 대한for 것인 한에서만 존재하기 때문이다. 이것은 마치 정보가 본질적이지 않은 것처럼 보일 수도 있다. 그러나 정보를 완전히 결여한 것은 없다. 모든 것을 아우르는 자연 밖에 존재하며, 완전히 자급자족하고, 다른 어떤 것에도 영향을 받지 아니하고 스스로 있는 것은 존재하지 않기 때문이다. 정보의 전송과 분석은 에너지의 전달과 산화만큼이나 자연의 본질적인 과정이다.

16. 우리는 정보를 한편으로는 지각과 다른 한편으로는 행위와 연결할 수 있다. 지각은 우리가 몇몇 정보 조각을 얻는 방식이다. 그리고 정보의 분석이나 처리는 행위의 가능성으로부터 떠오른다. 살아있는 유기체는 자신의 환경을 지각함으로써 정보를 수집한다. 그리고 그것은 어떤 상황과 조우하든 유연하고 적절하게 대응하기 위해 이 정보를 사용한다. 이것은 단지 동물이나 뇌를 가진 존재자에게만 해당하는 것이 아니다. 나무는 뿌리로 빨아들이는 흙 속의 물을 식별하고, 곤충이 자신의 잎을

갉아 먹고 있는 것을 발견하며, 그러므로 유해한 화학물질을 방출하여 곤충을 쫓아낸다. 그러므로 정보처리과정은 지각과 행위 사이를 매개한다.

17. 정보처리과정은 최소한의 감수성을 포함하며, 실제로 감수성이 필요하다. 그러나 우리는 감수성과 의식을 혼동해서는 안 된다. 전자가 후자보다 훨씬 광범위한 범주이기 때문이다. 나무, 박테리아, 그리고 점균 같은 유기체들은 아마도 의식적이지 않다. 그러나 그들은 정보를 처리하고 사전에 전형적으로 결정되지 않은 방식으로 그 정보에 반응한다. 그들은 명백하게 감각적이다. 우리 자신으로 넘어오면, 뇌에서 일어나는 대부분의 정보처리는 무의식적으로 진행되며, 의식적으로 될 가능성이 전혀 없다. 자연 속에서 의식은 드문드문 현재할 뿐이라는 것이 가장 개연성이 높다. 그러나 감수성은 훨씬 더 널리 분산되어 있다.

18. 지각은 인과성의 특수한 종류일 뿐이다. 내가 무언가를 지각했을 때, 이것은 어떤 것이 빛, 소리, 촉각, 또는 다른 매개체를 통해서 어떤 방식으로든 나에게 영향을 미쳤다는 것을 의미한다. 그런데 만약 내가 어떤 것에 의해 영향을 받았다면, 그 어떤 것은 내게 결과[효과]를 남긴 것이다. 그 어떤 것은 어떤 방식으로든 나를 (최소한이더라도) 바꾸었다. 그리고 이 과정은 지각에 국한될 수 없다. 나는 사물을 명료하게 지각하지 못하더

라도 그 사물에 의해 영향을 받는다. 나는 감기의 증상을 느끼지만, 실제로 나를 아프게 하는 바이러스는 감지하지 못한다. 나는 무언가를 사고 싶은 충동을 느낀다. 왜냐하면 내 마음이 어째서인지 나도 모르는 사이에 그것을 높게 평가했기 때문이다. 나는 내가 알아차리기도 전에 균형을 잃고, 지구의 중력장에 의해 높은 곳에서 떨어진다. 나는 잠을 자면서 몸을 돌려 주변 온도의 변화에 반응한다. 이 모든 경우에 있어서 어떤 것이 내게 변화를 일으켰다. 그것은 결과를 산출한 것이다. 정보는 설령 내 정신이 아니더라도 내 몸에 의해 어떤 식으로든 처리된다.

19. 자연은 결과들을 생산하는 원인들의 연속적 그물망을 포함한다. 그리고 결과였던 것은 추가적인 결과의 원인이 된다. 무한이다. 이것은 직선성이나 단일원인성을 함의할 필요는 없다. 모든 결과에는 다수의 원인이 있으며, 모든 원인은 다수의 결과를 낳는다. 그리고 가능적 원인이 서로 간섭하고 차단할 수 있다. 하지만 에너지가 지속적으로 변환되는 것처럼, 정보 또한 우리가 순수하게 물리적 수준으로 간주할 수 있는 것 속에서도 지속적으로 처리된다. 이것이 바로 정보가 에너지만큼이나 자연의 기본적인 범주인 이유이다.

20. 모든 것을 아우르는 자연 속에서, "물리적인 것"과 "정신적인 것"의 차이는 정도의 문제일 뿐 종류의 문제가 아니다. 온도조

절기가 어느 정도 정보처리기인 한, 우리는 온도조절기가 적어도 최소한의 감각적 존재자라는 점 ─ 데이비드 찰머스가 시사하듯 실제로 의식적인 것이 아니라면 ─ 에 동의해야 한다. 즉, 아무것도 알지 못하고 자기반성을 할 수 없더라도 온도조절기는 느낀다. 우리는 절벽에서 떨어지는 돌이나 땅에 움직임 없이 그저 놓여 있는 돌에 관해서도 비슷한 주장을 할 수 있다. 중력은 돌을 땅으로 끌어당기고, 이 과정과 연합된 정보는 돌이 느낀 무언가이다.

21. 자연 그 자체는 특수한 사물이나 특수한 과정이 아니다. 자연은 자연 속에서 일어나는 ─ 에너지 변환과 정보의 축적을 포함하는 ─ 모든 다종다양한 사물과 과정의 결코 완성되지 않는 총합이자 틀이다. 그렇다면 결국 자연을 어떻게 특징지어야만 할까? 모든 것을 아우르는 자연은 모든 특수한 사례와는 떨어져 있다. 그러나 그것은 모든 사례에 대한 칸트적인 초월론적 가능성의 조건 같은 것이 아니다. 왜냐하면 자연은 자신의 사례들과 같은 내재적 평면 안에, 같은 수준에 있기 때문이다. 자연은 역사의 외부에 있는 것이 아니고, 역사의 총체성도 아니며, 자연사나 사회사의 특수한 여건도 아니다. 자연은 오히려 이 모든 특수한 사례, 이 모든 변환과 축적이 공통으로 가지고 있는 무언가다. 자연은 그 모든 것을 공통 세계로 위치시키는 것이다.

22. 알프레드 노스 화이트헤드로부터 얻은 힌트를 가지고 결론을 내리겠다. 알프레드 노스 화이트헤드는 이 공통성을 내가 표현할 수 있는 것보다 더 엄밀하게 표현하고 있다. 화이트헤드는 고대 그리스의 피지스physis를 (관례를 따라) 자연으로만 번역하지 않고 과정으로도 번역한다. 그리고 그는 이 피지스를 (플라톤의 『티마이오스』에서 따온) 수용자hypodoche라는 보다 좁은 기술적 용어와 동일시한다. 화이트헤드는 말한다. 자연, 혹은 수용자는 "일어나는 모든 일에 공통적인 관계를 부여하지만, 그 관계가 어떤 관계일지는 결정하지 않는다…〔그것은〕모든 특수한 역사적 사실로부터 추상되어 있으면서, 역사의 과정이 그 내부에서 일어나게 되는 필연적인 공동체로 구상될 수 있다."

　　스티븐 샤비로의 저서 『탈인지』는 이상하고 생소한 책이다. 마치 샤비로가 어느 한 인터뷰에서 자신이 철학자가 아니지만 과학소설 작가도 아니라고 밝혔던 것처럼, 장르를 분류하기 어려운 『탈인지』는 샤비로 자신의 모호한 위치를 잘 보여주는 책이다. 이 책은 다섯 권의 과학소설 이야기와 하나의 철학적 논문, 그리고 지구상에 현존하는 한 유기체에 관한 철학적이면서도 엄격하게 철학적이지도 않은 논평으로 구성되어 있다. 이 책에서 주로 다루어지는 단편·중편·장편 과학소설 다섯 권 중 『소프트웨어 객체의 생애 주기』, 『블라인드 사이트』는 이미 한국어판으로 출간되어 한국에서 쉽게 확인해볼 수 있다. 여기서는 독자의 이해를 조금이나마 도울 수 있도록 한국에 소개되지 않은 「눈먼 자들의 왕국」, 『뉴로패스』, 「야생 정신」에 관한 간략한 소개를 첨부하고자 한다.

「눈먼 자들의 왕국」[1]

---

1. 이 소설의 영어판을 다음 링크에서 읽어볼 수 있다. http://www.lightspeed-magazine.com/fiction/the-kingdom-of-the-blind/

모린 맥휴의 소설 모음집 『종말 이후 : 이야기들』*After The Apocalypse : Stories*에 실린 「눈먼 자들의 왕국」은 시드니라는 소외된 여성 프로그래머의 관점에서 전개되는 단편 과학소설이다. 이야기는 단적으로 다음의 딜레마를 다룬다. 인간을 넘어서는 감수성, 그것은 무엇을 의미하는가? 이 이야기는 시드니가 기술 지원을 제공하는 소프트웨어 체계 DMS가 일종의 "알아차림"을 가지고 있다고 의심하기 시작하면서 흘러간다. 이야기에서 시드니는 직장 동료 데미안과 함께 DMS의 알아차림을 둘러싼 수수께끼를 풀고 버그를 고치기 위해 고군분투한다. 그 과정에서 이야기의 주를 이루는 시드니의 사색과 데미안과의 대화는 여러 흥미로운 문제 제기와 가능성을 제공한다. 샤비로의 블로그 게시글에 따르면 「눈먼 자들의 왕국」은 일종의 사변적 실재론 우화이다. 소설이 소프트웨어 체계가 감각적임을 어떻게 알 수 있는지에 관한 인식론적 질문에서 존재론적 질문으로, 즉 인간 사고와의 상관관계와 떨어져서 그러한 감수성이 그 자체로 어떠한 것일 수 있는지에 관한 질문으로 이동하기 때문이다. 이야기는 딜레마에 대한 결정적인 해답을 제공하지 않으며, DMS를 둘러싼 여러 문제를 해결하려는 시도는 실패로 돌아간다. 그럼에도 이야기는 우리의 사고 모델과는 다른 (비인간) 사고 모델의 가능성을 제시한다.

『뉴로패스』

    스콧 베커의 소설 『뉴로패스』는 최근 신경생물학과 인지 연구에서 암시된 이론적인 전망에서 약간의 외삽을 통해 근미래에 실제로 일어날 수 있는 일을 설득력 있게 제시한다. 이 이야기는 사람들을 납치한 다음 그로테스크하게 뇌를 조작하여 때로는 그들을 살해하고, 때로는 그들의 정신을 오묘하고도 끔찍하게 변형시킨 다음 풀어주는 사악한 신경외과 의사에 관한 과학소설 스릴러이다. 이야기는 톰의 삶을 소개하면서 시작된다. 아내 노라와의 결혼은 파탄에 이르렀고 그는 이제 두 아이와 한 마리의 개를 데리고 변두리에서 초라한 삶을 살아간다. 그의 가장 친한 친구 닐은 신경학을 가르치기 위해 캘리포니아로 이사했다. 그는 인간 심리학에 관한 책을 저술하며 성공을 거두었다. 톰은 권태에 빠진 대학원생들을 가르치려고 애쓰며 시간을 보낸다. 그러나 닐이 돌아오면서 모든 것이 달라지는데, 닐이 테러 용의자들의 정신을 뒤흔들며 국가안보국NSA을 위해 일하고 있었기 때문이다. 닐은 국가안보국으로부터 무단으로 이탈하고 자신의 독특한 기술을 민간인에게 사용해왔다는 증거를 남긴다. 그는 자신이 인간의 뇌를 통제할 수 있다는 착상에 사로잡혀 있다. 이렇게 해서 이야기는 닐이 톰과 연관된 사람들을 납치하고 토막 내는 일련의 무시무시한 사건을 보여준다. 닐은 사람들의 뇌에 손상을 입히고, 종종 그들을 미치게 만들고 나서 풀어준다. 그러나 이야기는 닐이 자신의 궁극적인 목표에 가까이 도달하게 될 때 닐의 계획이 가진 완전한 공포를 드러낸다.

『뉴로패스』를 철학적인 소설로 만드는 것은 소설 속에서 반복적으로 등장하는 논증A라는 소설의 배경에 놓인 이론이다. 논증A에 따르면 인간의 의식은 매우 제한적이다. 의식은 매우 최근에 일어난 진화론적 적응으로서 더 오래된 다양한 신경 처리과정 위에 겹쳐져 있고, 의식은 그 처리과정을 전혀 포착할 수 없다. 우리는 외적 세계의 아주 사소한 파편만을 의식할 뿐이고, 우리 자신의 내적인 정신 세계에 관해서는 사소한 파편조차도 의식하지 못한다. 내적 세계와 외적 세계에 대한 우리의 "경험"은 대부분 진화론적인 생존가치에 따라서 선별된 신경-기반의 시뮬레이션이지만, 논증A에 따르면 그것의 실질적인 표상적 정확도는 매우 신빙성이 떨어지는 것이다. 본문에서 언급되듯이, 우리는 우리를 운영하는 실제 신경 처리과정에 대해서 전혀 의식하지 못하고 의식할 수 없다. 그리고 우리가 살고 있는 세계, 타인, 그리고 우리 자신에 관한 거의 모든 설명과 이해는 자신의 과대망상적인 허구이다. 논증A의 핵심은 단지 우리가 우리 자신의 동기를 오해한다는 것이 아니라, 우리의 느낌 방식과 행동 방식에 대한 "동기"나 "이유" 같은 것들은 애초에 존재하지 않는다는 것이다. 논증A에 따를 때, 우리가 말하고, 생각하고, 느끼고, 지각하고, 행동하는 모든 것은 그저 뉴런의 결정론적인 물리적 과정에 따른 귀결일 뿐인데, 그런 면에서 자유의지는 환상이다. 우리는 실제로 어떤 행동도 결정하지 않으며, 오히려 우리의 선택과 결정에 대해 스스로 인용하는 이유와 동기는 모두 전기화학적인 인과관계를 통해 기계론적으로 일어나는 과정이 먼저 있고 난 후에 스스로 수행하는 자기합리화이다. 이야기는 우리의 이성과 가치는 자기 위로를 위한 허구에 지나지 않는다는 테제를 중심으로 근미래의 사건을 그린다.

「야생 정신」

마이클 스완윅의 단편 소설 「야생 정신」은 과학에 의해 인간 뇌가 완전히 이해된 근미래를 배경으로 일어나는 이야기이다. 뇌에 관한 완벽한 이해는 전통적인 "교육"을 필요 없게 만들었고, 죄악·범죄·처벌 등의 전통적인 개념을 무관한 것으로 만들었다. 모든 것은 직접적인 생물 전기화학적 조작으로 "학습"될 수 있었고, 절대적인 사고의 명료함을 심어주는 "최적화"는 모든 편견과 미신으로부터 벗어나게 해준다. 이야기는 "최적화" 받기를 거부하는 가톨릭 신자 톰의 시점에서 전개된다. 최적화된 뇌를 가진 헬렌이 최적화의 이점을 설명하며 톰이 최적화를 받게끔 톰을 설득하려고 노력하고, 톰은 자신이 최적화를 받지 않는 이유를 설명한다. 그 과정에서 우리는 이야기가 오묘한 방식으로 포스트휴먼에 대해서 "인간"을 옹호하는 것을 보게 된다.

화이트헤드는 여러 가지 이유 중에서도 오류의 문제를 다루기 위해 상징활동symbolism에 관해 논한다. 물론 이것은 오랫동안 서양철학을 사로잡아온 문제이다. 데카르트의 『제일철학에 대한 성찰』은 "내가 젊었을 때 참으로 여겼던 거짓 의견이 얼마나 많았는지, 그리고 내가 이후 그 거짓 의견들에 기초하여 구축한 모든 것이 얼마나 의심스러운 것인지"에 관한 그의 우려에서 시작된다.[2] 한때 화이트헤드와 공동 연구자였던 버트런드 러셀도 유사하게 다음과 같은 질문을 던지며 그의 저서 『철학의 문제들』을 시작한다. "어떤 합리적인 사람도 의심할 수 없을 정도로 확실한 지식이 세계 속에 존재하는가?"[3] 데카르트에게서 칸트를 거쳐 오늘날에 이르기까지, 근대 서양철학은 일반적으

---

1. 이 글은 원래 *Rethinking Whitehead's Symbolism : Thought, Language, Culture*, ed. Roland Faber, Jeffrey A. Bell, and Joseph Petek (Edinburgh : Edinburgh University Press, 2017), 13~28에 게재되었다. 저자 스티븐 샤비로의 허락을 얻어 『탈인지』 한국어판의 부록에 수록한다. 영어 원문은 http://www.shaviro.com/Othertexts/Symbolism.pdf에서 볼 수 있다.

2. Descartes, *Meditations*, 13. [르네 데카르트, 『제일철학에 대한 성찰』, 고광식 옮김, 다락원, 2009.]

3. Russell, *The Problems of Philosophy*, 6. [버트런드 러셀, 『철학의 문제들』, 박영태 옮김, 이학사, 2000.]

로 존재론보다 인식론에 특권을 준다. 우리는 먼저 우리가 어떻게 알 수 있는지에 관해 설명을 제공함이 없이 사물이 존재하는 방식을 안다고 주장할 수 없다. 먼저 명제에 오류가 없다는 것을 확신하기 전까지는 명제의 귀결을 고려할 수 없다.

화이트헤드는 진리와 오류의 문제에 관해 믿기지 않을 정도로 평범하게 진술하며 『상징활동』의 시작을 연다. "인간 정신에 관한 적합한 설명에는 (i) 우리가 어떻게 진정으로 알 수 있는지, (ii) 어떻게 오류를 범할 수 있는지, 그리고 (iii) 어떻게 오류로부터 진리를 비판적으로 구별할 수 있는지에 관한 설명이 필요하다"(S7).[4] 그러나 이러한 정석적인 목표에도 불구하고 화이트헤드는 오류의 문제가 그다지 중요하다고 생각하지 않는 것처럼 보인다. 실제로 화이트헤드는 대부분의 철학자라면 그 문제에 관해 무신경하고 무책임하다고 여길 만한 태도를 취한다. 왜냐하면 화이트헤드는 "실재 세계에서는 명제가 참인 것보다 흥미로운 것이 더 중요하다"라고 주장하기 때문이다(PR 259). 과학

---

4. 이 글에 인용된 화이트헤드의 저작을 나타내는 약어는 다음과 같다.

AI : *Adventures of Ideas* [알프레드 노스 화이트헤드, 『관념의 모험』, 오영환 옮김, 한길사, 1997.]

CN : *The Concept of Nature* [알프레드 노스 화이트헤드, 『자연의 개념』, 안형관 옮김, 이문출판사, 1998.]

S : *Symbolism : Its Meaning and Effect* [알프레드 노스 화이트헤드, 『상징활동 그 의미와 효과』, 문창옥 옮김, 동과서, 2003.]

PR : *Process and Reality* [알프레드 노스 화이트헤드, 『과정과 실재 : 유기체적 세계관의 구상』, 오영환 옮김, 민음사, 2003.]

적 관찰, 상식적 가설, 혹은 심지어 엄밀한 철학적 정식화조차
도 그것이 오류라는 사실에도 불구하고 관련 있고 중요한 귀결
을 가질 수 있다. 이러한 이유로 화이트헤드는 오류를 제거하는
것보다 오류를 실험하고 오류를 통해 어떤 일이 발생할지 보는
것에 더 관심을 가진다. 오류는 근절되어야 하는 악이 아니라
빈번하게 "느낌을 위한 유혹"(PR 25와 여러 곳)으로서 유용하다.
그것은 정신적 삶의 길에 있어서 생산적인 우회로이다. "그러나,
우리는 오류를 너무 통렬하게 판단해서는 안 된다. 정신적 진보
의 초기 단계에서 상징적 참조의 오류는 상상적 자유를 촉진하
는 수양이다"(S 19).

서양철학에서 이런 입장이 얼마나 드문지 강조할 가치가 있
다. 실수를 저지르는 것이 배움의 필수적인 부분이라는 것은
교육방법(화이트헤드 스스로 깊은 관심을 가졌던 주제)의 상
투적 문구일 것이다. 그러나 대부분의 철학자는 이 점을 간과
한다. 그들은 우리가 진리를 얻는 법을 어떻게 배울 수 있는지
에 관한 물음보다 진리의 본성과 내용에 더 관심을 가진다. 들
뢰즈는 주요 철학자 중에서 오류의 문제를 그 자체로는 사소한
것으로 간주하며 화이트헤드에 합류하는 내가 아는 유일한 다
른 색깔의 철학자이다.[5]

---

5. Deleuze, *Difference and Repetition*, 148~51. [질 들뢰즈, 『차이와 반복』, 김상
환 옮김, 민음사, 2004.]

일반적으로 서양철학은 즉각적 경험, 혹은 신체와 감각의 신뢰 불가능성에 깊이 관심을 가지며 오류 문제에 사로잡힌다. 플라톤의 동굴의 비유에서 자신의 신체 기관이 제공하는 증거에 관한 데카르트의 극단적 회의를 거쳐 경험은 내적인 가상-현실 시뮬레이션에 불과하다는 토마스 메칭거의 주장에 이르기까지, 철학자들은 감각-지각은 망상적이라는 착상 ― 그리고 결과적으로 세계에 관한 우리의 믿음 또한 극단적으로 틀릴 수 있다는 착상 ― 에 사로잡혀 왔다.

그러나 우리가 감각이 제공하는 증거를 믿는다고 하더라도 우리가 실제로 알 수 있는 범위는 여전히 심각하게 제한적일 것이다. 흄은 감각의 전달 자체가 아니라 우리가 그것으로부터 합법적으로 추론할 수 있는 것에 대해서 회의적이다. 흄에게 있어서, "모든 사건은 완전히 느슨하고 분리된 것처럼 보인다. 하나의 사건은 다른 사건에 뒤따른다. 그러나 우리는 그것들 사이의 어떤 연결고리도 관찰할 수 없다. 그들은 결합한 것처럼 보이지만 결코 연결되어 있지는 않다."[6] 우리가 종종 일정 사건들의 "항상적 결합"을 관찰한다는 것은 참이다. 그러나 상관관계는 인과관계가 아니며, 우리는 전자로부터 후자를 합법적으로 추론할 수 없다. 흄은 "사건들 사이의 필연적 연결에 관한 관념"은 첫 번

---

6. Hume, *An Enquiry*, 68. [데이비드 흄, 『인간의 이해력에 관한 탐구』, 김혜숙 옮김, 지식을 만드는 지식, 2012.]

째 사건을 조우했을 때 두 번째 연합된 사건을 기대하는 "습관에 의해 정신이 수행되기" 때문에 떠오른다는 결론을 내린다.[7]

물론 칸트는 초월론적 논증을 통해 흄의 회의론을 극복하려고 노력한다. 우리는 인과성 없이 헤쳐 나갈 수 없다. 흄이 주장하는 것처럼, 만약 원인과 결과의 관계가 감각-여건 자체 속에서 발견될 수 없다면 그것은 "여건에 관한 우리의 사고방식"(S 37)에 내재해야 한다. 칸트에게 인과성은 지성의 선험적 범주로서 복구된다. 칸트는 우리가 수용한 감각-여건을 원인과 결과의 법칙에 따라 조직할 수 없다면 우리는 주관적 경험을 전혀 가지지 못할 것이라고 말한다.

근래의 철학은 종종 칸트주의적 정신보다는 흄주의적 정신을 가지고 인과성을 다룬다. 그러므로 후대의 분석철학자 데이비드 루이스는 "이 세계에 존재하는 모든 것은 개별적 사실이라는 국소적 소재들이 이루는 거대한 모자이크, 단순히 작은 것 하나에서 또 다른 작은 것 하나로 가는 거대한 모자이크"라는 입장을 유지한다.[8] 원인과 결과의 관계는 이러한 개별적 사실들에 수반하는 것으로 관찰될 수 있다. 그러나 루이스는 흄을 따라 그러한 관찰로부터 더 깊은 종류의 필연성을 추론할 수 없다고 주장한다. 왜냐하면 우리는 논리적 모순을 일으킴이 없

---

7. 같은 책, 69. [같은 책.]

8. Lewis, *Philosophical Papers, Volume II*, ix.

이 사건들이 다르게 흘러갈 수 있는 반사실적인 가능세계들을 언제나 상상할 수 있기 때문이다. 분석철학자는 예를 들어 물이 H_2O가 아니거나[9] 감수성을 결여한 사람들이 다른 사람들과 구별할 수 없는 방식으로 행동하는 시나리오를 제시하기 좋아한다.[10] 실제로 루이스의 '양상실재론'은 우리가 이러한 모든 대안적 가능세계의 실재성을 수용해야 한다고 주장한다.

제프리 벨이 지적한 바와 같이[11] 흄주의적 수반에 관한 루이스의 학설과 사변적 실재론 철학자 퀑탱 메이야수가 "흄의 문제"[12]라고 부르며 흄을 부활시킨 것 사이에는 어떤 유사성이 있다. 메이야수에 따르면 흄이야말로 경험(과거와 현재에만 관련되고 결코 미래에는 관련되지 않는다)도 선험적 추론(논리적 모순만을 배제할 수 있다)도 인과적 관계의 필연성을 보장해 주지 않는다는 것을 가장 확고하게 확립했다. 왜냐하면 "같은 원인이 내일 다른 결과를 낳을 수 있다고 생각하는 데 아무런 모순이 없기" 때문이다.[13] 메이야수는 자의적 변화라는 가능성이 불가능하지 않다면 그 가능성은 그 자체로서의 세계로부터 배제될 수 없다고 주장한다. 루이스가 모든 가능세계의 실재성을

---

9. Putnam, 'Meaning and reference.'

10. Chalmers, *The Conscious Mind*, 93~122.

11. Bell, 'Between realism and anti-realism.'

12. Meillassouox, *After Finitude*, 82~111. [퀑탱 메이야수, 『유한성 이후 : 우연성과 필연성에 관한 시론』, 정지은 옮김, b, 2010.]

13. 같은 책, 87. [같은 책.]

단언하는 반면, 메이야수는 우리 세계에 있어서 "우연성의 절대적 필연성," 또는 순수한 근거 없는 가능성을 주장한다.[14]

흄과 칸트, 그리고 그들의 추종자들은 마찬가지로 화이트헤드가 "단순한 여건에 대한 '단순한 약기躍起, occurrence'라는 소박한 전제" — 혹은 그것이 "시간뿐만 아니라 공간에도" 적용된다는 의미에서 차라리 "단순 소재[단순 정위]"simple location — 라고 부르는 것을 공유한다(S 38). 그러므로 화이트헤드에게 "인과적 효과성"이 흄의 "사고의 습관"으로 정의되는지 칸트의 "사고의 범주"로 정의되는지의 여부는 별로 중요하지 않다(S 39~40). 두 경우모두, 관계와 조직화의 형태는 사물들 자체의 모체로부터의 추상화를 통해 제거되며, 오직 그러한 사물을 관찰하는 정신에만 귀속된다. "두 학파 모두 '인과적 효과성'을 여건에 관한 사고방식 또는 판단방식이 여건에 이입되는 것으로 간주한다"(S 39).

그러나 화이트헤드는 이 논증의 역사 전체를 뒷받침하는 전제를 거부한다. 왜냐하면, 화이트헤드는 사건들 자체가 결코 "느슨하고 분리된" 것이거나 세계가 "개별적 사실이라는 국소적 소재들"로 환원될 수 있다는 점을 거부하기 때문이다. 화이트헤드에 따르면 현실 세계에서 "그 무엇도 '단순히 일어나는 것'이 아니다"(S 38). 고립된 여건은 존재하지 않는데, 모든 경험 행위에서 이미 "여건들은 그 자체의 상호연결성을 포함"하기 때문이

---

14. 같은 책, 65. [같은 책.]

다(PR 113). 이것이 어떻게 작용하는지 설명하기 위해 화이트헤드는 지각 경험의 두 가지 분리된 양태를 구분하며, 그는 그것들을 각각 현시적 즉각성과 인과적 효과성이라고 부른다. 이 두 가지 양태는 그것들이 상징적 참조 속에서 융합하는 방식과 함께 『상징활동』이라는 저서의 주된 주제를 형성한다. 이 두 가지 양태 사이의 구별은 『과정과 실재』에서 더 자세히 설명된다.

현시적 즉각성은 투박하게 데카르트의 "명료하고 뚜렷한 지각," 흄의 "인상," 칸트의 "감성적 직관"에 상응한다. 화이트헤드는 현시적 즉각성을 "동시적 외부 세계에 대한 즉각적 지각," "색깔, 소리, 맛 등과 같은 성질들의 매개에 의해 초래된" 나타남으로 정의한다(S 22). 현시적 즉각성은 감각적 풍부함의 거대한 원천이다. 그러나 그것은 우리에게 명료하게 경계진 표상만을 제공할 뿐이며, 지속의 두께 없는 현재 순간에 국한된다. 이러한 이유로 현시적 즉각성은 세계를 드러내는 것에 있어서 심각하게 제한된다. 화이트헤드가 말하듯이 현시적 즉각성은 "생생하고 정확하며 척박하다"(S 23). 그것은 "우발적인 쇼, 우리 자신의 신체적 생산이라는 쇼 아래 은폐된 세계를 전시한다"(S 44). 그러나 정확히 이로 인해 그것은 우리에게 깊이 없는 단순한 나타남이라는 공허한 감각을 남긴다. 이것이 흄과 근대 전반에 걸친 철학적 회의론의 뿌리이다.

화이트헤드에 따르면, 지각에 관한 표준 철학적 설명의 문제점은 이러한 설명이 오직 현시적 즉각성과 관련되어 있다는 것이다. 그런 설명은 다른 양태의 경험을 완전히 무시한다. 그런 설명은 우리의 경험론적 경험이 개별적 감각 인상이나 이러한 인상에 상응하는 "개별적 사실이라는 국소적 소재들"에 제한된다는 점을 당연한 것으로 받아들인다. 흄으로 하여금 객체가 성질의 가설적 다발에 불과하다고 주장할 수 있게 해주는 것은 바로 이 가정이다. 또한 그것은 칸트로 하여금 정신만이 관계되지 않은 인상들의 혼돈에 질서를 가져올 수 있다고 결론을 내리게 만든 가정이기도 하다.

그러나 화이트헤드는 흄과 칸트가 현시적 즉각성에 적절한 지위조차 부여하지 않는다고 시사한다. 왜냐하면 화이트헤드는 우리가 설령 이 지각 양태에 우리 자신을 제한시키더라도 "세계는 우리가 현실적인 것과 같은 의미에서 현실적인 현실적 사물들의 공동체임을 드러낸다"(S 21)라고 주장하기 때문이다. 예를 들어, 우리가 어떤 벽을 볼 때 "우리의 지각은 보편적 특성에 국한되지 않는다. 우리는 비체화된 색깔이나 비체화된 연장성을 지각하는 것이 아니라, 그 벽의 색깔과 연장성을 지각하는 것이다"(S 15, 강조는 화이트헤드). 분리된 원자적 감각질에 대한 경험주의적 가정과는 대조적으로, 사실 "먼저 경험된 후에 그것에 대한 느낌으로서 우리의 신체로 '투사'되거나 반대편 벽의 색깔로서 '투사'되는 벌거벗은 감각이란 없다"(S 14). 원자적이고 질적인 것으로 추정되는 감각-여건들은 초기에는 서로 간에 고립되어 있지 않다. 오히려 화이트헤드는 다음과 같이 말한다. 그러한 성질들은 "지각된 사물들이 서로와 지각하는 주체에 대해 가지는 공간적 관계성의 도식 속 그것들의 함축으로부터 그것들을 추상화함으로써만 고립될 수 있다…감각-여건은 유적 추상화이다"(S 22).

여기서 그레이엄 하먼 또한 자신의 객체지향 존재론에서, "경험의 객체로 추정되는 것이 성질의 다발에 불과하다는 널리 퍼진 경험주의적 견해"라고 그가 설명하는 것에 반대한다는 점에 주목할 가치가 있다. 하먼은 오히려 성질들은 결코 고립될 수 없으며 언제나 "그것들이 속한 사물에 결속되어 있다"고 주장한다.[15] 하먼은 이 논점을 후설에게 귀속시키는데, 후설에게 있어서 "지향적 대상[객체]"은 그것의 음영들의 합이 아니라 언제나 그것의 여러 양상이나 성질 이상의 것이다.[16] "후설에 따르면 우리는 처음부터 경험 속에서 직접적으로 지향적 대상을 조우한다." 그것은 "지각적으로 분리된 모양과 색깔의 다발로서, 혹은 습관에 의해 함께 짜인 감각 경험의 작은 픽셀들로 구축"될 필요가 없다.[17]

내가 이것을 언급하는 이유는 화이트헤드가 — 적어도 후설에 관한 하먼의 독해를 따르자면 — 후설과 같은 구별을 세우기 때

---

15. Harman, *The Quadruple Object*, 11. [그레이엄 하먼, 『쿼드러플 오브젝트』, 주대중 옮김, 현실문화, 2019.]

16. 같은 책, 24~5. [같은 책.]

17. 같은 책, 25. [같은 책.]

문이다. 화이트헤드는 후설에게서 이 논점을 접하지 않은 상태에서 이 구별을 세웠을 가능성이 크다. 화이트헤드에게는 후설과 함께 공부했으며 후설의 저작들에 익숙한 학생들 – 그중에서 가장 유명한 인물은 찰스 하츠혼이었다 – 이 있었다. 그러나 나는 후설이 화이트헤드에게 어떤 영향을 미쳤을 것이라는 어떤 증거도 찾지 못하는데, 심지어 그들이 – 여기서처럼 – 유사한 결론에 도달했을 때도 그렇다.

그렇기는 하지만, 화이트헤드에게 있어 지각에 관한 주류 철학적 설명의 주된 결함은 인과적 효과성에 관한 어떠한 고려도 생략한다는 것이다. 반면에 물리학은 인과적 효과성에 지배적인 관심을 두지만, 인과적 효과성을 "아무 곳도 아닌 곳으로부터의 관점"으로 이해되는 객관화된 과정으로서만 취급한다. 이런 방식으로, 현시적 즉각성과 인과적 효과성 사이의 분할은 화이트헤드가 자연의 이분화(CN 26~48)라고 부르는 것의 최상의 사례가 된다. 과학자들은 철학자들 못지않게 지각의 한 형태 또는 경험의 한 양태로서의 인과적 효과성을 무시한다. 오직 인과적 효과성을 경험적으로 다루고 그것이 상징적 참조의 작용을 통해서 현시적 즉각성과 어떻게 엮이게 되는지를 이해함으로써만, 우리는 현상학과 자연과학 사이의 상충, 혹은 "알아차림을 통해 포착된 자연과 알아차림의 원인인 자연" 사이의 상충을 극복할 수 있다(CN 30).

화이트헤드는 인과적 효과성이 지각의 한 양태일 뿐만 아니라 그것이 현시적 즉각성보다 훨씬 더 뿌리 깊은 가장 원초적인 지각 양태라고 주장하는 데 『상징활동』의 상당 분량을 할애한다. 현시적 즉각성은 "오직 높은 등급의 유기체에서만 중요성을 가진다"(S 16). 그러나 "인과적 효과성의 직접적 지각"은 모든 곳에서 작용한다(S 39). 그것은 "선행하는 확정된 사실에 대한 현재 행위에 있어서의 사실의 압도적인 순응"(S 41)을 포함하기 때문이다. 실제로 화이트헤드는 다음과 같이 말한다. "환경의 실재들에 대한 순응의 지각은 우리의 외적 경험에 있어서 원초적 요소이다. 우리는 우리의 신체 기관과 그 너머에 놓여 있는 모호한 세계에 순응한다"(S 43).

과거에 대한 현재의 이러한 순응이 없다면, 인과적 효과성의 물리적 경험, 현시적 즉각성의 명료함과 강도는 애초에 우리에게 일어나지도 않을 것이다. 우리의 가장 명료하고 뚜렷한 지각조차도 "모호하게 떠돌고, 걷잡을 수 없는"(S 43) 더 깊은 감각에 근거한다. 예리하고 섬세한 감각에 대한 우리의 알아차림, 그리고 그 감각들 사이에서 미묘한 변별을 수행하는 우리의 능력 — 화이트헤드가 "사물들의 쇼의 즉각성에서 파생된 자기-향유"라고 기술한 것 — 은 "그 자체의 특징, 우리 자신의 본성을 신비롭게 형성하는 그런 특징을 가진 사물들의 세계로부터 유래한 압력의 지각"에 의해 보장되고 가능해졌다(S 44). 무거운 타성은 심지어 우리의 가장 명료하고 가장 뚜렷한 지각에도 그 자신을 암시하며, 그렇기에 "현재 순간의 유아론"(S 29)이란 있을 수 없는 것이다.

인과적 효과성의 이 거대한 근원적 압력은 또한 사물에 대한 우리의 포착을 성질 다발 이상의 것으로서 생산하고 동시에 설명하는 것이다.

이러한 원시적 정서는 우리 자신의 반응을 유발하는 다른 현실적 사물들에 대한 가장 명료한 인식에 의해 동반된다. 그러한 인식의 저속한 명백함은 우리의 오감 중 어느 하나의 기능에 의해 생산되는 저속한 명백함과 동등하다. 우리가 증오할 때, 우리가 증오하는 것은 감각-여건의 모음이 아니라 인간, 인과적이고 효과적인 인간이다. (S 45)

인과적 효과성에 대한 정서적 경험의 모호성은 사물들이 우리 외부에 그리고 우리와 떨어져서 실제로 존재한다는 알아차림을 막는 것이 아니라 오히려 실제로 불러일으키는 것이다. 다른 말로 하자면, 우리는 분리된 감각 인상의 다발로부터 객체의 표상을 구축하는 것이 아니라, 하먼이 주장하듯 "우리는 처음부터 경험 속에서 직접적으로 … 객체를 조우한다." 인과적 효과성의 양태에서 객체에 대한 나의 직접적 경험은 현시적 즉각성의 양태에서의 그 객체의 식별을 지원한다. 그리고 우리는 오직 인과적 효과성과 그것의 "선행하는 확정된 사실에 대한 현재 행위에 있어서의 사실의 압도적인 순응"(S 41)을 추상화를 통해 떨쳐냄으로써만, 현시적 즉각성의 요묘하고 무관심한 미적 쾌락을 향유할 수 있다.

이것이 내가 화이트헤드를 따라 "실재적 객체는 만질 수 없고"[18] 인과관계는 오직 "대리적"[19]일 수 있다는 하먼의 주장에 반대하는 이유이다. 왜냐하면 이것은 현시적 즉각성의 관점에서만 참이기 때문이다. 인과적 효과성에 있어서 객체들은 직서적인 의미에서 서로를 만진다. 이러한 접촉의 즉각성은 다음의 원리로부터 직접적으로 도출된다. 즉, 그 원리란 "이미 만들어진 것이 만들어지는 도중에 있는 것의 결정자가 되는 순응의 원리이다 … 현재의 사실은 그것의 4분의 1초 전의 전임자들로부터 빛을 발하며 도래한 결과인 것이다"(S 46). 순응의 원리는 4분의 1초 전의 나에 대한 나 자신의 연속성과 지난 4분의 1초 동안 나에게 영향을 미친 사물들과의 접촉에도 동등하게 적용된다.

하먼은 만약 현실적 접촉이 가능하다면 모든 구별이 사라질 것을 우려한다. 그는 다음과 같이 주장한다. "간접적이지만-부분적인 접촉은 통용될 수 없다 … 직접적 접촉은 오직 전부 아니면 전무일 뿐이다."[20] 하먼의 문제는 인과적 영향을 설명함과 동시에 분리를 유지하는 것이다. 하먼이 논하듯이 불꽃이 면직물을 태울 때도 이 두 존재자 사이에는 직접적인 접촉

---

18. 같은 책, 73. [같은 책.]
19. 같은 책, 128. [같은 책.]
20. Harman, *Bells and Whistles*, 34.

이 없다. 불꽃은 면직물을 남김없이 말끔히 없애버릴 수 있다. 그러나 그 경우에조차도, 하먼이 말하길 "면직물의 향기나 색깔"과 같은 성질들과 "불꽃은 전혀 상호작용하지 않는다."[21] 그러므로, "객체는 사밀적 진공 속에 숨겨진 칠흑 같은 수정"이라는 하먼의 격언에 따르면, 불꽃과 면직물은 존재론적으로 분리된 것으로 남는다.[22]

자! 이사벨 스텡거는 화이트헤드가 철학적 사변에 임할 때도 언제나 수학자로서 임한다고 주장한다. 화이트헤드는 절대 원리를 상정하지 않으며, 오히려 그는 언제나 "해결책이 충족해야 하는 제약들"을 모두 준수하는 구성을 생산함으로써 특정 문제에 마주한다.[23] 이런 의미에서 화이트헤드의 현시적 즉각성과 인과적 효과성의 구별은 그 자체로 흄주의와 칸트주의 전통에서 발견되는 인과성에 관한 회의론과 오류의 문제를 해결하는 방식으로 구성된다.

나는 이런 방식으로 화이트헤드가 내가 방금 하먼의 문제라고 불렀던 것을 해결하는 구성을 제공한다고 제안하고 싶다. 그는 다음을 동시에 주장한다. "현실적 사물은 우리의 경험 속에 객체적으로 존재하며 그 자체의 완전성에 있어서는 **형상적으로** 존재한다⋯ 어떤 현실적 사물도 그것의 '형상적' 완전성에 있

---

21. Harman, *The Quadruple Object*, 44. [하먼, 『쿼드러플 오브젝트』.]
22. 같은 책, 47. [같은 책.]
23. Stengers, *Thinking with Whitehead*, 33.

어서는 '객체화'되지 않는다"(S 25~6). 이는 화이트헤드로 하여금 다음의 두 가지를 모두 주장할 수 있게 해준다.

1. 사물은 실제로 다른 사물과의 직접적 접촉에 들어가는데, 사물이 다른 사물의 구성을 부분적으로 결정하기 때문이다. 그리고
2. 어떤 특수한 사물도 다른 사물들에 의해 완전히 포섭되지 않는다. 그것은 그 사물로 들어가 그 사물의 구성을 결정하는 데 일조한 다른 사물에 의해서도, 그 사물이 후에 들어가게 될 다른 사물에 의해서도 포섭되지 않는 것이다.

이런 방식으로 화이트헤드의 구성은 불가침 실체로서의 객체에 관한 하면의 비전을 수용함이 없이 하면의 문제가 지닌 모든 조건을 — 사전에 — 충족한다. 나는 또한 "형상적" 현존과 "객체적" 현존 사이의 오래된 스콜라 철학적 구별에 대한 화이트헤드의 재전유가 트리스탄 가르시아 버전의 객체지향 철학과 친밀성을 가지고 있다는 점에 주목할 것인데, 트리스탄 가르시아에 따르면 사물은 "어떤 사물 속에 있는 것과 그 속에 어떤 사물이 있는 것, 혹은 그것이 포착하는 것과 그것을 포착하는 것" 사이의 차이로 정의된다.[24] 화이트헤드와 마찬가지로 가르시아는 인

---

24. Garcia, *Form and Object*, 11, 강조는 가르시아.

과적 효과성을 둘러대기 거부하는 동시에 화이트헤드가 "우주 속 자율성의 보고"인 "동시적 계기들의 방대한 인과적 독립성"이라고 부르는 것을 인식한다. "그것은 각각의 현실태에 무책임해도 되는 친화적 환경을 제공하는 것이다"(AI 195).

여기서 더 큰 요점은 인과적 효과성이 지각 양태인 동시에 현실적인 물리적 과정이라는 것이다. 그것은 "불꽃에 대해 지각된 붉음과 따스함," 그리고 "탄소와 산소 분자의 교반攪拌, agitation, 그리고 그것들로부터 나오는 복사 에너지, 그리고 물질적 신체의 다양한 기능"(CN 32)을 모두 아우른다. 이 이중 기능에 있어서 인과적 효과성은 엄밀한 결정론으로 환원될 수 없지만 동시에 철학적 회의론으로는 난공불락이다.

예를 들어, 화이트헤드는 흄 자신의 전제가 인과적 효과성이 직접적으로 지각될 수 없다는 그의 주장과 모순된다고 지적한다.

> 흄은 자신의 천재적인 명료함을 가지고 경험 행위 속에서 기능하는 감각-여건이 현실적인 신체 기관들의 인과적 효과성을 통해 주어진다는 것을 입증하는 근본적인 요점을 진술한다. 그는 이 인과적 효과성을 직접적 지각의 구성요소로 언급한다. (S 51, 강조는 화이트헤드)

즉, 흄 자신이 사전에 인정하듯, 우리는 신체의 작용을 통해 세계와 직접적인 친분을 얻는다.

> 인과성에 대한 지각의 결여를 주장하면서, 〔흄은〕 암묵적으로
> 그것을 전제한다…흄의 논증은 현시적 즉각성에서 기능하는
> 감각-여건이 인과적 효과성에서 기능하는 '눈,' '귀,' '혀'를 통해
> '주어진 것'임을 전제한다. (S 51)

더 일반적으로 화이트헤드는 다음과 같이 말한다.

> 우리는 그림을 보며, 눈을 가지고 본다. 우리는 나무를 만지며,
> 손을 가지고 만진다. 우리는 장미 향기를 맡으며, 코를 가지고
> 맡는다. 우리는 종소리를 들으며, 귀를 가지고 듣는다. 우리는
> 설탕을 맛보며, 혀를 가지고 맛본다. (S 50)

여기서 인과적 효과성의 양태에서의 경험의 기능은 흄이 어떤
인과관계도 식별될 수 없다고 말하는 현시적 즉각성의 양태에
서의 경험에 선행하고, 또한 그 양태의 경험을 위해 필요하다.
　화이트헤드는 『과정과 실재』에서 흄에 대한 이러한 비판을
요약하고 확장한다. 흄은 어떤 원인에 일정한 결과가 따르리라
는 우리의 기대가 단지 습관의 산물일 뿐이라고 주장한다. 그러
나 화이트헤드가 지적하길,

어째서 흄이 '원인'이라는 개념에 적용된 것과 동일한 비판으로부터 '습관'을 제외하는지는 이해하기 어렵다. 정확히 우리가 '원인'의 '인상'을 가지지 못하듯이, 우리는 '습관'의 '인상'을 가지지 못한다. 원인, 반복, 습관은 모두 같은 운명에 처해 있다. (PR 140)

다시 한번, 흄은 인과적 효과성을 둘러대려는 바로 그 시도 속에서 인과적 효과성의 힘을 전제한다.

나는 여기서 화이트헤드의 논증 방식이 칸트의 논증을 정확히 역전시킨 것이라고 기술하고 싶은 충동을 느낀다. 칸트는 인과성이 위에서부터 초월론적으로 부여되어야 하므로 원리적으로 우리가 인과성을 피할 수 없다고 주장함으로써 흄에게 반대한다. 화이트헤드는 대신 인과성이 언제나 이미 아래에서부터 경험론적으로 작용하기 때문에 사실에 있어서 우리는 인과성을 피할 수 없다고 관찰하며 흄에게 반대한다. 어쩌면 우리는 맑스가 헤겔을 수정하는 것과 같은 방식으로 화이트헤드가 칸트를 반전시키며 그를 수정한다고 말할 수 있을지도 모른다.

화이트헤드는 인과적 효과성이 신체 기관의 물리적 기능으로서 우리의 지각 속에 언제나 이미 작용하고 있음을 보여준다. 이것은 우리가 통 속 뇌에 불과하여 뉴런의 직접적인 자극을 통해 망상적인 감각 인상을 받는 경우에도 참으로 남는다. 비록 현시적 즉각성을 통해 현시된 그림이 세계의 실제 사태와 상응하지 않더라도 인과적 효과성의 실제 물리적 기능은 여전히 전제되어야 한다.

이것이 화이트헤드가 "직접적 경험" 그 자체는 "틀릴 수 없다"라고 말하는 이유이다. 이 주장은 사실 동어반복이다. 즉 "당신이 경험한 것은 당신이 경험한 것이다"(S 6), "강물에 비친 고기를 잡기 위해 고기를 떨어뜨린 이솝우화 속의 개"(S 19)를 통해 예시된 망상과 마찬가지로 통 속 뇌의 망상은 직접적 경험 그 자체보다는 상징적 참조의 실패이다. 그것은 지각 그 자체의 결함에서 비롯되는 것이 아니라 "두 가지 양태에 의해 각각 개시된 다양한 현실태들이 식별되거나, 혹은 적어도 우리 환경 속의 상호관계된 요소로서 함께 상관되는" 방식에서 비롯된다(S 18).

다른 말로 하자면, 개의 오류는 해석의 실수이거나 추상화의 제한성을 준수하지 못한 것이다. 화이트헤드는 우리가 추상화를 너무 심각하게 받아들이거나 그것이 유용할 수 있는 제한성의 범위를 넘어서 밀고 나가며 잘못된 방향으로 가더라도 우리는 추상화 없이 살 수 없다고 말한다. 이것이 화이트헤드의 유명한 "잘못 놓인 구체성의 오류"(S 39)이다. 우리는 그 오류가 단순히 개의 잘못된 판단뿐만이 아니라 철학적 추론의 가장 세련된 예시 속에서도 작용하고 있음을 발견한다. 오류는 강물 속의 고기에 대한 지각에 있는 것이 아니라, 개가 이 고기 — 개가 참으로 지각한 것 — 가 식용 실체가 아니라 반사라는 것을 이해하지 못한 것에 있다. 이것이 바로 화이트헤드가 오류를 취급함에 있어 지극히 여유로운 이유이다. "이솝의 개는 고기를 잃었을지언정 자유로운 상상을 향한 길에 한 발짝을 내디딘 것이다"(S 19).

우리가 인과적 효과성을 경험하는 것은 단순히 우리가 신체이기 때문이 아니라 우리가 시간의 추이를 느끼고 그 내부에서 존속하기 때문이다. 화이트헤드는 흄의 회의적인 결론이 "순수한 연쇄로서의 시간이라는 지극히 소박한 가정에 기초하고 있다"고 주장한다(S 34). "순수한 연쇄," 혹은 공허한 형식으로서의 시간이라는 개념은 "정착된 과거와 파생적 현재가 맺는 비가역적 관계로부터 추상화한 것이다"(S 35). 현실적인 구체적 경험에서 우리는 시간을 "상태로부터 상태의 파생으로서" 느끼며, "후속하는 상태는 선행하는 상태에 대한 순응성을 드러낸다 … 정착된 행위들의 공동체로 구성된 과거는 현재 행위 속에 객체화됨으로써 그 행위가 순응해야 하는 조건을 확립한다"(S 35).

다른 말로 하자면 경험은 오직 현재 순간, 즉 지금 속에서만 일어나는 것이 아니다. 경험은 또한 과거를 이해하고 미래를 향해 투사한다. 심지어 가장 "원시적인 살아있는 유기체도 … 자신을 출현시킨 운명과 자신이 나아가고 있는 운명에 대한 감각을 가진다"(S 44). 시간은 변화의 척도가 아니라 "순응"의 힘이다. 그리고 변화는 오직 이러한 순응의 힘이라는 배경에 대항해서만 가능하다.

현재의 사실은 그것의 4분의 1초 전의 전임자들로부터 빛을 발하며 도래한 결과인 것이다. 예상치 못한 요인이 개입했을 수도 있다. 어쩌면 다이너마이트가 폭발했을지도 모른다. 그러나 설령 상황이 그렇더라도 현재 사건은 즉각적 과거의 현실적 본성에 의해 부과된 제한에 따르면서 떠오른다. 만약 다이너마이트가 폭발한다면, 현재 사실은 다이너마이트 폭발과 일관되는 과거로부터 떠오른다. (S 46)

이런 식으로 지각과 판단은 그 자체로 시간적 사례가 된다. 그것들은 "순응" 또는 인과적 효과성의 넓은 범위 안에 자리 잡고 있다. 어떤 것을 지각하는 것은 그 어떤 것에 의해 촉발되거나 영향을 받는 것이다. 그리고 의지가 깃든 행위 ─ 혹은 좀 더 일반적으로 화이트헤드가 『과정과 실재』에서 결단이라고 부르는 것 (PR 27~8와 여러 곳) ─ 는 오직 인과적 효과성의 주어진 틀 내부에서만 스스로 발생할 수 있다. 이것이 화이트헤드가 『상징활동』에서 "순수한 가능태"와 "자연적 가능태"(S 37~8) 사이를 구별하는 원천이다 ─ 이는 『과정과 실재』에서 "일반적 가능태"와 "실재적 가능태"(PR 65) 사이의 구별로서 재구성된다. 순수한 또는 일반적 가능태는 단순한 논리적 가능성인 반면, 자연적 또는 실재적 가능태는 "완강한 사실", 혹은 실제로 "경험을 위해 주어진 구성요소"를 설명한다(S 36, 강조는 화이트헤드).

화이트헤드주의자의 관점에서 루이스의 양상실재론과 메이

야수의 우연성의 원리는 모두 이 구별을 무시하기 때문에 실패한다. 왜냐하면 그들은 현시적 즉각성만을 인식하며, "'순응'의 좀 더 구체적인 관련성"으로부터 "단순한 시간의 경과"를 추상화하기 때문이다(S 36). 그 귀결로, 그들은 순전한 논리적 가능성 — 화이트헤드가 순수한 또는 일반적 가능태라고 부르는 것 — 을 마치 자연적 또는 실재적 가능태인 것처럼 간주한다. 화이트헤드는 "흄에 따르면, … 완강한 사실은 없다"(S 37)고 말한다. 루이스와 메이야수도 마찬가지라고 말해야 한다. 이 위대한 사상가들의 오류는 바로 인식론적 일관성을 토대로 오류를 제거하려는 노력에서 비롯된 결과라고 말할 수 있다.

왜냐하면, 근대 서양철학의 주류에서 인과성은 지각에 주어지지 않는 것으로 추정되는 것으로서, 의심에 부쳐져야 하는 관계의 한 예시이기 때문이다. 화이트헤드는 인과성이 (칸트가 이미 주장한 것처럼) 단지 지각적 경험에 대한 추상적 조건일 뿐만 아니라 실제로 주어진 경험의 구성요소임을 보여줌으로써 이에 반격한다. 인과적 효과성은 사실 직접적으로 경험되며, 이는 이러한 직접적 경험이 필연적으로 의식적이지는 않더라도 그렇다. 『과정과 실재』에서 화이트헤드는 이것을 예시의 형태로 제공한다.

계기 A, B, C가 계기 M의 경험에 들어갈 때, 〔이것이 의미하는 바는〕 따라서 A, B, C에서 M으로의 감각 정서의 전달이 있게 된다는 것이다. 만약 M이 자기-분석의 재치를 가졌다면, M은 A, B, C로부터 그 자신으로 전이된 것으로 인해 스스로 자신의 감각자료을 느꼈음을 알 것이다. 그러므로 A, B, C에 대한 (무의식적) 직접적 지각은 M을 구성하는 요소로서의 A, B, C의 인과적 효과성에 불과하다. (PR 115~16)

인과적 효과성 그 자체는 모호하고 제한된 방식으로 경험된다. 그러므로 인과적 효과성은 지각의 원초적 형태이다. 그러나 이를 넘어선 어떤 종류의 경험도 인과적 효과성의 기능에 심대하게 의존한다. 그러므로 인과성은 단지 우리가 그에 관해 논쟁할 수 있는 지각 속 무언가의 지위, 그 무언가에 대한 단순한 예시 이상의 것이다. 사실, 그것은 지각 이론 전체에 있어 중심적인 것이다. 인과적 관계가 우리가 지각할 수도 있고 지각하지 못할 수도 있는 사례이기보다는, 지각 그 자체가 일종의 인과적 관계이다.

이러한 방식으로 인과적 효과성에 관한 화이트헤드의 설명은 인식론에서 존재론으로, 혹은 화이트헤드가 우주론이라고 부르는 것으로 연결하는 다리를 제공한다. 흄, 칸트, 그리고 그들의 근대 후계자들에게 있어서, 우리는 겉보기에 독립적인 존재자들 사이의 인과적 관계가 존재할 수 있다는 것을 우리가 어떻게 아는지 먼저 설명하지 않고는 인과성에 관해 이야기할 수 없다. 그러나 화이트헤드는 우리가 어떻게 아는지에 관한 물음을 제기하는 것조차 "즉각적 과거에 대한 현재 사실의 순응"이라는 형태로 이미 인과적 효과성의 작용을 수용한 것이라고 주장한다(S 41). 그러므로 화이트헤드는 칸트주의적 비판의 고르디우스 매듭을 잘라낸다. 그는 다음의 암울한 칸트주의적 대안에서 사변을 해방한다.

1. 비판, 즉 우선적인 인식론적 합법화에 종속되기, 혹은
2. 단순히 '독단적인 것'으로 거부되기

퀑탱 메이야수 또한 이 지긋지긋한 대안에서 벗어나려고 한다는 점에 유의해야 한다. 메이야수는 "전-비판적인 … 독단적 형이상학의 '소박한' 입장으로의 퇴행"을 수행함이 없이 칸트주의적인 "상관주의적 순환"[25]의 외부로 나가는 방법으로서 "비독단적 사변"[26]의 가능성을 확립했다고 주장한다. 화이트헤드는 자신의 사변철학을 "데카르트에게서 시작하여 흄과 함께 끝난 철학적 사유의 국면으로의 회귀"라고 기술한다(PR xi). 그럼에도 불구하고, 나는 지각과 인과성의 수수께끼를 풀기 위한 화이트헤드의 구성주의적 제안이 경멸적인 칸트주의적 의미에서 "독단적인 것"으로 분류될 수 있다고 생각하지 않는다. 오히려 화

---

25. Meillassoux, *After Finitude*, 3, 강조는 메이야수. [메이야수, 『유한성 이후』.]
26. 같은 책, 5. [같은 책.]

이트헤드의 사변적인 "상상적 일반화라는 희박한 대기권에서의 비행", 그리고 "합리적 해석에 의해 예리해지고 새로워진 관찰을 위한"(PR 5) 근거로의 후속적 복귀는 함께 그가 "초기의 과잉된 자신의 주관성을 의식한 후 수행하는 자기-교정"(PR 15)이라 기술한 것, 또 다른 칸트의 수정을 수행할 수 있게 해준다. 이것이 내가 한편으로는 화이트헤드, 다른 한편으로는 메이야수와 하먼과 같은 근래의 사변적 실재론 사상가들 사이의 대화를 확립하려고 노력한 이유이다. 내게는 화이트헤드가 사변적 실재론자들이 목표로 삼고 있는 것 중 많은 것을 예기한 것처럼 보인다. 동시에 화이트헤드는 메이야수의 과도한 합리주의와 하먼의 현상학 기반에 대한 대안을 제시한다.

여기서 완전히 탐구할 수는 없지만, 이 논의의 몇 가지 추가적 귀결을 언급하면서 결론을 내리겠다. 화이트헤드는 인과적 효과성이 직접적으로 지각되는 동시에, 즉각적 과거에 대한 현재의 인과적 순응은 일반적 과정이며 두 가지 양태에 있어서 직접적 지각은 그저 하나의 예시에 불과하다고 주장한다. 따라서 지각과 인과성 사이에는 흥미로운 교차대구법이 있게 되며, 그것들은 피드백 고리와 같은 것 속에서 교차한다. 무엇보다도, 이것은 또한 고유한 것으로서의 지각과 좀 더 일반적인 것으로서의 인과적 영향 사이에는 명료한 구분선이 없다는 것을 함의한다. 나는 무언가에 의해 촉발될 때마다 무언가를 '지각'한다 — 이것이 의식적으로 일어나지 않는 경우에도 말이다. 예를 들어, 화이트헤드가 지적하듯 "인체는 어떤 색깔 감각도 동반하지 않는 방식으로 태양 스펙트럼의 자외선에 의해 인과적으로 촉발된다. 그럼에도 불구하고, 그러한 광선은 한정된 정서적 효과를 산출한다"(S 85).

이 '정서적 효과'는 내 기분의 변조일 수 있다. 언제나 화창한 날 야외에 있을 때 기분이 더 좋아지는 법이다. 그러나 정서적 효과는 또한 내가 햇볕에 그을리거나 햇볕에 타거나 심지어는 피부암이 발병하는 것으로 구성될 수도 있다. 이런 종류의 물리적 반응은 어떤 의미에서 '정서적' 반응이기도 하다. 심지어는 의식의 문턱 아래에서도 물리적 변화는 일종의 정동적 색조의 변화이기도 하다. 이것은 인간 경험뿐만 아니라 "꽃이 빛을 향해 고개를 돌릴 때", 혹은 심지어 "돌덩어리가 외적 환경에 의해 설정된 조건에 순응할 때"와 같이 화이트헤드가 "낮은 등급"이라고 부르는 유기체의 경우에도 마찬가지이다(S 42).

이에 관한 상당 부분이 화이트헤드에 관한 최근 저술에서 화이트헤드가 『관념의 모험』에서 "비감각적 지각"(AI 180쪽과 그 이하)이라고 부르는 것을 기반으로 다루어졌다. 화이트헤드가 말하길 "인간의 경험에 있어서, … 비감각적 지각의 가장 강력한 예시는 우리 자신의 즉각적 과거에 대한 우리의 지식이다"(AI 181). 이 모든 것은 화이트헤드가 『상징활동』에서 인과적 효과성의 양태에서의 지각에 관해 말한 것과 일관적이다. 그러나 마크 B. N. 한센은 자신의 저서 『피드포워드』에서 화이트헤드의 확장된 지각의 장에 관한 그러한 이해는 부족하다고 주장한다. 한센은 인과적 효과성이 "지각을 넘어서는" 영역, "(인간 지각을) 통해 나타나지 않으며 나타날 수도 없고" 오히려 인간 존재자가 이제 처음으로 "생체인식적이고 환경적인 계산 감지가 제공하는 기술적 보충을 통해 … 간접적으로" 접근할 수 있게 된 영역으로 확장되는 방식을 언급하면서, "비지각적 감각력"의 인과적 효과성을 개인적 기억의 국한성을 넘어 고려할 것을 촉구한다.[27] 그러므로 한센은 화이트헤드의 확장된 지각 이론이 새로운 21세기 미디어 환경을 포착하는 데 핵심적이라고 말한다. 화이트헤드에 관한 한센의 특수한 해석에는 내가 심각하게 반대하는 지점이 있지만, 그의 전체적인 요점은 대단히 중요하다고 생각하며, 그의 요점은 내가 여기서 논하고 있는 용어, 즉 지각과 물리적 인과성 사이의 교차대구적 관계라는 관점에서 포착될 수 있다고 생각한다.

화이트헤드에 관한 나의 독해에 따를 때, 지각은 좀 더 일반적인 인과적 과정의 부분집합인 반면, 동시에 인과적 과정은 그 자체로 직접적인 지각 경험으로 피드백되며 무의식적으로라도 "느껴진다." 이것은 데이비드 레이 그리핀이 화이트헤드의 범경험주의라고 부르는 것의 기초이다 — 나는 더 도발적인 단어인 범심론을 사용하는 편을 선호하지만 말이다. 이것은 정신성에 있어

---

27. Hansen, *Feed-Forward*, 24, 강조는 한센.

서의 차이, 혹은 화이트헤드가 "느낌"(화이트헤드는 이 단어를 "단순한 기술 용어"로서 사용한다고 말한다)(PR 164)이라고 부르는 것의 수준에 있어서의 차이는 언제나 종류보다는 정도의 차이임을 의미한다. 정확히 "살아있는" 사회와 "살아있지 않은" 사회 사이에 절대적인 간극이 없는 것처럼(PR 102), 다양한 양태의 느낌이나 감수성 사이에는 명료한 경계선이 없다.

그러나 나는 우리가 이보다 더 나아갈 수 있다고 생각한다. 화이트헤드에 따르면 "생명은 각각의 살아있는 세포의 틈새, 그리고 뇌의 틈새 속에 잠복해 있다"(PR 105~6). 그러나 느낌 – 또는 순응으로서의 지각 – 은 틈새 속에 잠복해 있을 필요가 없다. 그것은 모든 곳에서 일어난다. 이것이 내가 화이트헤드를 생기론자라고 생각하지 않는 이유이다. 화이트헤드가 지각과 인과적 효과성을 융합하는 것은 또한 생기보다 감수성이 우선함을 함의한다. 다른 말로 하자면, 지각과 느낌은 감수성을 위한 가능성의 필요조건이 아니라 생명을 위한 가능성의 필요조건들 중 하나에 속한다.

어째서 이것이 중요한가? 유진 태커가 그의 탁월한 저서 『생명 이후』에서 상당 분량을 걸쳐 입증했듯이, 생기론을 재창안하고, 들뢰즈와 과타리가 "무기적 생명"이라고 부르는 것의 가능성을 탐구하고, "생명" 일반을 이론화하려는 우리의 모든 시도는 뼈아픈 이율배반의 계열에 직면하게 된다. 철학적 논증 속에서뿐만 아니라 현대 생명공학의 실제 관행 속에서, 태커가 말하듯 "사고와 생명은 절대적 통약불가능성의 지평에 접근한다. 생명에 대한 사고는 우리가 '생명 그 자체'라고 부르는 일련의 모호한 현상과 점점 더 이접적으로 된다."[28] 생명의 특수한 사례와 본질 및 전반적 개념으로서의 '생명' 사이, 그리고 생명의 이러한 모든 반복과 그런 생명을 포착하고 개념화하려고 하면서 그 자체로 살아있기도 한 사고 사이에는 여러 모순이 있다. 비록 이 시점에서는 직감에 불과하지만, 나는 감수성을 생명의 속성으로서 여기기보다는 감수성이나 느낌의 관점에서 생명에 접근하는 것이 이러한 혼란에서 벗어날 방법을 제공하는 데 도움이 될 것으로 생각한다.

---

28. Thacker, *After Life*, ix~x.

:: 인용문헌과 보충 설명

서론

박쥐가 된다는 것은 어떠한 것인가?: Nagel 1991, 165~180.

결문학: Delany 2000, 203쪽과 그 이하.

지성〔사피엔스〕(지성, 지능) 대(vs.) 감수성〔센티엔스〕(알아차림, 자극 감지력, 각성): Brandom 1994, 5쪽과 그 이하.

프랜시스 베이컨에게로 잘못 귀속된 것: Pesic 1999.

라투르와 스텡거: Latour 1999; Stengers 2010 그리고 2011.

화이트헤드: Whitehead 1978, 5.

가추법: Peirce 1931~1958, 2:544 그리고 그 외.

브렘브스: Brembs 2015. 또한 Brembs 2009를 보라.

초파리의 행동: Maye et al. 2007.

나무들: Trewavas 2003.

박테리아: Ben-Jacob et al. 2006.

점균: Laity and Beekman, 2010.

과학소설에 관한 에릭 슈비츠게벨의 서술: Schwitzgebel 2014a.

연습: Peckham 1967의 여러 곳; 그리고 Peckham 1979, 204.

피드 포워드: Hansen 2015, 141과 여러 곳.

느낌에 관한 화이트헤드의 서술: Whitehead 1978, 164.

정동작용에 관한 스피노자의 서술: Spinoza 2002, 240. 『에티카』, 1부, 정의 5: "나는 양태를 실체의 정동작용으로, 또는 다른 것 안에 있으면서 다른 것에 의하여 상념되는 것으로 이해한다." Deleuze 1988, 48쪽과 그 이하를 참조하라.

감정에 관한 제임스의 서술: James 1983, 1058~1097.

내용 없는 사고에 관한 칸트의 서술: Kant 1998, 193 (B75/A51).

자각에 관한 메를로-퐁티의 서술: Merleau-Ponty 2012, lxxiii.

소여의 신화에 관한 셀러스의 서술: *Empiricism and the Philosophy of Mind* (이하 *Empiricism and …*), in Sellars 2012. 또한 Jelaca 2014를 보라.

미적 이념에 관한 칸트의 서술: Kant 2000, 192.

래프먼 감각질: Metzinger 2004, 72~74.

비의식적 지향성에 관한 마더의 서술: Marder 2013, 153쪽과 그 이하.

비지향적 감수성: Shaviro 2014, 108~133.

식물 감수성: Chamovitz 2013.

1장 철학자처럼 생각하기

메리 이야기: 프랭크 잭슨의 1986년 원본 논문과 이에 대한 수많은 답변과 재검토(잭슨

자신의 것을 포함해서)가 Ludlow et 2004에 수록되어 있다.

에릭 슈비츠게벨 : Schwitzgebel 2012.

가시 스펙트럼 : 예를 들어, "The Inverted Spectrum", Shoemaker 2003, 327~357 ; 이 이야기는 광범위하게 논의되어 왔으며, 이는 명백하게 존 로크까지 거슬러 올라간다.

물에 관한 화학식이 H_2O가 아닌 세계 : Putnam 1973.

통 속에 갇힌 뇌 : Putnam 1981, 1~21.

좀비 : Chalmers 1997, 93~122.

수많은 논문 : Ludlow et al. 2004 ; Nida-Rümelin 2010.

잭슨의 입장 변화 : Ludlow et al. 2004, 409~442.

대니얼 데닛 : Dennett 1991, 398~400 그리고 386.

데이비드 루이스 : Ludlow et al. 2004, 77~104.

마이클 타이 : Ludlow et al. 2004, 143~160. ; 또한 Tye 2000, 27를 보라.

로버트 반 굴릭 : Ludlow et al. 2004, 365~405.

데이비드 찰머스 : Stich and Warfield 2003, 102~142.

박쥐가 되는 것은 어떠한 것인가? : Nagel 1991, 165~180.

우리는 눈을 가지고 본다는 것에 대한 화이트헤드의 서술 : Whitehead 1978, 170.

감정에 관한 윌리엄 제임스의 서술 : James 1983, 1058~1097.

알바 노에 : Noë 2004.

토머스 메칭거 : Metzinger 2004.

"현상학은 있는 것처럼 보인다" : Dennett 1991, 366.

스콧 베커 : Bakker 2013b.

게일런 스트로슨 : Strawson 2010, 52.

들뢰즈와 과타리 : Deleuze and Guattari 1983, 18.

스톨자와 나가사와 : Ludlow et al. 2004, 16~18.

T. S. 엘리엇 : Eliot 1971, 39.

미적 경험에 관한 칸트의 서술 : Kant 2000, 90 (204) 그리고 95 (209).

직관과 개념에 관한 칸트의 서술 : Kant 1998, 193~194 (A51/B75).

미적 이념에 관한 칸트의 서술 : Kant 2000, 192 (314) 그리고 218 (342).

한정되지 않은 정동에 관한 마수미의 서술 : Massumi 2002, 28.

지성의 순수 범주들에 관한 칸트의 서술 : Kant 1998, 204쪽과 그 이하(A67/B92와 그 이하).

소여의 신비에 관한 셀러스의 서술 : *Empiricism and ...* , in Sellars 2012. 또한 Jelaca 2014를 보라.

데닛이 주장하듯 : Dennett 1991, 398.

빨강에 대한 알아차림 대(vs.) **빨강**에 대한 감각 : *Empiricism and ...* , in Sellars 2012.

현시적 즉각성과 인과적 효과성에 관한 화이트헤드의 서술 : Whitehead 1978, 121.

대리적 : Harman 2007.

"즉각적인 경험에 대한 직접적인 설명"은 없다 : *Empiricism and ...* , in Sellars 2012.

인류학적 과학소설: *Empiricism and …* , in Sellars 2012.
보여줄 수 없는 것에 대한 암시: Harman 2007를 참조하라.
인지적 틈새: Suvin 1979; Freedman 2000.
감각의 비율 변화: McLuhan 1992, 18.
아첼레란도: Stross 2005, 315.
새로운 실재: Harness 1950.
솔라리스: Lem 2011.
유빅: Dick 2012.
결정할 수 있는 것과 결정적인 것에 관한 셀러스의 서술: *Empiricism and …* , in Sellars 2012.
현상적인 내용에 관한 메칭거의 서술: Metzinger 2004, 72~73, 79.
암흑 현상학: Roden 2013; Roden 2014, 85~96.
지나치게 밝아서 어둡다: Milton, *Paradise Lost*, III 380.
어둠의 특별한 형식: Metzinger 2004, 169.

2장 컴퓨터처럼 생각하기

「눈먼 자들의 왕국」: McHugh 2011.
망가진 망치: Heidegger 1962, section 15.
물고기와 물: McLuhan 2001, 175.
지각에 관한 베르그손의 서술: Bergson 1991, 38.
행위소에 관한 라투르의 서술: Latour 1988, 159쪽과 그 이하; Latour 1999, 303.
사물의 힘에 관한 베넷의 서술: Bennett 2010, 1.
초객체: Morton 2011.
블랙박스: Latour 1999, 304.
단위체: Bogost 2012, 25.
목적 없는 합목적성: Kant 2000, 111; 초판에서는 226.
의식의 어려운 문제: Chalmers 1995.
감성 컴퓨팅: Picard 2000.
박쥐가 되는 것은 어떠한 것인가?: Nagel 1991, 165~180.
우주는 정보일 뿐이다: Lloyd 2007; Vidral 2010.
자기생산: Bryant 2011, 140과 147.
소산구조: Prigogine and Stengers 1984.
생물학에서 오토포이에시스: Marturana and Varela 1980.
작용적 폐쇄: Luhmann 2012.
에너지 구배를 줄이려는 충동: Schneider and Sagan 2006.
생명의 일차적인 의미: Whitehead 1978, 102.
자폐증에 관한 에린 매닝의 서술: Manning 2013, 224~230.
평평한 존재론: Delanda 2005, 58.
직관과 개념에 관한 칸트의 서술: Kant 2000, 193~194; A51/B75.

동물의 행동에 관한 브렘브스의 서술 : Brembs 2009.
알바 노에 : Noë 2004.
의식은 기능으로부터 분리될 수 없다 : Cohen and Dennett 2011, 363.
인식을 위해서는 미결정적이고 부적합한 것 : Kant 2000, 213.

3장 아바타처럼 생각하기
『소프트웨어 객체의 생애 주기』 : Chiang 2010.
바둑을 두는 컴퓨터 : Levinovitz 2014.
데이비드 루이스 : Ludlow et al. 2004, 77~104.
"흄의 문제"에 관한 메이야수의 서술 : Meillassoux 2008, 90~91.
내가 다른 곳에서 논했듯이 : Shaviro 2016.
역사적 경로 : Whitehead 1978, 64.
현실적임이 없이 실재적인 : Deleuze 1994, 208 ; Whitehead 1978, 214.
과학소설과 과학 밖 소설 : Meillassoux 2015, 5 그리고 36.
「할머니, 혁명 동안 무엇을 하셨나요?」 : 초판 1983. Russ 1984에서 재간행.
순응 : Whitehead 1927, 41.
완강한 사실 : Whitehead 1978, 43.
계산 모듈 : Pinker 2003, 40.
제리 포더 : Fodor 2000.
얼굴 인식 : Sacks 2010.
뇌의 가소성 : Malabou 2008.
휴리스틱에 관한 베커의 서술 : Bakker 2013a.
동맹 맺기에 관한 라투르의 서술 : Latour 1988, 168~169.
로드니 브룩스 : Brooks 2003.
세계를 자신의 모델로 삼는다 : Brooks 1987, 139.
레비나스적인 의미에서의 의무 : Levinas 1969.
『사랑, 그리고 로봇과의 섹스』(레비) : Levy 2007.
설의 중국어 방 논증 : Searle 1980.
특이점에 관한 레이 커즈와일의 서술 : Kurzweil 2006, 264~265.
스티븐 호킹 : Phys.org 2014.
일론 머스크 : Gibbs 2014.
닉 보스트롬 : Bostrom 2014.
무어의 법칙에 관한 커즈와일의 서술 : Kurzweil 2006, 35~36.
지성 대(vs.) 감수성 : Brandom 1994, 5.
지능에 관한 커즈와일의 서술 : Kurzweil 2006, 364.
확장된 정신 : Chalmers and Clark 1998.
우리의 생물학을 초월하지만, 인간성을 초월하지는 않는 : Kurzweil 2006, 136.
자기향유 : Whitehead 1938, 15o.

정동은 인지로부터 독립적일 수 없다 : Zajonc 1984.

4장 인간 존재자처럼 생각하기

『뉴로패스』 : 영국과 캐내다에서 발행된 오리지널판 Bakker 2008.

약간 수정된 미국판 : Bakker 2009.

의미의 죽음에 관한 레이 브라시에의 서술 : Brassier 2011b.

벤저민 리벳 : Libet 1999을 참조하라.

의식의 한계에 관한 마크 한센의 서술 : Hansen 2015.

『철학적 탐구』 : Wittgenstein 1953.

데이비드 찰머스 : Chalmers 1995.

대니얼 데닛 : Cohen and Dennet 2011 ; Dennett 1988.

토머스 메칭거 : Metzinger 2004, 85.

윌리엄 제임스 : James 1912/1996, 39~91.

데카르트 : Descartes 1998, 62.

통속심리학 : Stich and Warfield 2003, 235~255.

"아니, 그건 내가 아니라 내 속에서 부는 바람" : D. H. Lawrence, "Song of a Man Who Has Come Through", in Lawrence 1994, 195.

과학적 증거에 관한 브라시에의 서술 : Brassier 2011a.

"아무 곳도 아닌 곳에서 보는 관점"에 관한 베커의 서술 : Bakker 2012.

귀결에 관한 윌리엄 제임스의 서술 : James 1975.

셜록 홈스 : Arthur Conan Doyle, *The Sign of the Four*.

아무것도 아닌 것은 아니다 : Wittgenstein 1953, section 304.

메칭거의 심리철학 : Metzinger 2004, 13쪽과 그 이하.

현상적 자아 모델 : Metzinger 2004, 299쪽과 그 이하.

철학적 좀비 : Chalmers 1997, 93~122.

5장 살인마처럼 생각하기

「야생 정신」 : Swanwick 2008.

C섬유 : Rorty 1979, 70~98에 수록된 패러디적 설명을 보라.

통속심리학 : Churchland 1981, 67.

일반 지성 : Virno 2001.

평등에 관한 공리 : Rancière 1991, 16.

제2의 기계 시대 : Brynjolfsson & McAfee 2014.

이윤율의 경향적 하락 : Marx 1993, 317~377.

자본주의의 새로운 정신 : Boltanski and Chiapello 2007.

책임감을 가지는 : Mind Tools 2015.

위태로움 : Srnicek 2012.

내측 부주의 : Bakker 2013c.

리처드 도킨스 : Dawkins 2008.

샘 해리스 : Harris 2005.

크리스토퍼 히친스 : Hitchens 2009.

깨어있는 자 : Dawkins 2003.

텐센그리시티 : cf. Fuller 1961.

혜택 : Landsburg 1993.

합리적인 선택 이론 : Levin & Milgrom 2004.

어떠한 것인가 : Nagel 1991, 165~180.

라인하르트의 감산적 미학 : ARTNews 2015.

6장 외계인처럼 생각하기

『블라인드 사이트』 : Watts 2006.

이유들의 논리적 공간 : "Empiricism and the Philosophy of Mind", section 36, in Sellars 2012.

서사에 관한 브라시에의 서술 : Brassier 2011b.

통속심리학 : Stich and Warfield 2003, 235~255.

현시적 이미지 : "Philosophy and the Scientific Image of Man", in Sellars 2012.

인공 기관으로서의 기술 : Stiegler 1998.

기계 세계의 생식기관 : McLuhan 1992, 46.

『에코프라시아』 : Watts 2014,

코타드 장애 : Metzinger 2004, 455쪽과 그 이하.

주석과 참고문헌 : 이는 Watts 2006에 수록되어 있다. 확장된 버전은 다음의 링크에서 확인할 수 있다. https://rifters.com/real/shorts/PeterWatts_Blindsight_Endnotes.pdf.

메칭거에 관한 하먼의 서술 : Harman 2011, 23~24.

소박한 통속심리학적 개념 : Metzinger 2004, 207.

소박한 실재론 : Metzinger 2004, 292.

로덴의 단절 테제 : Roden 2014, 106 ; 그리고 좀 더 일반적으로는 105~123.

리벳 : Libet 1999.

흡혈귀들 : 소설, 그리고 주석과 참고문헌 이외에도 Watts 2005를 보라.

박쥐가 되는 것은 어떠한 것인가? : Nagel 1991, 165~180.

에일리언 현상학 : Bogost 2012.

암시 : Harman 2007.

무관심 : Kant 2000, 91 (205). 또한 Shaviro 2014, 151~153을 보라.

대리적 : Harman 2007.

미적 판단은 인식적인 것이 아니다 : Kant 2000, 95 (209).

내가 무엇을 생각하고 있는지 안다고 말하는 건 틀렸다는 비트겐슈타인의 견해 : Wittgenstein 1953, 222.

라일 : Ryle 2009, 137~138.

윌리엄 제임스: James 1983, 1066.

중국어 방: Searle 1980; Cole 2014.

튜링 시험: Turing 1950.

의식의 어려운 문제: Chalmers 1995.

다른 철학자들이 주장하는 것: e.g. Dennett 1991, 435~439.

아담 글라즈: Glaz 2014.

기계 대 아메바에 관한 노에의 서술: Noë 2014.

포스트휴먼의 가능성에 한계를 설정하는 것에 관한 로덴의 서술: Roden 2014, 88, 173.

네모중심적: Metzinger 2004, 336; Brassier 2011a, 18.

합리성에 관한 브라시에의 서술: Brassier 2011a, 9.

의식은 기능으로부터 분리될 수 없다: Cohen and Dennett 2011.

수익 없는 지출: Bataille 1991.

생물학적 과잉: Bagemihl 2000.

성적 선택: 최근의 과학적 논의에 대해서는 Cronin 1993을 보라. 사변적 설명에 대해서는 Grosz 2011을 보라.

굶주림과 음식의 미적 쾌락에 관한 칸트의 서술: Kant 2000, 95~96.

자아성으로부터 작인을 분리하는 브라시에: Brassier 2011a, 23.

미학에 관한 브라시에의 서술: Brassier 2009.

합목적성에 관한 칸트의 서술: Kant 2000, 125.

스팸에 관한 맥로드의 서술: MacLeod 2000.

유적존재: Marx 1959.

전쟁 우주: 이 문구는 Burroughs 1991에서 가져온 것이다.

7장 점균처럼 생각하기

점균의 일반적 특징: Stephenson and Stempen 2000.

황색망사점균의 운동 속도: 이는 수많은 연구에서 지나가듯 언급되었다. 예를 들어, Saigusa et al. 2008; Ball 2008.

황색망사점균에서 부분과 전체: Laity and Beekman 2010.

들뢰즈주의적 다양체: Deleuze 1994, 182.

모범적인 유기체: 이 장에서 논의하는 대부분의 연구를 모아 요약한 것으로는 Beekman and Laity 2015를 보라.

미로를 풀기: Nakagaki 2001.

외적 공간 기억: Reid et al. 2013; Beekman and Laity 2015.

확장된 정신: Chalmers and Clark 1998.

원초적인 결함: Stiegler 1998, 114과 여러 곳.

콩베스의 스티글레르 비판: Combes 2012, 68~70.

넘쳐흐르는 잉여: Marx 1959; Bataille 1991.

생물학적 현상으로서의 의식: Searle 1993.

세포 내적 기억 : Beekman and Laity 2015.

시간적 예상 : Saigusa et al. 2008 ; Ball 2008.

점균 음악 : Miranda et al. 2011.

보편적 소통 가능성에 관한 칸트의 서술 : Kant 2000, 102쪽과 그 이하 (218쪽과 그 이하).

진동력의 존재론 : Goodman 2010, 81쪽과 그 이하.

정서적 에너지의 약동 : Whitehead 1978, 116.

네트워크 최적화 : Zhang et al. 2015.

도쿄 지하철 : Tero et al. 2010.

여러 교통망 : Adamatsky et al. 2012

발칸 반도의 고대 로마식 도로망 : Evangelidis et al. 2015.

견고한 네트워크의 자기 회집 : Rossi 2004.

복잡한 영양상의 고난 : Dussutour et al. 2010.

입력들의 동시 처리 : Mayne and Adamatsky 2015.

점균의 행동에서 유래한 알고리즘 : Tero et al. 2006 ; Beekman and Latty 2015.

생물학적 계산기로서의 점균 : Adamatsky 2015 ; Mayne and Adamatsky 2015 ; Schumann and Adamastsky 2015.

이유를 제시하고 요구하는 게임 : 비록 브랜덤은 이 문구를 셀러스에게 귀속시키지만, 이 문구는 Brandom 1997, 123에서 가져온 것이다.

살아있는 현상을 다양한 방식으로 설계 : Evangelidis et al. 2015.

벌과 벌집 : Karihaloo et al. 2013.

점균 비합리성 : Beekman and Latty 2015 ; Latty and Beekman 2010.

미끼 효과 : Huber et al. 1982.

공리적 합리성으로부터의 일탈 : Waksberg et al. 2009도 참조하라.

결정론 대 비결정론 : Brembs 2010.

복잡한 결단 : Latty and Beekman 2015.

개체적인 점균이 뇌로서 행위한다 : Beekman and Latty 2015.

의사결정의 모델로서의 황색망사점균 : Beekman and Latty 2015.

경험의 통일성에 관한 칸트의 서술 : Kant 1998, 230~234.

지연과 대역폭 : Watts 2015a.

문어의 분산된 의식 : Watts 2015b.

평가절상과 평가절하 : Whitehead 1978, 254와 여러 곳.

암흑 현상학 : Roden 2014, 85.

후기 : 자연에 관한 22개의 테제

준안정성, 개체화 : Simondon 2005.

에너지 산화 : Schneider and Sagan 2006.

온도조절기 : Chalmers 1997, 293쪽과 그 이하.

수용자 : Whitehead 1967, 150.

:: 참고문헌

Adamatsky, Andrew, et al. (2012). "Are motorways rational from slime mould's point of view?". *International Journal of Parallel Emergent and Distributed Systems* 03/2012.

_____ (2015). "Guest Editorial : Slime mould computing". *International Journal of General Systems* 44:3, 277~278. http://dx.doi.org/10.1080/03081079.2014.9.97525

ARTNews, Editors of (2015). "Less is More : Ad Reinhardt's 12 Rules for Pure Art". http://www.artnews.com/2015/01/24/less-is-more-ad-reinhardts-twelve-rules-for-pure-art/

Bagemihl, Bruce (2000). *Biological Exuberance : Animal Homosexuality and Natural Diversity*. New York : Stonewall Inn Editions.

Bakker, R. Scott (2008). *Neuropath*. London : Orion Books.

_____ (2009). *Neuropath*. New York : Tor Books.

_____ (2012). "Thinker as Tinker". https://rsbakker.wordpress.com/2012/09/27/thinker-as-tinker/.

_____ (2013a). "The Crux". https://rsbakker.wordpress.com/2013/04/29/the-crux/.

_____ (2013b). "THE Something About Mary". https://rsbakker.wordpress.com/2013/05/27/the-something-aboutmary/.

_____ (2013c). "The Violence of Representation". https://rsbakker.wordpress.com/2013/05/09/the-vio-lence-of-representation/.

Ball, Philip (2008). "Cellular memory hints at the origins of intelligence". *Nature* 451 (24 January 2008), 385.

Bataille, Georges (1991). *The Accursed Share : an Essay on General Economy, Vol. 1 : Consumption*. Trans. Robert Hurley. New York : Zone Books. [조르주 바타유, 『저주받은 몫 — 일반경제 시론 — 소진/소모』, 최정우 옮김, 문학동네, 2022.]

Beekman, Madeleine, and Tanya Latty (2015). "Brainless but Multi-Headed : Decision Making by the Acellular Slime Mould *Physarum polycephalum*". *Journal of Molecular Biology*. DOI : 10.1016/j.jmb.2015.07.007.

Ben-Jacob, Eshel, Yoash Shapiraa, and Alfred I. Tauber (2006). "Seeking the foundations of cognition in bacteria : From Schrödinger's negative entropy to latent information". *Physica A* 359, 495~524. http://tamar.tau.ac.il/~eshel/papers/sdarticle.pdf.

Bergson, Henri (1991). *Matter and Memory*. Trans. Nancy Margaret Paul and W. Scott Palmer. New York : Zone Books. [앙리 베르그손, 『물질과 기억』, 박종원 옮김, 아카넷, 2005.]

Brynjolfsson, Erik, and Andrew McAfee (2014). *The Second Machine Age : Work, Progress, and Prosperity in a Time of Brilliant Technologies*. New York : W. W. Norton. [에릭 브린욜프슨, 앤드루 맥아피, 『제2의 기계 시대 : 인간과 기계의 공생이 시작된다』,

이한음 옮김, 청림출판, 2014.]

Bell, Jeffrey (2011). "Between realism and anti-realism : Deleuze and the Spinozist tradition in philosophy", *Deleuze Studies*, 5:1, 1~17.

Bogost, Ian (2012). *Alien Phenomenology*. Minneapolis : University of Minnesota Press. [이언 보고스트, 『에일리언 현상학, 혹은 사물의 경험은 어떠한 것인가』, 김효진 옮김, 갈무리, 2022.]

Boltanski, Luc, and Eve Chiapello (2007). *The New Spirit of Capitalism*. New York : Verso.

Bolter, Jay David, and Richard Grusin (2000). *Remediation : Understanding New Media*. Cambridge : MIT Press. [제이 데이비드 볼터, 리처드 그루신, 『재매개 : 뉴미디어의 계보학』, 이재현 옮김, 커뮤니케이션북스, 2006.]

Bostrom, Nick (2014). *Superintelligence : Paths, Dangers, Strategies*. New York : Oxford University Press. [닉 보스트롬, 『슈퍼인텔리전스 : 경로, 위험, 전략』, 조성진 옮김, 까치, 2017.]

Brandom, Robert (1994). *Making It Explicit*. Cambridge : Harvard University Press.

＿＿(1997). "Study Guide" to Wilfrid Sellars, *Empiricism and the Philosophy of Mind*, Cambridge : Harvard University Press.

Brassier, Ray (2009). "Against an Aesthetics of Noise". http://www.ny-web.be/transit-zone/against-aesthetics-noise.html.

＿＿(2011a). "The View from Nowhere". *Identities : Journal for Politics, Gender, and Culture* Vol. 8, No.2.

＿＿(2011b). "I am a nihilist because I still believe in truth : Ray Brassier interviewed by Marcin Richter". http://www.kronos.org.pl/index.php?23151,896.

Brembs, Björn (2009). "The Importance of Being Active". *Journal of Neurogenetics* 23:12, 120~126. DOI : 10.1080/01677060802471643.

＿＿(2010). "Towards a scientific concept of free will as a biological trait : spontaneous actions and decision-making in invertebrates". *Proceedings of the Royal Society B* 278, 930~939. DOI : 10.1098/rspb.2010.2325.

＿＿(2015). "Watching a Paradigm Shift in Neuroscience". http://bjoern.brembs.net/2015/03/watching-a-para-digm-shift-in-neuroscience/.

Brooks, Rodney (1987). "Intelligence Without Representation". *Artificial Intelligence* 47 (1991), 139~159.

＿＿(2003). *Flesh and Machines : How Robots Will Change Us*. New York : Vintage. [로드니 브룩스, 『로봇 만들기』, 박우석 옮김, 바다출판사, 2005.]

Bryant, Levi (2011). *The Democracy of Objects*. Ann Arbor : Open Humanities Press. [레비 브라이언트, 『객체들의 민주주의』, 김효진 옮김, 갈무리, 2021.]

Burroughs, William S. (1991). "The War Universe". *Grand Street* 37.

Chalmers, David (1995). "Facing Up to the Problem of Consciousness". *Journal of Con-*

sciousness Studies 2(3) : 200~19.

_____(1997). *The Conscious Mind : In Search of a Fundamental Theory*. New York : Oxford University Press.

_____(2013). "The Combination Problem for Panpsychism". http://consc.net/papers/combination.pdf.

Chalmers, David, and Andy Clark (1998). "The Extended Mind". *Analysis* 58:1 (January 1998), 7~19.

Chamovitz, Daniel (2013). *What a Plant Knows : A Field Guide to the Senses*. New York : Farrar, Straus and Giroux. [대니얼 샤모비츠, 『식물은 알고 있다 : 보고, 냄새 맡고, 기억하는 식물의 감각 세계』, 이지윤 옮김, 다른, 2013.]

Chiang, Ted (2010). "The Lifecycle of Software Objects". Subterranean Press Magazine, Fall 2010. https://subterraneanpress.com/magazine/fall2010/fiction_the_lifecycle_of_software_objects_by_ted_chiang. [테드 창, 『소프트웨어 객체의 생애 주기』, 김상훈 옮김, 북스피어, 2013.]

Churchland, Paul (1981). "Eliminative Materialism and the Propositional Attitudes". *The Journal of Philosophy* 78:2 (February 1981), 67~90.

Clark, Andy, and David Chalmers (1998). "The extended mind". *Analysis* 58:1, 7~19. http://cogprints.org/320/1/extended.html.

Cohen, Michael, and Daniel Dennett (2011). "Consciousness cannot be separated from function". *Trends in Cognitive Sciences* 15:8, August 2011, 358~364.

Cole, David (2014). "The Chinese Room Argument". *Stanford Encyclopedia of Philosophy*. http://plato.stanford.edu/archives/sum2014/entries/chinese-room/.

Combes, Muriel (2012). *Gilbert Simondon and the Philosophy of the Transindividual*. Trans. Thomas LaMarre. Cambridge, MA : The MIT Press.

Cronin, Helena (1993). *The Ant and the Peacock : Altruism and Sexual Selection from Darwin to Today*. New York : Cambridge University Press. [헬레나 크로닌, 『개미와 공작』, 홍승효 옮김, 사이언스북스, 2016.]

Dawkins, Richard (2003). "The future looks bright". *The Guardian*, June 21, 2003. http://www.theguardian.com/books/2003/jun/21/society.richarddawkins.

_____(2008). *The God Delusion*. Boston : Mariner Books. [리처드 도킨스, 『만들어진 신 : 신은 과연 인간을 창조했는가?』, 이한음 옮김, 김영사, 2007.]

Delanda, Manuel (2005). *Intensive Science and Virtual Philosophy*. New York : Continuum. [마누엘 데란다, 『강도의 과학과 잠재성의 철학』, 김영범·이정우 옮김, 그린비, 2009.]

Delany, Samuel R. (2000). *Shorter Views : Queer Thoughts & the Politics of the Paraliterary*. Middletown : Wesleyan University Press.

Deleuze, Gilles (1988). *Spinoza : Practical Philosophy*. Trans. Robert Hurley. San Francisco : City Lights Books. [질 들뢰즈, 『스피노자의 철학』, 박기순 옮김, 민음사, 2001.]

_____(1994). *Difference and Repetition*. Trans. Paul Patton. New York : Columbia University Press. [질 들뢰즈, 『차이와 반복』, 김상환 옮김, 민음사, 2005.]

Deleuze, Gilles, and Felix Guattari (1983). *Anti-Oedipus : Capitalism and Schizophrenia*. Trans. Robert Hurley, Mark Seem, and Helen R. Lane. Minneapolis : University of Minnesota Press. [질 들뢰즈, 『안티 오이디푸스 : 자본주의의 분열증』, 김재인, 민음사, 2014]

Dennett, Daniel (1988). "Quining Qualia". http://ase.tufts.edu/cogstud/papers/quinqual.htm.

_____(1991). Consciousness Explained. New York : Back Bay Books. [대니얼 데닛, 『의식의 수수께끼를 풀다』, 유자화 옮김, 옥당, 2013.]

Descartes, René (1998). *Discourse on Method and Meditations on First Philosophy*. Fourth Edition. Trans. Donald A. Cress. Indianapolis : Hackett. [르네 데카르트, 『제일철학에 관한 성찰 : 자연의 빛에 의한 진리 탐구』, 이현복 옮김, 문예출판사, 2021.]

Dick, Philip K. (2012). *Ubik*. New York : Mariner Books. [필립 K. 딕, 『유빅』, 김상훈 옮김, 폴라북스, 2012.]

Dussutour, Audrey, Tanya Latty, Madeleine Beekman, and Stephen J. Simpson (2010). "Amoeboid organism solves complex nutritional challenges". *PNAS* 107:10 (March 9, 2010), 4607~4611. DOI : 0.1073/pnas.0912198107.

Eliot, T. S. (1971). *Four Quartets*. Orlando : Harcourt. [T. S. 엘리엇, 『사중주 네 편』, 윤혜준 옮김, 문학과 지성사, 2019.]

Evangelidis, Vasilis, Michail-Antisthenis Tsompanas, Georgios Ch. Sirakoulis, and Andrew Adamatzky (2015). "Slime mould imitates development of Roman roads in the Balkans". *Journal of Archaeological Science : Reports*, (2352~409X) 2, 264ff. DOI : 10.1016/j.jasrep.2015.02.005.

Fodor, Jerry (2000). *The Mind Doesn't Work That Way*. Cambridge : MIT Press. [제리 포더, 『마음은 그렇게 작동하지 않는다』, 김한영 옮김, 알마, 2013.]

Freedman, Carl (2000). *Critical Theory and Science Fiction*. Middletown : Wesleyan University Press.

Fuller, R. Buckminster (1961). "Tensegrity". *Portfolio and Art News Annual*, No.4. Available at http://www.rwgrayprojects.com/rbfnotes/fpapers/tensegrity/tenseg01.html.

Gibbs, Samuel (2014). "Elon Musk : artificial intelligence is our biggest existential threat". *The Guardian*, October 27, 2014. http://www.theguardian.com/technology/2014/oct/27/elon-musk-artificial-intelligence-ai-biggest-existential-threat.

Garcia, Tristan (2014). *Form and Object : A Treatise on Things*. Trans. Mark Allan Ohm and Jon Cogburn, Edinburgh : Edinburgh University Press.

Glaz, Adam (2014). "Rorschach, We Have a Problem! The Linguistics of First Contact in Watts's Blindsight and Lem's His Master's Voice". *Science Fiction Studies* 41,

364~391.

Goodman, Steve (2010). *Sonic Warfare : Sound, Affect and the Ecology of Fear*. Minneapolis : University of Minnesota Press.

Grosz, Elizabeth (2011). *Becoming Undone : Darwinian Reflections on Life, Politics, and Art*. Durham : Duke University Press.

Hansen, Mark B. N. (2015). *Feed Forward : On the Future of Twenty-First-Century Media*. Chicago : University of Chicago Press.

Harman, Graham (2007). "On Vicarious Causation". In : *Collapse : Philosophical Research and Development* 2, 171~205.

_____ (2011). "The Problem With Metzinger". *Cosmos and History : The Journal of Natural and Social Philosophy* 7:1, 7~36.

_____ (2011). *The Quadruple Object*, Winchester : Zero Books.[그레이엄 하먼, 『쿼드러플 오브젝트』, 주대중 옮김, 현실문화, 2019.]

_____ (2013). *Bells and Whistles : More Speculative Realism*, Winchester : Zero Books.

Harris, Sam (2005). *The End of Faith : Religion, Terror, and the Future of Reason*. New York : Norton. [샘 해리스, 『종교의 종말 : 이성과 종교의 충돌, 이제 그 대안을 말한다』, 김원옥 옮김, 한언출판사, 2005.]

Hayles, N. Katherine (1999). *How We Became Posthuman : Virtual Bodies in Cybernetics, Literature, and Informatics*. Chicago : University of Chicago Press. [N. 캐서린 헤일스, 『우리는 어떻게 포스트휴먼이 되었는가』, 허진 옮김, 플래닛, 2013.]

Harness, Charles (1950). "The New Reality". http://zigstedimension.wordpress. com/2010/02/02/charles-1-harness-the-new-reality/.

Heidegger, Martin (1962). *Being and Time*. Trans. John Macquarrie and Edward Robinson. Oxford : Blackwell. [마르틴 하이데거, 『존재와 시간』, 전양범 옮김, 동서출판사, 2016.]

Hitchens, Christopher (2009). *God Is Not Great : How Religion Poisons Everything*. New York : Twelve Books. [크리스토퍼 히친스, 『신은 위대하지 않다』, 김승욱 옮김, 알마, 2011.]

Huber, Joel, John W. Payne, and Christopher Puto (1982). "Adding Asymmetrically Dominated Alternatives : Violations of Regularity and the Similarity Hypothesis". *Journal of Consumer Research* 9, 90~98.

Hume, David. *An Enquiry Concerning Human Understanding : And Other Writings* (New York : Cambridge University Press, 2037).[데이비드 흄, 『인간의 이해력에 관한 탐구』, 김혜숙 옮김, 지식을 만드는 지식, 2012.]

James, William (1912/1996). *Essays in Radical Empiricism*. Lincoln : University of Nebraska Press. [윌리엄 제임스, 『근본적 경험론에 관한 시론』, 정유경 옮김, 갈무리, 2018.]

_____ (1975). *Pragmatism and The Meaning of Truth*. Cambridge : Harvard University

Press.

_____(1983). *The Principles of Psychology*. Cambridge : Harvard University Press. [윌리엄 제임스, 『심리학의 원리 1~3』, 정양은 옮김, 아카넷, 2005.]

Jaynes, Julian (2000). *The Origin of Consciousness in the Breakdown of the Bicameral Mind*. Boston : Mariner Books. [줄리언 제인스, 『의식의 기원 : 옛 인류는 신의 음성을 들을 수 있었다』, 김득룡·박주용 옮김, 연암서가, 2017.]

Jelaca, Matija (2014). "Sellars Contra Deleuze on Intuitive Knowledge". *Speculations* 5, 92~126. http://www.speculations-journal.org/.

Kant, Immanuel (2000). *Critique of Judgment*. Trans. Paul Guyer and Eric Matthews. New York : Cambridge University Press. [임마누엘 칸트, 『판단력 비판』, 백종현 옮김, 아카넷, 2009.]

_____(1998). *Critique of Pure Reason*. Trans. Paul Guyer and Allen W. Wood. New York : Cambridge University Press. [임마누엘 칸트, 『순수이성비판 1, 2』, 백종현 옮김, 아카넷, 2006.]

Karihaloo, B. L., K. Zhang, and J. Wang (2013). "Honeybee combs : how the circular cells transform into rounded hexagons". *Journal of the Royal Society Interface* 20130299. DOI : 10.1098/rsif.2013.0299.

Kurzweil, Ray (2006). *The Singularity Is Near : When Humans Transcend Biology*. New York : Penguin. [레이 커즈와일, 『특이점이 온다 : 기술이 인간을 초월하는 순간』, 장시형·김명남 옮김, 김영사, 2007.]

Landsburg, Steven (1993). *The Armchair Economist*. New York : Free Press. [스티븐 랜즈버그, 『런치타임 경제학』, 황해선 옮김, 바다출판사, 2005.]

Latour, Bruno (1988). *The Pasteurization of France*. Trans. Alan Sheridan and John Law. Cambridge : Harvard University Press.

_____(1999). *Pandora's Hope : Essays on the Reality of Science Studies*. Cambridge : Harvard University Press. [브뤼노 라투르, 『판도라의 희망 : 과학기술학의 참모습에 관한 에세이』, 장하원·홍성욱 옮김, 휴머니스트, 2018.]

Latty, Tanya, and Madeleine Beekman (2010). "Irrational decision-making in an amoeboid organism : transitivity and context-dependent preferences". *Proceedings of the Royal Society B* 66:1673, 307~312. http://rspb.royalsociety.publishing.org/content/early/2010/08/05/rspb.2010.1045.

_____(2015). "Slime moulds use heuristics based on within-patch experience to decide when to leave". *The Journal of Experimental Biology* 218, 1175~1179. DOI : 10.1242/jeb.116533.

Lawrence, D. H. (1994). *The Complete Poems of D. H. Lawrence*. Ware, Hertfordshire : Wordsworth Editions.

Lem, Stanislaw (2011). *Solaris*. Trans. Bill Johnston. Los Angeles : Premier Digital Publishing. [스타니스와프 렘, 『솔라리스』, 김상훈 옮김, 오멜라스, 2008.]

Levin, Jonathan, and Paul Milgrom (2004). "Introduction to Choice Theory". http://web.stanford.edu/~jdlevin/Econ%20202/Choice%20Theory.pdf.

Levinas, Emmanuel (1969). *Totality and Infinity : An Essay on Exteriority*. Trans. Alphonso Lingis. Pittsburgh : Duquesne University Press. [에마뉘엘 레비나스, 『전체성과 무한 : 외재성에 대한 에세이』, 김도형·문성원·손영창 옮김, 그린비, 2018.]

Levinovitz, Alan (2014). "The Mystery of Go, the Ancient Game That Computers Still Can't Win". *Wired*, May 2014. http://www.wired.com/2014/05/the-world-of-computer-go/.

Levy, David (2007). *Love + Sex With Robots*. New York : Harper, 2007.

Lewis, David (1983). *Philosophical Papers, Volume 1*. New York : Oxford University Press.

_____(1987). *Philosophical Papers, Volume II*. New York : Oxford University Press.

Libet, Benjamin (1999). "Do we have free will?" *Journal of Consciousness Studies* 6, No. 8~9.

Lloyd, Seth (2007). *Programming the Universe : A Quantum Computer Scientist Takes on the Cosmos*. New York : Vintage. [세스 로이드, 『프로그래밍 유니버스』, 오상철 옮김, 지호, 2007.]

Ludlow, Peter, Yujin Nagasawa, and Daniel Stoljar, eds. (2004). *There's Something About Mary : Essays on Phenomenal Consciousness and Frank Jackson's Knowledge Argument*. Cambridge : MIT Press.

Luhmann, Niklas (2012), *Introduction to Systems Theory*. Boston : Polity. [니클라스 루만, 『체계이론 입문』, 윤재왕 옮김, 새물결, 2014.]

MacLeod, Ken (2000). *Cosmonaut Keep*. New York : Orbit.

Malabou, Catherine (2008). *What Should We Do with Our Brain?* Trans. Sebastian Rand. New York : Fordham University Press.

Manning, Erin (2013). *Always More Than One : Individuation's Dance*. Durham : Duke University Press.

Marder, Michael (2013). *Plant-Thinking : A Philosophy of Vegetal Life*. New York : Columbia University Press.

Marx, Karl (1959). *Economic and Philosophic Manuscripts of 1844*. Trans. Martin Milligan. Moscow : Progress Publishers. [칼 마르크스, 『경제학-철학 수고』, 강유원 옮김, 이론과실천, 2006.]

_____(1993). *Capital : A Critique of Political Economy*, Volume 3. Trans. David Fernbach. New York : Penguin. [칼 마르크스, 『자본론 3 상/하』, 김수행 옮김, 비봉출판사, 2015.]

Massumi, Brian (2002). *Parables for the Virtual*. Durham : Duke University Press. [브라이언 마수미, 『가상계 : 운동, 정동, 감각의 아쌍블라주』, 조성훈 옮김, 갈무리, 2011.]

Maye, Alexander, Chih-hao Hsieh, George Sugihara, Bjorn Brembs (2007). "Order in spontaneous behavior". *PloS One* 2:5, e443.

Mayne, Richard and Andrew Adamatzky (2015). "Slime mould foraging behaviour as optically coupled logical operations". *International Journal of General Systems* 44:3, 305~313. DOI: 10.1080/03081079.2014.997528

Maturana, Humberto, and Francisco Varela (1980). *Autopoiesis and Cognition: The Realization of the Living*. Dordrecht: Ridel Publishing. [움베르토 마뚜라나·프란시스코 바렐라, 『자기생성과 인지』, 정현주 옮김, 갈무리, 근간.]

McHugh, Maureen (2011). "The Kingdom of the Blind". In *After the Apocalypse*. Easthampton: Small Beer Press. Pages 101~119. Also available at http://www.light-speedmagazine.com/fiction/the-kingdom-of-the-blind/.

McLuhan, Marshall (1992). *Understanding Media: The Extensions of Man*. Cambridge: MIT Press. [마셜 매클루언, 『미디어의 이해: 인간의 확장』, 김상호 옮김, 커뮤니케이션북스, 2011.]

_____ (2001). *War and Peace in the Global Village*. Berkeley: Gingko Press. [허버트 마셜 매클루언, 『지구촌의 전쟁과 평화』, 박정순 옮김, 커뮤니케이션북스, 2022.]

Meillassoux, Quentin (2008). *After Finitude: An Essay on the Necessity of Contingency*. Translated by Ray Brassier. New York: Continuum. [퀑탱 메이야수, 『유한성 이후: 우연성과 필연성에 관한 시론』, 정지은 옮김, b, 2010.]

_____ (2012). "Iteration, Reiteration, Repetition: A Speculative Analysis of the Meaningless Sign". http://oursecretblog.com/txt/QMpaperApr12.pdf.

_____ (2015). *Science Fiction and Extro-Science Fiction*. Trans. Alyosha Edlebi. Minneapolis: Univocal Publishing. [퀑탱 메이야수, 『형이상학과 과학 밖 소설』, 엄태연 옮김, 이학사, 2017.]

Merleau-Ponty, Maurice (2012). *Phenomenology of Perception*. Trans. Donald A. Landes. New York: Routledge. [모리스 메를로 퐁티, 『지각의 현상학』, 류의근 옮김, 문학과지성사, 2002.]

Metzinger, Thomas (2004). *Being No One: The Self-Model Theory of Subjectivity*. Cambridge: MIT Press.

Mind Tools (2015). "Helping People Take Responsibility". http://www.mindtools.com/pages/article/taking-responsibility.htm

Miranda, Eduardo, Andrew Adamatzky, and Jeff Jones (2011). "Sounds Synthesis with Slime Mould of Physarum Polycephalum". *Journal of Bionic Engineering* 8, 107~113.

Morton, Timothy (2011). "Sublime Objects". *Speculations* 2, 207~227. http://www.speculations-journal.org/.

Nakagaki, Toshiyuki (2001). "Smart behavior of true slime mold in a labyrinth". *Research in Microbiology* 152, 767~770.

Nagel, Thomas (1989). *The View From Nowhere*. New York: Oxford University Press.

_____(1991). *Mortal Questions*. New York : Cambridge University Press.

Nida-Rümelin, Martine (2010). "Qualia : The Knowledge Argument". Stanford Encyclopedia of Philosophy. http://plato.stanford.edu/archives/sum2010/entries/qualia-knowledge/.

Noë, Alva (2004). *Action in Perception*. Cambridge : MIT Press.

_____(2014). "Artificial Intelligence, Really, Is Pseudo-Intelligence". http://www.npr.org/sections/13.7/2014/11/21/3657.53466/artificial-intelligence-really-is-pseudo-intelligence.

Peckham, Morse (1967). *Man's Rage for Chaos : Behavior, Biology, and the Arts*. New York : Schocken Books.

_____(1979). *Explanation and Power : The Control of Human Behavior*. Minneapolis : University of Minnesota Press.

Peirce, Charles Sanders (1931~1958). *Collected Papers of Charles Sanders Peirce*. Ed. Charles Hartshorne & Paul Weiss & A. Burks. Cambridge : Belknap Press.

Pesic, Peter (1999). "Wrestling with Proteus : Francis Bacon and the 'Torture' of Nature". *Isis*, 90 : 1 (March 1999), 81~94.

Phys.org (2014). "Hawking warns AI 'could spell end of human race'", December 3, 2014. http://phys.org/news/2014-12-hawking-ai-human.html

Picard, Rosalind W. (2000). *Affective Computing*. Cambridge : MIT Press.

Pinker, Steven (2003). *The Blank Slate : The Modern Denial of Human Nature*. New York : Penguin. [스티븐 핑커, 『빈 서판 : 인간은 본성을 타고나는가』, 김한영 옮김, 사이언스북스, 2004.]

Prigogine, Ilya, and Isabelle Stengers (1984). *Order Out of Chaos : Man's New Dialogue With Nature*. Boston : Shambhala Publications. [일리야 프리고진·이사벨 스텐저스, 『혼돈으로부터의 질서』, 신국조 옮김, 자유아카데미, 2011.]

Putnam, Hilary (1973). "Meaning and Reference". In *The Journal of Philosophy*, Vol. 70, No. 19, 699~711.

_____(1981). *Reason, Truth, and History*. New York : Cambridge University Press. [힐러리 퍼트넘, 『이성·진리·역사』, 김효명 옮김, 민음사, 2002.]

Ranciere, Jacques (1991). *The Ignorant Schoolmaster*. Trans. Kristin Ross. Stanford : Stanford University Press. [자크 랑시에르, 『무지한 스승 : 지적 해방에 대한 다섯 가지 교훈』, 양창렬 옮김, 궁리, 2016.]

Reid, Chris, Madeleine Beekman, Tanya Latty, and Audrey Dussutour (2013). "Amoeboid organism uses extracellular secretions to make smart foraging decisions". *Behavioral Ecology* 24:4, 812~818. DOI : 10.1093/beheco/arto32.

Roden, David (2013). "Nature's Dark Domain : An Argument for a Naturalized Phenomenology". *Royal Institute of Philosophy Supplement* 72:1, 169~88.

_____(2014). *Posthuman Life : Philosophy at the Edge of the Human*. New York : Routledge.

Rorty, Richard (1979). *Philosophy and the Mirror of Nature*. Princeton, NJ : Princeton University Press. [리처드 로티, 『철학 그리고 자연의 거울』, 박지수 옮김, 까치, 1998.]

Rossi, Lou (2004). "Slime mold (Physarum polycephalum) : a paradigm for self-assembly of robust networks". http://www.math.udel.edu/~rossi/Math512/slime.pdf.

Russ, Joanna (1984). *Extra (Ordinary) People*. New York : St. Martin's Press.

Russell, Bertrand (1912). *The Problems of Philosophy*, Radford, VA : Wilder Publications. [버트런드 러셀, 『철학의 문제들』, 박영태 옮김, 이학사, 2000.]

Ryle, Gilbert (2007). *The Concept of Mind*. New York : Routledge.

Sacks, Oliver (2000). "Face-Blind". *The New Yorker*, August 30, 2010. http://www.newyorker.com magazine/2010/08/30/face-blind.

Saigusa, Tetsu, et al. (2008). "Amoebae Anticipate Periodic Events". *Physical Review Letters*, 100:1, 018101.

Schneider, Eric, and Dorion Sagan (2006). *Into the Cool : Energy Flow, Thermodynamics, and Life*. Chicago : University of Chicago Press. [에릭 D. 슈나이더, 『인투 더 쿨 : 에너지 흐름, 열역학, 그리고 생명』, 엄숭호 옮김, 성균관대학교출판부, 2019.]

Schumann, Andrew, and Andrew Adamatsky (2015). "The double-slit experiment with Physarum polycephalum and padic valued probabilities and fuzziness". *International Journal of General Systems*, 44 : 3, 392~408. http://dx.doi.org/10.1080/03081079.2014.997530.

Schwitzgebel, Eric (2012). "The Splintered Skeptic", Eric Schwitzgebel interviewed by Richard Marshall, *3am Magazine*, Friday, January 10th, 2012. http://www.3ammagazine.com/3am/the-splintered-skeptic/.

_____ (2014a). "Stanislaw Lem's Proof That the External World Exists". January 21, 2014. http://schwitzsplinters.blogspot.com/2014/01/stanislaw-lems-proof-that-external.html.

Searle, John (1980). "Minds, Brains, and Programs". *Behavioral and Brain Sciences*, 3 : 417~57.

_____ (1993). "The Problem of Consciousness". *Social Research* 60:1, 3~16.

Sellars, Wilfrid (2012). *Science, Perception, and Reality*. Atascadero, California : Ridgeview Publishing Digital.

Shaviro, Steven (2014). *The Universe of Things : On Speculative Realism*. Minneapolis : University of Minnesota Press. [스티븐 샤비로, 『사물들의 우주 : 사변적 실재론과 화이트헤드』, 안호성 옮김, 갈무리, 2021.]

_____ (2016). "Whitehead on Causality and Perception". Forthcoming in *Whitehead and Symbolism*, ed. Roland Faber, Jeffrey Bell, and Joseph Patek. New York : Lexington Books.

Shoemaker, Sydney (2003). *Identity, Cause, and Mind : Philosophical Papers*, expanded edition. New York : Oxford University Press.

Simondon, Gilbert (2005). *L'individuation à la lumière des notions de forme et d'information*. Grenoble : Million. [질베르 시몽동, 『형태와 정보 개념에 비추어 본 개체화』, 황수영 옮김, 그린비, 2017.]

Sotala, Kaj, and Harri Valpola (2012). "Coalescing Minds : Brain Uploading-Related Group Mind Scenarios". *International Journal of Machine Consciousness* 4:1, 293~312.

Spinoza, Baruch (2002). *Complete Works*. Trans. Samuel Shirley. Indianapolis : Hackett.

Srnicek, Nick (2012). "Precarity Everywhere". http://thedisorderofthings. com/2012/02/01/precarity-everywhere/.

Stengers, Isabelle (2010). *Cosmopolitics I*. Trans. Robert Bononno. Minneapolis : University of Minnesota Press.

_____ (2011). *Cosmopolitics II*. Trans. Robert Bononno. Minneapolis : University of Minnesota Press.

_____ (2011). *Thinking with Whitehead : A Free and Wild Creation of Concepts*. Trans. Michael Chase. Cambridge, MA : Harvard University Press.

Stephenson, Steven L., and Henry Stempen (2000). *Myxomycetes : A Handbook of Slime Molds*. Portland, OR : Timber Press.

Stich, Stephen, and Ted Warfield, eds. (2003). *The Blackwell Guide to Philosophy of Mind*. Malden, MA : Blackwell.

Stiegler, Bernard (1998). *Technics and Time 1 : The Fault of Epimetheus*. Trans. Richard Beardsworth and George Collins. Stanford, Califorina : Stanford University Press.

Strawson, Galen (2010). *Mental Reality*, second edition. Cambridge : MIT Press.

Suvin, Darko (1979). *Metamorphoses of Science Fiction*. New Haven : Yale University Press.

Swanwick, Michael (2008). *The Best of Michael Swanwick*. Burton, MI : Subterranean Press.

Thacker, Eugene (2010). *After Life*, Chicago : University of Chicago Press.

Tero, Atsushi, Ryo Kobayashi, and Toshiyuki Nakagaki (2006). "Physarum solver : A biologically inspired method of road-network navigation". *Physica* A 363, 115~119.

Tero, Atsushi, Seiji Takagi, Tetsu Saigusa, Kentaro Ito, Dan P. Bebber, Mark D. Fricker, Kenji Yumiki, Ryo Kobayashi, and Toshiyuki Nakagaki (2010). "Rules for Biologically Inspired Adaptive Network Design". *Science* 327, 439~442.

Trewavas, Anthony (2003). "Aspects of Plant Intelligence". *Annals of Botany*, 92:1, 1~20. http://aob.oxfordjournals.org/content/92/1/1.full

Turing, Alan (1950). "Computing machinery and intelligence". *Mind* 59, 433~460.

Tye, Michael (2000). *Consciousness, Color, and Content*. Cambridge : MIT Press.

Vedral, Vlatko (2010). *Decoding Reality: The Universe as Quantum Information*. New York: Oxford University Press.

Virno, Paolo (2001). "General Intellect". Trans. Arianna Bove. http://www.generation-online.org/p/fpvirno10.htm.

Waksberg, Avi J., Andrew B. Smith, and Martin Burd (2009). "Can irrational behaviour maximise fitness?" *Behavioral Ecology and Sociobiology* 63, 461~471. doi: 10.1007/00265-008-0681-6.

Watts, Peter (2005). "Vampire Domestication". Power Point presentation. Available online at http://www.rifters.com/real/progress.htm.

_____ (2006). *Blindsight*. New York: Tor. Available online at http://rifters.com/real/Blindsight.htm. [피터 와츠, 『블라인드 사이트』, 김창규 옮김, 이지북, 2011.]

_____ (2014). *Echopraxia*. New York: Tor.

_____ (2015a). "Hive Consciousness". Aeon Magazine. http://aeon.co/magazine/psychology/do-we-really-want-to-fuse-ourminds-together/.

_____ (2015b). "Colony Creature". http://www.rifters.com/crawl/?p=5875.

Whitehead, Alfred North (1927). *Symbolism: Its Meaning and Effect*. New York: Fordham University Press. [알프레드 노스 화이트헤드, 『상징활동 그 의미와 효과』, 문창옥 옮김, 동과서, 2003.]

_____ (1938). *Modes of Thought*. New York: The Free Press. [알프레드 노스 화이트헤드, 『사고의 양태』, 오영환·문창옥 옮김, 치우, 2012.]

_____ (1967). *Adventures of Ideas*. New York: The Free Press. Originally published 1933. [알프레드 노스 화이트헤드, 『관념의 모험』, 오영환 옮김, 한길사, 1997.]

_____ (1978). *Process and Reality: An Essay in Cosmology*. New York: The Free Press. Originally published 1929. [알프레드 노스 화이트헤드, 『과정과 실재: 유기체적 세계관의 구상』, 오영환 옮김, 민음사, 2003.]

Wittgenstein, Ludwig (1953). *Philosophical Investigations*. 4th edition. Trans. G. E. M. Anscombe, P. M. S. Hacker, and Joachim Schulte. Madden, MA: Wiley-Blackwell. [루트비히 비트겐슈타인, 『철학적 탐구』, 이영철 옮김, 책세상, 2019.]

Zajonc, Robert (1984). "On the primacy of affect". *American Psychologist* 39(2), 117~123.

Zhang, Xiaoge. et al. (2015). "A Biologically Inspired Network Design Model". *Scientific Reports* 5, 10794; doi: 10.1038srep10794.

: : 용어 찾아보기